商業まちづくり政策

日本における展開と政策評価

渡辺達朗 著

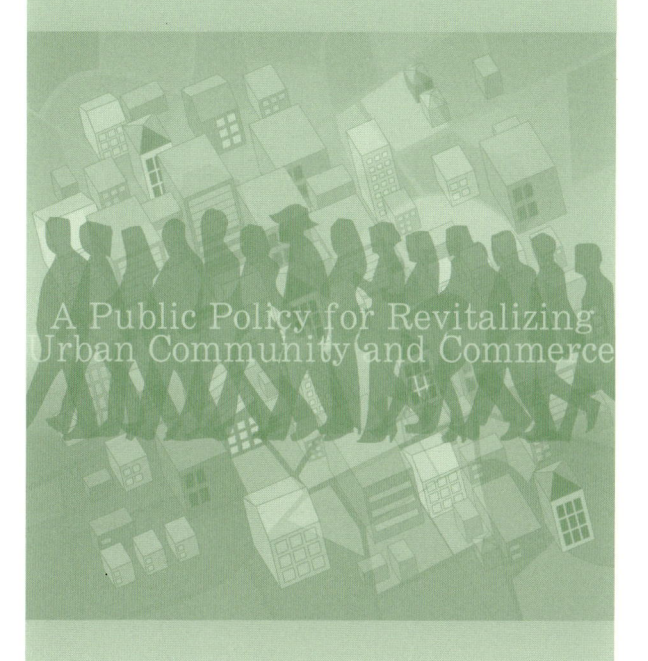

A Public Policy for Revitalizing
Urban Community and Commerce

有斐閣

はしがき

　1980年代末に日本の流通・商業政策を特徴づけていた大規模小売店舗法（大店法）の緩和・廃止のプロセスが開始されてから，およそ四半世紀が経過した。この間，いわゆる「まちづくり3法」の制定（1998年），その抜本見直し（2006年）が実施され，2013年に入ってからは再見直しにも着手されている。また，2009年に制定された地域商店街活性化法についても，14年には見直しが行われることになっている。

　このように，わが国の流通・商業政策は大幅な政策転換が断行され，転換・移行期の1990年代をはさんで，80年代以前と2000年代以降とで，かなり異なる様相を呈するようになっている。その相違を決定づけている最大の要因は，あらためていうまでもなく，市場における競争をどのように位置づけるかにある。すなわち，1980年代以前においては，大店法による競争制限的な大型店の出店規制という調整政策の存在を前提にして，商店街活性化などの中小商業者に対する振興政策が展開されていた。それに対して，1990年代を経て2000年代以降になると，競争制限的な調整政策は廃止され，中心市街地活性化などの商業まちづくり政策が展開されてきている。

　こうした政策転換は地域商業や地域社会に何をもたらしたのか。それはいかなる影響を地域商業や地域社会に及ぼしたのか。このような政策効果の評価という観点から，商業まちづくり政策の展開をあらためて総点検し，今後の方向について展望したい，というのが本書をとりまとめるにあたっての第1の問題意識である。その際，行政的政策評価制度が整備されて以降，政策評価が行政的手続きとして形式化・儀式化してしまうリスク——「政策評価形式化のリスク」ないし「政策評価制度化の罠」——があることから，いかに「政策評価の実質化」を実現するかが課題となることを主張したいと考えた。

　また，もう一つの問題意識は地域商業・商店街と地域コミュニティとの関係のあり方に関連する。近年，「商店街は地域コミュニティの担い手」というかねてからいわれてきた考え方に，あらためてスポットライトが当てられている。

しかし，現実の商店街がアプリオリにそうであるわけではない。筆者はかねがね，地域商業・商店街は「いかにすれば地域コミュニティの担い手になりうるのか」と問題設定されるべきであると論じてきたが，商業まちづくり政策が地域商業・商店街と地域コミュニティとの関係をどのようにとらえてきたのか，今後どのような方向に向かうべきかについてあらためて考えたいという思いから本書をとりまとめた。

この点は，東日本大震災等の被災地における仮設商店街・店舗と地域コミュニティとの関係，さらには再建後の商店街等と地域コミュニティを考えるうえでも重要な問題になるだろう。2013年12月4日で震災から1000日目を迎えたが，マスメディアの報道によると（『東京新聞』2013年12月4日付），岩手，宮城，福島3県で，プレハブ仮設住宅への入居率は今も8割超に上り（ちなみに震災から2年7カ月経過した10月末現在で86.7％。阪神・淡路大震災では同じ時期で58.4％），避難者は11月14日現在で合計27万7609人に達するという。このように，震災からの復興はおろか，復旧すら進んでいない状況にあることを，私たちは忘れてはならない。こうした中で，仮設商店街・店舗の役割が，新たな段階を迎えつつあることを認識する必要がある。

本書は，1987年に流通経済研究所の研究員として，流通・商業政策にかかわる職に就いて以降，筆者が同時代に向き合ってきた政策過程，および過去の政策展開に関するこれまでの研究を現時点において集大成したものと位置づけられる。一部の章は今回新たに書き下ろして，一部はすでに3版を重ねさせていただいた『流通政策入門』(中央経済社，初版2003年，第2版2007年，第3版2011年) および既発表論文を全面的に書き改めてとりまとめた。基礎とした論文と，その掲載誌等を列挙すると次のようになる。

　　第3章　「大型店政策の転換と街づくり問題」『流通情報』第345号，1998年。『流通政策入門』第7章。
　　補論　「都市中心部からの大型店等の撤退問題とまちづくりの取り組み」『専修商学論集』第73号，2001年。
　　第4章　「タウンマネジメント機関（TMO）の組織と機能」『専修商学論集』第76号，2003年。
　　補論　「アメリカにおけるダウンタウン再活性化と小売商業振興」『専修商学論集』第71号，2000年。
　　第5章　「まちづくり政策の転換をめぐる政策過程と政策理念」『流通情報』第444

号,2006年。「まちづくり政策の転換と地域経済」『流通情報』第460号,2007年。『流通政策入門』第8章
第6章 「地域商業における3つの調整機構と魅力再構築の方向」『流通情報』第482号(第41巻5号),2010年。「まちに賑わいをもたらす地域商業」石原武政・西村幸夫(編)『まちづくりを学ぶ』有斐閣,第7章所収,2010年。
第7章 「商業まちづくり政策における政策評価をめぐる試論」『流通情報』第502号(第45巻第1号),2013年。
第8章 「青森を事例にした商業まちづくり施策の評価に関する試論」『流通情報』第503号(第45巻第2号),2013年。

なお,筆者は近年,もう一つの研究テーマとして中国・東南アジアの流通・商業研究に注力し,渡辺・流通経済研究所(2013)をはじめとする成果を公表してきている。このテーマは,一見すると商業まちづくり研究と関連性が薄いように見えるかもしれない。しかし,筆者らの研究は,グローバルな思考・行動とローカルな思考・行動が対峙する場として,中国・東南アジア市場をとらえ,そこで活動する内資系企業およびASEAN地域を広域で展開するアジア・リージョナル企業に注目するという問題意識に基づくものである。他方で,商業まちづくり研究においては,市場的な思考・行動と都市的な思考・行動が対峙する場として地域商業をとらえ,そこで活動する地域商業者に注目するという問題意識を有している。したがって,2つの研究テーマは筆者の中で共通する分析視角ないし価値観に基礎を置くものと位置づけられている。

本書をまとめるまでに,実に多くの方々のお世話になった。田島義博先生(元・学習院院長,元・流通経済研究所名誉会長)には,流通・流通政策研究の方向を指し示していただいた。原田英生先生(流通経済大学教授)には,さまざまなことをご指導いただいたが,とりわけ研究者としての自身の律し方と矜持の持ち方をお教えいただいた。石原武政先生(大阪市立大学名誉教授,流通科学大学特別教授)には,理論と現実との関係や「現場」とのかかわり方を始めとして,大変多くのことを学ばせていただくとともに,学会・研究会・行政にかかわる会議など多様な場面で貴重な機会をいただいた。上原征彦先生(明治大学大学院教授,流通経済研究所理事長)および宮下正房先生(東京経済大学名誉教授,流通経済研究所名誉会長)には,多くの研究機会をいただくとともに,要所要所で的確なアドバイスをいただいた。これらの方々からご教授いただいた内容のどれほどを自分のものにできたか,はなはだ心許ない限りではあるが,ここであら

ためてお礼を申し上げたい。また，筆者が在籍している専修大学の同僚の方々，流通経済研究所の研究員の方々，さまざまな研究プロジェクトでご一緒させていただいた研究者，実務家の方々など，一人一人のお名前を挙げることはできないが，この場を借りて感謝申し上げたい。

　有斐閣の関係者の皆さまには，出版事情がますます厳しくなる中で，本書の出版を快くお引き受けいただいたことについて，心からお礼申し上げたい。また，編集を担当していただいた，柴田守氏と岩田拓也氏には，今回も非常に丁寧かつ正確な仕事をしていただいた。ここにあらためて感謝申し上げたい。

＊本研究は科学研究費助成事業（基盤研究B）（課題番号24330136）「特定商業集積整備法の検証を通して考察する商業・まちづくりの理論的・実践的展望」（代表：石原武政）の成果の一部である。

2014年3月11日

渡辺 達朗

目　次

はしがき

第1章　商業まちづくり政策論の課題と方法─────1
1　研究対象─────1
1　都市と商業 (1)　　2　商業まちづくり政策の意義 (4)
2　課題の設定─────5
1　政策評価の視点 (5)　　2　政策転換の評価 (7)　　3　政策ディマンド・サイドの視点 (9)　　4　政策評価の実務の観点 (10)
3　研究の方法─────11
1　政策評価論の系譜 (11)　　2　政策決定過程に関するモデル (13)　　3　本書で基礎とする理論モデル (14)
4　本書の構成─────15

第2章　「まちづくり3法」以前の商業まちづくり政策の展開─19
　──1970年代から1990年代中盤まで

はじめに (19)
1　1980年代末までの商業まちづくり政策─────20
1　商業近代化地域計画 (20)　　2　コミュニティ・マート構想 (22)
2　大店法関連5法と商業まちづくり政策─────25
　──1990年代前半～中盤
1　大型店出店規制緩和と商業まちづくり施策 (25)　　2　街づくり会社制度 (27)　　3　特定商業集積整備法 (30)

結び (43)

第3章　「まちづくり3法」による商業まちづくり政策の転換─47
　──新しい政策理念と政策枠組みの模索

v

はじめに（47）

1 地域商業政策の転換 ·· 48

    1 大型店問題をめぐる対立軸の変化（48）　2 まちづくりと自治体の独自規制（50）　3 大店法をめぐる制度的補完性の崩壊と制度再構築（54）

2 「まちづくり3法」の制定 ··· 55

    1 3法の政策方向（55）　2 中心市街地活性化法の枠組み（57）　3 大規模小売店舗立地法の枠組み（61）　4 改正都市計画法による立地規制の枠組み（68）

結び（73）

補論　都市中心部からの大型店等の撤退問題とまちづくりの取り組み ····· 76
　　　──実態調査の結果をふまえて

    はじめに（76）

1 地域商業の担い手としての大型店の状況　77

    1 大型店と商店街の対立軸の変化（77）　2 大型店の業績不振（78）　3 大型店不振の要因と撤退促進要因（78）

2 大型店等の撤退問題の実態と課題　81

    1 大型店等の撤退問題の発生状況（81）　2 撤退問題発生の「場」の特徴（83）　3 撤退跡地の再利用状況（86）

結び（89）

第4章　タウンマネジメント機関（TMO）の組織と機能 ── 91
　　　──まちづくりの阻害要因に関連して

はじめに（91）

1 TMOの役割と組織 ·· 92

    1 TMOの位置づけ──企画調整と事業実施（92）　2 TMOの設立・事業実施プロセス（93）　3 TMOの組織類型と機能──理念と現実（94）

2 企画調整機能を欠如したTMOの問題 ··························· 97

    1 基本計画からTMO構想へのハードル（97）　2 TMO構想からTMO計画へのハードル──企画調整型TMOにかかわる問題（98）　3 TMO構想からTMO計画へのハードル──企画調整・事業実施

　　　　型 TMO にかかわる問題（100）　　4 他のまちづくり組織への影響
　　（102）
　3　TMO をめぐる政策過程と政策評価 ─────────── 103
　　　1 政策過程にかかわる問題（103）　　2 政策の窓モデル（104）
　　　3 政策評価の必要性と困難性（106）
　結び（107）

補論　アメリカにおけるダウンタウン再活性化と小売商業振興 ─── 109
　　　──自治体とまちづくり組織を軸にした協働的取り組み
　　はじめに（109）
　1　ダウンタウン再活性化策の展開　　109
　　　1 ダウンタウンの衰退（109）　　2 規制的政策と振興的政策
　　　（110）　　3 ダウンタウン再活性化への取り組み（112）
　2　ダウンタウン再活性化の取り組み──主体と活動　　113
　　　1 取り組み主体の多様性（113）　　2 自治体による取り組み
　　　（114）　　3 地域の事業者による非営利組織──BID（115）
　　　4 地域の事業者による非営利組織──メインストリート・プ
　　　ログラム（118）　　5 その他の組織による取り組み（120）
　　　6 取り組み主体間の協働関係（121）
　結び（121）

第5章　商業まちづくり政策の転換をめぐる政策過程と政策理念 - 127
　　　　──政策の窓モデルの視点
　はじめに（127）
　1　「まちづくり3法」見直し──問題の設定 ──────── 128
　　　1 3法に内在する矛盾（128）　　2 全面見直しまでの経緯（130）
　　　3 独自色強めた自治体（131）
　2　政策転換の実現 ──────────────────── 135
　　　1 政策代替案の選択（135）　　2 立地規制強化案をめぐる攻防
　　　（137）　　3 政策転換がめざすもの（139）
　3　基本理念としてのコンパクトシティ ─────────── 141
　　　1 スプロール的開発からコンパクトシティへ（141）　　2 新しい都
　　　市像に関する潮流（142）　　3 コンパクトシティの具体像（143）

4 「3法」見直しの内容と評価 ─────────── 145
  1 中心市街地活性化法の改正と評価（145） 2 都市計画法の改正と評価（147） 3 大店立地法の見直しと評価（152） 4 3法見直しの政策効果（153）

 結び（155）

第6章 地域商業・商店街の魅力再構築の方向 ─────── 159
──市場・政策・社会の3つの調整機構の視点

 はじめに（159）

1 都市における地域商業の役割 ───────────── 160
  1 都市にとって不可欠な地域商業（160） 2 地域商業の役割の多様性（161） 3 地域商業・商店街の現状（162）

2 地域商業の調整機構 ──────────────── 164
  1 市場的調整と市場の失敗（164） 2 政策的調整の作用（165） 3 第3の調整機構としての社会的調整（167）

3 地域商業の魅力再構築と社会的調整機構 ─────── 169
  1 集積の魅力と個店の魅力（169） 2 地域商店街活性化法による支援策（170） 3 新規参入と外部組織による地域商業集積の魅力再構築（176） 4 結束型ネットワークから接合型ネットワークへ（178）

4 地域課題解決のための緩やかな連携の事例 ─────── 180
  1 近年の地域商業者の取り組み（180） 2 連携による地域課題解決の取り組み事例①（181） 3 連携による地域課題解決の取り組み事例②（182）

5 震災復興仮設商店街・店舗と地域コミュニティ ───── 184
  1 仮設商店街・店舗の整備状況（184） 2 仮設商店街・店舗の地域コミュニティにおける役割（185）

 結び（187）

第7章 商業まちづくり政策における政策評価 ─────── 195
──政策目標の設定と政策効果の測定・評価の方法

はじめに (195)
1 政策評価への一般的関心の高まり ……………………………… 196
   1 2つの制度における政策評価の仕組み (196)　2 「事業仕分け」の実施 (197)　3 「仕分け」の限界 (198)
2 中心市街地活性化政策の評価 …………………………………… 199
   1 中活法の再見直し (199)　2 政策効果の測定・評価——基本計画 (200)　3 政策効果の測定・評価——戦略補助金 (203)　4 見直しの方向 (203)
3 地域商店街活性化政策の評価 …………………………………… 206
   1 目標設定と測定・評価の方法 (206)　2 定量的指標による目標設定 (206)　3 定量的指標採用の影響 (208)
結び (209)

第8章 商業まちづくり施策の評価に関する実証的検討 ——215
   ——青森県における1990年代以降の政策実施過程

はじめに (215)
1 青森県における商業まちづくり事業の実施状況と小売商業構造の変化 ……………………………………………………………… 216
   1 青森県の商業の長期的な立地構造変化 (216)　2 主要市町の商圏，中心商店街およびまちづくり施策 (218)　3 対象6市町の小売商業と中心商店街 (222)　4 対象市町商圏における大型小売店の立地動向 (224)
2 対象市町における小売商業構造変化への影響要因 ………… 226
   1 小売商業構造変化の特徴 (226)　2 中心商店街のウエイト変化に影響する要因 (228)
結び (232)

第9章 商業まちづくり政策の展望 ——239
1 本書で明らかにしたこと ………………………………………… 239
2 残された課題 ……………………………………………………… 242
3 商業まちづくり政策の方向 ……………………………………… 244

4 まちづくりは「ひとづくり」————————————— 246

参考文献一覧　249

索引　260

本書のコピー，スキャン，デジタル化等の無断複製は著作権法上での例外を除き禁じられています。本書を代行業者等の第三者に依頼してスキャンやデジタル化することは，たとえ個人や家庭内での利用でも著作権法違反です。

商業まちづくり政策論の課題と方法

第 **1** 章

1　研究対象

1　都市と商業

　本書は地域商業のあり方にかかわる商業まちづくり政策を対象とするものである。そこでまず、それが展開される意義ないし根拠について明確にしておこう。

　経済過程への公的部門による介入としての公共政策の意義ないし根拠は、一般に、現実の市場の不完全性に由来する市場の失敗への対応、あるいは市場の失敗の未然防止という観点から説明される。この点について、異論はほとんどないであろう。そして、流通・商業分野における公共政策（以下では、流通政策とする）において、市場の失敗への対応・防止という課題は、近年では、独占禁止法をはじめとする競争ルールにかかわる競争政策と、商業まちづくり政策を2本柱とする政策体系によって担われている。

　1990年代までのわが国流通政策の体系においては、中小商業者を支援するための振興政策と、中小商業者の事業機会確保を目的とする調整政策とが、競争政策と並ぶ3本柱とされることが多かった。前者の中心は中小小売商業振興法（小振法）で、後者の中心は上記目的のために大型店の出店等を規制する大規模小売店舗法（大店法）であり、ともに1973年に制定された。しかし、調整

政策の中心を担っていた大店法が，2000年に最終的に廃止されるに及んで，上述のように2本柱の体系としてとらえることができるようになっている[1]。

ここで商業まちづくり政策とは，地域商業の問題を中心に据えながら，経済的側面だけでなく，社会的・文化的側面を含めた地域コミュニティのあり方に関する構想ないし計画，およびそれらの実現に向けた地域住民を巻き込んだ運動や活動としてとらえることとする。現在のように人口減少・少子・超高齢社会化が急速に進展している状況においては，地域コミュニティのあり方にかかわる商業まちづくり政策の重要性は，ますます高まっているといえる。なお，コミュニティという用語は非常に多義的な概念であるが，本書では，「重層的社会における中間的集団」（広井 2009）ないし「人間が，それに対して何らかの帰属意識をもち，かつその構成メンバーの間に一定の連帯ないし相互扶助（支え合い）の意識が働いているような集団」（広井・小林 2010）と比較的広く理解することにする[2]。

また，地域商業という用語についても若干の説明が必要であろう。地域商業という言葉は，論者によってさまざまに用いられることがあるが，本書では都市ないし地域の市街地に所在する小売業者，あるいは彼らが提供する商業サービスのことを指すものとして理解する。地域商業の担い手としてまず挙げられるのは，中小小売商や彼らを主要な構成主体として自然発生的に形成された商店街である。しかし，その周辺ないし内部には市街地立地の大型店やショッピングセンターが存在していることが少なくなく，それらも含めて地域商業としてとらえるべきと位置づけている。

それでは，商業まちづくり政策の意義ないし根拠はどのように理解できるのであろうか。この点については，主として都市と商業の相互補完性と，商業の外部性，都市の非可逆性という3つの観点から説明できる[3]。

これらについて議論する前提として，まず都市とは何かについて整理しておこう。都市とは，ごく一般的には「多数の人口が比較的狭い区域に集中し，その地方の政治・経済・文化の中心となっている地域」（『大辞泉』小学館）と定義される。しかし，これではあまりに一般的過ぎて，都市のもつ独特の意味が，明確になっていない。そこで，以下のような2つの考え方に基づいて，もう少し踏み込んで考えてみよう。

まず参考にすべきは，「社会的共通資本（social overhead capital）」という考え

方である。すなわち、そもそも都市は、地域の経済活動や市民の生活の基盤であり、過去から現在にいたる社会的な投資の蓄積——道路や住宅等の物的な側面と同時に文化・芸術等の精神的な側面も含めて——であるといわれる。その意味で、都市は地域や市民の共通財産としての社会的共通資本として位置づけられるべきものであり、一方的に市場にゆだねてしまってはならない存在であるというのが、この考え方の趣旨である。

T.ヴェブレンらの制度派経済学の立場を受け継ぎながら、社会的共通資本に関する議論を主導してきた宇沢弘文によれば、社会的共通資本は自然環境、社会的インフラストラクチャー、制度資本の3つの範疇に分けられる。そして、都市は、農業と農村、学校教育、医療、金融制度、地球環境などと並んで、その主要な構成要素となっているという[4]。

もう一つ参考にすべきは、「ソーシャル・キャピタル」("社会関係資本"と訳されることもある)という考え方であり、都市はソーシャル・キャピタルの基盤としてとらえられる。ソーシャル・キャピタルは非常に多義的な概念である。その代表的論者の一人であるR.パットナムは、ソーシャル・キャピタルを人々の水平的つながりとしての社会的ネットワークとそれに結び付いた規範の集合として限定的にとらえているが[5]、政府や法律など公式的な制度をはじめとした、より広範囲の対象を含める論者もいる[6]。ここでは、世界銀行が1996年に組織したソーシャル・キャピタル・イニシアティブ(SCI)の定義に従って、次のように理解することとしよう。

「ソーシャル・キャピタルとは、社会の内部的および文化的結束性、人々の間の相互作用を左右する規範および価値、そして人々が組み込まれている諸制度を意味する。ソーシャル・キャピタルは社会を結束させる接着剤であり、それなしには経済的成長も人間の福祉もありえないものである」[7]。

なお、世界銀行では、国や地域レベルで社会関係資本がどのような状態にあるかを測定するための定量的指標として、グループとネットワーク、信頼と連帯、協調行動と協力、情報とコミュニケーション、社会の結束と一体性、エンパワーメントと政治的行動という6つの側面から成る統合的質問項目(Social Capital Integrated Questionnaire: SC-IQ)を提唱している。これらの質問項目は、政府によるセンサス調査などの際に、同時に調査されることが想定されている[8]。

2　商業まちづくり政策の意義

　こうした都市観を前提に，次の3つの観点から商業まちづくり政策の意義・根拠について説明しよう。まず，都市と商業の相互補完性についてみると，これは両者が次のような関係にあることを意味している。都市に活力があれば，そこに立地する商業者の経営にプラスに作用し，商業の活気も高まり，さらにそれが当該都市の活力を高める。逆に，都市に活力がなければ，商業者の経営にもマイナスに作用し，商業の活気を低下させ，さらにそれが都市の活力を損なう。

　そして，都市と商業との間にこうした関係が生じるのは，商業が本来的にもつ外部性から説明できる。外部性とは，一般的にいえば，ある主体の存在や活動が，市場関係を介さずに，他者にプラスないしマイナスの方向に一定の影響を及ぼすことを意味する。ここでは，商業の担い手である個々の小売店の存在や活動が，都市における街並みや商店街等の集積のあり方に影響を及ぼすこと，あるいは逆に街並みや集積のあり方が個店に影響を及ぼすことを指している。

　都市と商業とがこのような関係にあるということは，両者が健全な状態にあれば相乗効果的に好循環がもたらされることを示唆するが，いったん問題状況が発生すると，相乗効果的に悪循環に陥る可能性があることもまた示唆している。これは空間経済学における，集積の経済および集積の不経済の考え方とも関連している。近年の空間経済学の研究によって，集積の不経済が市場の失敗をともなうだけでなく，集積の経済がもたらす多様性が不完全競争による市場の失敗をともなうことが明らかにされている[9]。

　そうした市場の失敗の発生によって，上記のような悪循環がもたらされ，さらに市場の失敗に対処するための政府の政策発動が逆に弊害をもたらすこと，すなわち政府の失敗が悪循環を促進する場合もある[10]。

　もしそうした状態が継続し都市が機能障害的症状に陥ると，元の順機能状態に戻すことはきわめて困難になる。一般に都市は，その形成に長期間を要するのに対し，破壊は短期間で可能であり，過去の投資の蓄積が短期間のうちに無価値なものになってしまうことすら起こりかねない。こうした特性を都市の非可逆性と呼ぶ。

　都市はこのような特性をもつゆえに，市場の失敗や政府の失敗によって，都市の機能に大きなダメージが加えられると，その回復に莫大なコストと時間が

かかり，場合によっては取り返しがつかない事態が招来されてしまう可能性がある。ここに，まちづくりを公共政策として展開することの根拠があるといえる。商業の衰退は都市全体の問題としてとらえられることから，まちづくりの軸の一つとして商業振興が位置づけられ，商業まちづくり政策として展開されることの意義が確認できる。

　こうした考え方に対して，商業まちづくり政策の重要な要素の一つとして，地域商業・商店街に対する支援策が含まれており，その主要な対象が中小商業者となっていることから，いわゆる市場主義的な立場から批判があるのも事実である。代表的なものとして，商店街等の中小商業者が地域社会に対して貢献しているからといって，中小商業者の存在を経済的な合理性だけで判断すべきでないという考え方に基づいて中小商業者の保護を主張するのは説得的でない，という見解が挙げられる[11]。このような批判がなされる背景には，従来，政府・行政の役割に過大に期待する考え方があったのであろう。

　本書では，これらの考え方をふまえつつ，商業まちづくり政策の展開において，市場における競争を前提にしながら，政府・行政の役割をどこまで認めるべきかについて，つねに念頭において検討を進めていく[12]。ただし，ここで注意すべきは，商業まちづくり政策の主要な対象は，地域商業の社会的な機能のレベルであるという点である。いいかえれば，地域に立地している既存の中小商業者や商店街組織（振興組合や協同組合等の法人組織，および商店会等の任意組織）を，個店や組織のレベルにおいて，そのまま保護・支援しようとしているのでは決してないのである。この点は，商業まちづくり政策のあり方を考えるうえで，きわめて重要な論点といえる[13]。

2　課題の設定

1　政策評価の視点

　次に，本書の課題を整理していこう。

　本書が対象とする商業まちづくり政策をめぐっては，いかなる政策が有効か有効でないか，あるいはその政策が流通構造や地域商業，生活者に対してどのような影響を及ぼすかの展望について，これまでもさかんに議論されてきた。

　しかし，過去の特定の政策を対象にして，総体としての政策の目標や個々の

事業の目標が実際にどれだけ達成されたのか，あるいはされなかったのかについて，具体的な効果を測定し評価することは，必ずしも十分なされてきたとはいえない。また，新たな政策を議論する際にも，具体的にどのような政策目標をいかに設定するのか，そしてその効果をいかに測定し評価するのかについて，十分な議論がなされてきたとはいいがたい。

　そこには，行政側の責任といえる部分ももちろんあろうが，流通・商業分野の研究者側の責任も大きいと認めざるをえない。これまでも，政策目標の設定と効果の測定・評価に関する重要性や必要性は強調されてきたが，それらを具体的にどう設定し，いかに評価するかに関する方法論にまで踏み込んだ議論は少なかった。例えば，宇野（2012）は，大型店立地が地域経済に及ぼす効果について，税収効果，買物利便性効果，雇用効果の3つの視点から検討しているが，いずれも試論的な検証にとどまり，しかも商業まちづくり政策との関連は明示的にとらえられていない。

　ヨーロッパ，アメリカ，日本における政策研究や政策実務の分野で，最初の政策評価研究のブームが訪れたのは，山谷（2012）によれば，1970年代から80年代にかけてであったという[14]。その後，1990年代後半から近年にかけて，さまざまな政策評価論を含む政策研究の成果がコンスタントに世に問われている。そのうちの代表的な研究成果として，Weiss（1997），Schneider and Ingram（1997），Weimer, Vining, and Vining（1998），Rossi, Freeman, and Lipsey（1999），宮川（2002），龍・佐々木（2004），Birkland（2005），中井（2005），Dye（2005）；（2011），森脇（2010），山谷（2012）などを挙げることができる。しかし，これら一連の研究において，商業まちづくり政策の分野は主要な対象には想定されてこなかった。

　そうした中で，「行政機関が行う政策の評価に関する法律」（政策評価法）が2001年に制定された（2002年4月施行）。これによって，国の府省が所掌する政策については，その政策効果を定期的に事後評価し公表するとともに，国民生活等に大きな影響を及ぼすものについては事前評価を実施することとなった。そして，本法の具体的な運用方針等に関して，「政策評価の円滑かつ効果的な実施について」（2003年6月4日総務省行政評価局長通知），「政策評価に関する基本方針」（2005年12月16日閣議決定），「政策評価の実施に関するガイドライン」（2005年12月16日政策評価各府省連絡会議了承）等がまとめられ，公表された。

こうして，少なくとも行政サイドの手続きという点では，商業まちづくり政策の分野も含めて，政策効果が制度的に問われるようになったわけである。

そこで本書では，政策論の分野における政策評価に関する研究成果をふまえ，それらを商業まちづくり政策の分野に応用することで，従来の研究の空隙を埋めることを第1の課題とする。その際，研究対象とする期間は，1980年代後半から2010年代前半の現在までのおよそ四半世紀とする。

この研究対象期間のうちの前半は，2000年代に政策評価法が施行され，運用方針が明確化される以前の時期である。したがって，政策評価の中でも，少なくとも行政的な政策評価の制度が定められていなかったという意味で，行政的な政策評価制度の未整備期ととらえることができる。ただ，未整備期といっても，当然まったく政策評価が行われていなかったわけではない。このことから，その時期に行われていた政策評価関連の資料・文献を整理・検討していく。

これに対して行政的政策評価の仕組みが整えられた2000年代中盤以降の時期については，それが実際の政策過程においてどのように実施されてきているのかについて検討する。少し先回りして検討結果にふれるならば，前の時期が政策評価制度の未整備期であるのに対して，この時期は政策評価が行政的手続きとして定着してくる時期に当たる。この定着期においては，事前審査から事後評価までの流れがマニュアル的に標準化されてくるわけだが，そのことによって逆に政策評価の実質が失われてしまうこと，いいかえれば政策評価の形式的手続き化が進展してしまうというリスクと背中合わせにあることが指摘できる。その意味で，政策評価の「行政的手続き化の罠」によってもたらされる政策評価の形式化リスクが，この時期のキー概念になるといえよう。そして，そうした政策評価の形式化リスクを避け，いかに政策評価の実質化を図るかが，これからの課題といえよう。

2 政策転換の評価

この四半世紀は，いうまでもなくわが国の流通政策全般の転換期に当たっている。1980年代後半に，従来のわが国流通政策を最も特徴づけていた大店法の緩和プロセスが開始され，1991年には小振法の強化や特定商業集積整備法の制定とセットで大店法の緩和のための改正が実現された（いわゆる「大店法関連5法」）。さらに，1998年には中心市街地活性化法（中活法），大規模小売店舗

立地法（大店立地法），改正都市計画法からなる，いわゆる「まちづくり3法」が制定され，大店法がついに廃止された（2000年）。次いで，2006年には，中活法と都市計画法の見直し，強化が図られ，2014年現在，中活法の再見直しが進められつつある。

　その主要な内容は次のとおりである[15]。第1に，中心市街地への来訪者，中心市街地の就業者，もしくは小売業の売上高を相当程度増加させることをめざして行う事業を認定し，重点支援することで民間投資を喚起する制度を新たに創設する。第2に，中心市街地の活性化を進めるため，小売業の顧客の増加や小売事業者の経営の効率化を支援するソフト事業を認定する制度，オープンカフェ等の設置に際しての道路占用の許可の特例，それぞれの中心市街地において活動が認められる特例通訳案内士制度等を創設する。さらに，中心市街地活性化の取り組みの裾野拡大を図るために，国が「基本方針」で定める中心市街地活性化基本計画の認定要件を緩和する。

　また，これと並行して，国土交通省所管の都市再生特別措置法を次のように改正することとした[16]。自治体が，医療施設，福祉施設，商業施設，その他の「都市機能増進施設」を誘導すべき区域として「都市機能誘導区域」を設定することができることとする。そして，当該施設を誘導するための施策として，民間事業者に対して，民間都市開発推進機構が出資等の支援を行うことや，容積率および用途の制限を緩和する特定用途誘導地区を定めることができるなどとする。さらに，復興庁は東日本大震災の津波で被災した岩手，宮城，福島3県の約40市町村を対象に，中心市街地における商業施設の整備に向けた指針を示し（2014年1月9日関係省庁会合），各自治体の整備事業に補助金を支出することとした[17]。

　なお，1999年7月に制定（2000年4月施行）された地方分権一括法などの一連の地方分権化施策，あるいは最近のいい方をすれば地域主権強化のための施策によって，基礎自治体である市町村の役割が高められたことが，転換期の流通政策のあり方に多かれ少なかれ影響したことに留意すべきである。

　このように，わが国の流通政策は，いったん規制緩和の方向に振られた後，あらためて規制強化の方向に振り直されるとともに，振興政策も手厚く遂行されるようになったのである。こうしたわが国流通政策における一大転換期の経緯を，通史的に整理した近年の研究としては，岩永（2004），石原・加藤

(2009),石原(2011),渡辺(2011),岩永・佐々木(2013),南方(2013)などが挙げられる。ここではそれらをふまえつつ,政策評価の視点からとらえ直すことをめざす。ここに本書の第2の課題がある。

3 政策ディマンド・サイドの視点

また,従来の商業まちづくり政策の研究は,どのような法制度が制定され,その下でいかなる施策や事業などが実施されてきたのかという側面に焦点を当てていた。しかし,事業が具体的にどの地域でどのように執行されたのか,そしてその成果はどうだったのかについては,必ずしも十分明らかにされていない。いわば政策のサプライ・サイドで何がどのように行われてきたのかについては,かなりの程度整理されているのに対して,政策のディマンド・サイドで何が起きたのかについては未整理な状態にあることが少なくない。

もちろん,そのときどきに各地域の事業の執行状況について,多様な情報が発信されていたはずである。しかし,それらは十分整理されないまま放置されていることが少なくない。とりわけ,インターネットが普及する以前の1990年代中盤までの資料等については,デジタル情報化されていないものがほとんどで,ネット上を検索しても発見しづらい。そのため,アナログの印刷物として関係機関ないし関係者の手元に保管されているものに頼らざるをえない。しかし,関係機関そのものが解散していたり,再編の対象になっていたり,関係者が転籍さらにはすでにリタイヤしていることも少なくなく,そのまま散逸してしまう危険性が高い。まさに四半世紀という月日の重みを実感させられる。

例えば,1991年に制定された特定商業集積整備法に関していえば,都市計画・建築系の分野では和田ほか(1994),袴田(1994),清水ほか(1999),坂本(2003),経済法の分野では山本(1997),経済地理学の分野では松田(1996);(2004),千葉(1998),坪田(2001)などが,同法に基づいて事業を実施した地域側にスポットライトを当てた特筆すべき研究成果として挙げられる。しかし,流通政策研究の分野においては,**第2章**で述べるように,同法が商業まちづくり政策の展開にとって,ある種特別な意味をもつにもかかわらず,事業実施地域の側に注目する研究は,筆者が知る限り,例えばラーク(1997)のように開発された商業集積を対象にしたケーススタディを除いて,ほとんどないのが現状である。

政策評価を論じるにあたっては，政策のディマンド・サイドである地域の状況にまで踏み込む必要がある。そこで，特定商業集積整備法に限らず，さまざまな政策が展開された地域の状況に，可能な範囲で注目することが本書の第3の課題となる。

　その際，地域商業・商店街は地域コミュニティの担い手であるという考え方が，1983年の「80年代の流通産業ビジョン」（産業構造審議会流通部会・中小企業政策審議会流通小委員会合同会議答申）などから，近年の地域商業活性化法の制定・執行まで，折にふれて提示されているが，それがそれぞれの地域においてどのように実現されているかについて注目する必要があると考える。というのは，この考え方は商業まちづくり政策を推進するうえでのキーコンセプトの一つとして位置づけられているが，現実の地域商業・商店街は当然アプリオリに地域コミュニティの担い手たりうるわけではないからである。

　現実には，地域商業・商店街は，外部組織との連携を含めたさまざまな取り組みを通じて，地域コミュニティのさまざまな要請・要望に応えようとしている。したがって，地域商業・商店街は「いかにコミュニティの担い手になるか」「いかなる方法あるいは側面でコミュニティを担うか」というように課題設定がなされるべきと考える。この点は，本書ではあまりふれられないが，東日本大震災等の被災地における仮設商店街・店舗，さらには新たな立地で整備される商店街等と地域コミュニティとの関係を考える際にも同様のことがいえる。そして，そうした取り組みを支援するのが，商業まちづくり政策の重要な役割といえる。

4　政策評価の実務の観点

　さらに，政策評価の実務の観点からは，目標の設定や評価の技法等に関するテクニカルな標準を明確にすることが必要である。現状では，政治的な要請等で標準的な技法等について十分に議論されないまま，実務的に政策評価が実施されてきている側面がある。実務的には試行錯誤しながら進めざるをえない面もあるが，恣意性や不公平性は排除しなければならないことはいうまでもない。

　こうした観点から，商業まちづくり政策の分野における政策評価の実務的テクニックについて検討することが，本書の第4の課題といえる。

3　研究の方法

1　政策評価論の系譜

　以上，4つの研究課題について確認してきたが，それらについて具体的な検討を進める方法論的な前提として，ここで次のことを確認しておきたい。すなわち，一口に政策評価といっても，その定義は論者によってさまざまであり，議論の前提として本書における定義を明確にしておく必要があるという点である。以下，主として森脇（2010）および山谷（2012）に依拠しつつ整理していこう。ただし，本書は政策評価論そのものを論じるものではなく，政策評価論を方法論として採用しながら商業まちづくり政策を論じることを目的とするものであることから，以下の叙述はいうまでもなく，政策評価研究の発展史を包括的かつ体系的に跡づけるものではない。

　政策評価（policy evaluation）を一般的に定義すると，「公共政策の選択と実施の結果として起こったことの評価であり……分析的手続きによって行われるものであると同時に，政治的プロセスでもあり，そこに含まれる政治や価値の対立の問題を無視することはできない」と表現することができる[18]。そして評価にあたっての基準として，一般的に合意されているのは，経済性（economy），効率性（efficiency），有効性（effectiveness），公平性（equity），十分性（adequacy）といった基準である[19]。それぞれの内容は，以下の通りである。

(1)　経済性：政策のインプットをどれだけのコストで調達できたか。
(2)　効率性：インプットに対してどれだけのアウトプットをもたらすことができたか。
(3)　有効性：アウトプットが目標に対してどの程度の効果を達成したか。
(4)　公平性：政策に対する受益や費用が社会の中でどのように配分されたか。
(5)　十分性：政策によって満たされるべき必要事項が量的ないし質的に満たされたか。

　しかし，こうした考え方が普及していくにつれて，その内容に対する表面的ないし通俗的な理解・誤解に基づいて，過大な期待が寄せられることがあった。つまり，客観的で科学的な政策評価がなされれば，その政策の善し悪しが判断できるという理解である。しかし，政策の善悪に関する価値判断は政策評価の

範疇に含めるべきではない。それは直接的には議会などにおいて政治家が判断すべきことであり，最終的には選挙を通じて国民ないし市民が意思表明すべき事柄といえる。そこで，このような事情を考慮して，政策評価の本質を最もシンプルかつ禁欲的に表現した定義が，「政策決定に使用する情報（intelligence）提供のツール」というものである[20]。

　こうした本質的な認識を共有しつつ，より具体的な内容について検討しているのが，政策評価を政策過程の一部を構成するものとしてとらえるアメリカの研究者たちである。それらのうち，政策評価について最も体系的な理論を展開している研究の一つである Dye（2011）は，次のように明快な定義を行っている。すなわち，政策評価とは「プログラムがその目標を達成するときのあらゆる有効性を査定（assessment）すること，あるいは2つ以上のプログラムがその共通の目標を達成するときの相対的な有効性を査定すること」であり，プログラムの有効性はそれが実施される社会環境，経済的条件，組織体制に大きく制約される[21]。

　また，政策過程に政策評価を位置づける研究においては，政策の決定から執行，終了時の見直しまでのライフサイクルないしステージという枠組みが共通して用いられている（Howlett and Ramesh 1995, Daniels 1997）。当然，政策評価は政策の終了時の見直しに直接関連している。これは，2大政党の下で政権交代が繰り返され，その度に政策の見直し・終了の判断がなされてきたことが影響していよう。とりわけ，1970年代後半にアメリカにおいてサンセット条項（政策・施策の策定時にあらかじめ一定の期限を設定し，期限ごとに成果の評価を通じて継続か終了かを決定する仕組み）が普及し，政策評価が政策実務の現実場面で活用されたことによる面が大きい[22]。

　さらに，政策評価の中身を精緻化することに貢献した研究成果として，政策目標と政策手段（policy instruments）との関係に注目した研究（Bemelmans-Videc et al. 1998, Peters and Nispen 1998），政策過程における政策目標と政策手段の設計に関する政策デザインに注目した研究（Schneider and Ingram 1997, 足立・森脇 2003, Birkland 2005）などが挙げられる。これらによって，評価の対象が政策手段としてのプログラム，プロジェクトというように階層的に整理されるとともに，政策過程の流れに従ってインプット，アウトプット，アウトカム，インパクトといった要素ごとに，体系的に把握すべきことが明確化された

のである。

また近年のわが国の研究においては，中井（2005）や森脇（2010）が，政策の投入プロセスの段階ごとに，狭義の政策評価，プログラム評価，事業評価としてとらえ，それぞれにおいて事前評価（必要性の評価），立案と決定，執行（プロセス評価），事後評価（インパクト評価および効率性の評価）を設定する方法論を提示している[23]。

2　政策決定過程に関するモデル

他方，政策過程における意思決定（政策決定）の政治プロセスそのものを扱う研究として政策過程論がある。本書では，この点について必ずしも十分踏み込めないが，基本的に次のような視点に基づいて分析を進める。

すなわち，政策決定のプロセスに関するモデルには，政策目標の達成に要するコストとそこから得られる便益とを比較して，最も効率性が高い政策が選択されるとみる「合理性モデル」や，政治的行動主体の行動が市場におけるのと同様に政治の場面においても自己の私的利益の最大化をめざすという観点から，政策決定に経済学の分析手法を適用しようとする「公共選択モデル」など，さまざまなタイプのものがある。

しかし，現実の政策決定のプロセスはそのように合理的・分析的なものでは必ずしもなく，ステークホルダーの活動や政治的なパワー行使などに多様な影響を受けるものである。とくに本書が対象にしている領域は，商店街組織や地域経済団体，消費者団体などをはじめとするステークホルダーの影響や政治的思惑に基づく政党および政治家の活動の影響が非常に大きいという特徴があり，合理性や効率性といった判断基準だけで政策決定がなされているとはとてもいえそうにない。そうした実際の政策決定に適合する考え方として，合理性モデルの対極に位置し，政府ないし政策プロセスを組織化された無秩序とみるゴミ箱モデル（garbage can model）がある（宮川 2002）。本書で政策決定に言及する際は，そこから発展した考え方で政策決定過程を問題，政策案，政治という3つの要素でとらえる，Kingdon（1995）の「政策の窓モデル（policy window model）」に基づいて分析を進めることとする。

図 1-1　政策執行と政策評価のプロセス・モデル

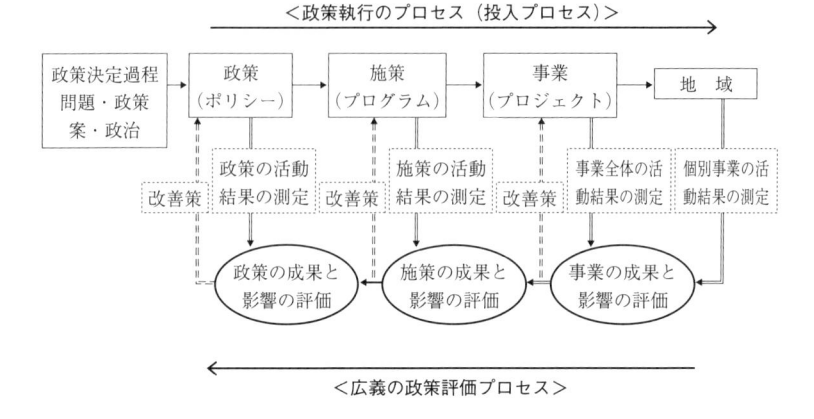

＜政策執行のプロセス（投入プロセス）＞

```
政策決定過程 → 政策      → 施策       → 事業         → 地域
問題・政策     （ポリシー）  （プログラム） （プロジェクト）
案・政治
```

（政策の活動結果の測定／施策の活動結果の測定／事業全体の活動結果の測定／個別事業の活動結果の測定、改善策）

政策の成果と影響の評価　施策の成果と影響の評価　事業の成果と影響の評価

＜広義の政策評価プロセス＞

3　本書で基礎とする理論モデル

　ここまでの議論を参考にして，本書の理論モデルを整理すると，図 1-1 のようになる。これは，ある政策目標を設定して，政策が 3 つの要素に基づいて，合理性や効率性といった基準一辺倒でなく決定され，それが現場に向けて執行されるフローを政策執行（投入）プロセスとしてとらえる一方で，それを遡るフローを広義の政策評価のプロセスとして位置づけるというものである。

　政策の策定・執行のフローにおいては，まずある全般的な政策目標に基づく政策（ポリシー）が策定され，その目標を実現するために法制度が整えられ施策（プログラム）が立案される。ここで施策は，政策の具体的な実施手段を体系的にまとめたものと理解できる。その下で政策目標が個別の実際的な目標にブレークダウンされ，それを実現するために個別の実施手段として事業（プロジェクト）が設定され，各地域で執行されることになる。これが政策の策定から執行までの投入（インプット）プロセスである。

　そして，これを遡るようにして，個別の事業，個々の施策および政策それぞれのレベルで，投入の直接の結果としてどのような現実の変化があったのか（投入前との比較）に関する活動結果（アウトプット）の測定が行われ，それがどのような業績効果をもたらしたのかに関する成果（アウトカム）の評価，および間接的な効果や想定外の効果に関する影響（インパクト）の評価がなされる[24]。さらに，必要に応じて各レベルで改善策が検討されることがある。

以上のフローを広義の政策評価のプロセスとしてとらえることができる。これは近年，政策実務の現場でよく使われる PDCA サイクルに当てはめると D→C→A の部分に該当するものと位置づけられる[25]。本書では，こうした政策の執行・評価のプロセス・モデルに基づいて，商業まちづくりにかかわる政策，施策および事業の展開について検討していくこととする。

4　本書の構成

本書は次の諸章によって構成されている。概念図として枠組みを示すと図1-2 のようになる。

まず**本章**で研究対象，研究課題，研究方法について，先行研究のレビューをふまえながら明らかにしてきた。そのうえで，**第 2 章**では 1970 年代から 90 年代中盤までの商業まちづくり政策の展開と評価について論じる。そこでは，いわば「まちづくり 3 法」の前史といえる時期に，どのような施策が実施されたのか，それがその後にどう活かされたのかに焦点が合わされる。

第 3 章および**第 3 章補論**，**第 4 章**および**第 4 章補論**は，1998 年の「まちづくり 3 法」制定とその後の施策・事業の実施プロセスを対象にする。**第 3 章**では，従来型の地域商業政策が，当時の規制緩和のプロセスの中で抱えていた問題を整理・検討したうえで，まちづくりの視点をより強めた商業まちづくり政策へと転換していくことの意義と課題について検討する。あわせて**第 3 章補論**では，当時，地域商業の一方の主役である商店街と並ぶ，もう一方の担い手である都市中心部立地の大型店がどのような状況にあり，その撤退跡地がいかにまちづくりの阻害要因となったのかという，実務的にはともかく，学術的には注目されることが少なかった側面について，実態調査をふまえて検討する。

第 4 章では，「まちづくり 3 法」の一つである中活法において，新たに目玉施策として導入されたタウンマネジメント機関（TMO）の組織と機能に焦点を合わせる。当時，TMO はまちづくりの推進機関として大いに期待されたが，質的にも量的にも必ずしも十分な成果は生み出せなかった。その要因について，企画調整と事業実施という 2 つの機能を組織としてどのように担うのかに注目して検討する。その際，なぜそのような政策的意思決定がなされたのかについて，ステークホルダーや政党・政治家などの影響の下で，合理性や効率性とい

図1-2 本書の構成

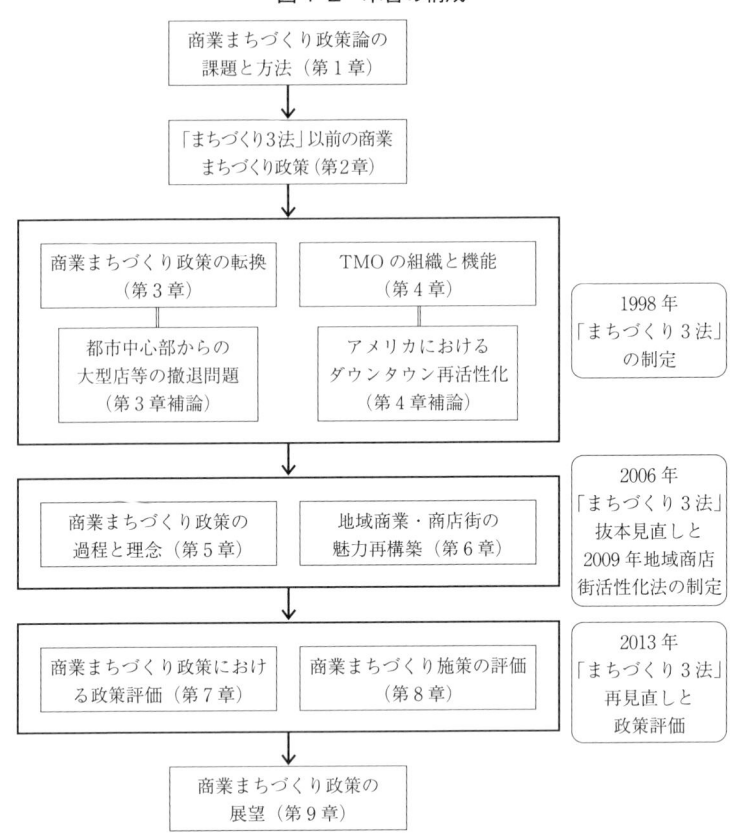

```
商業まちづくり政策論の
課題と方法（第1章）
        ↓
「まちづくり3法」以前の商業
まちづくり政策（第2章）
        ↓
┌─────────────────────────────┐
│ 商業まちづくり政策の転換      TMO の組織と機能  │   1998年
│ （第3章）                    （第4章）         │  「まちづくり3法」
│ 都市中心部からの              アメリカにおける   │   の制定
│ 大型店等の撤退問題            ダウンタウン再活性化│
│ （第3章補論）                （第4章補論）     │
└─────────────────────────────┘
        ↓
┌─────────────────────────────┐    2006年
│ 商業まちづくり政策の          地域商業・商店街の │  「まちづくり3法」
│ 過程と理念（第5章）           魅力再構築（第6章）│   抜本見直しと
│                                                │   2009年地域商店
│                                                │   街活性化法の制定
└─────────────────────────────┘
        ↓
┌─────────────────────────────┐    2013年
│ 商業まちづくり政策におけ      商業まちづくり施策の│  「まちづくり3法」
│ る政策評価（第7章）           評価（第8章）      │   再見直しと
│                                                │   政策評価
└─────────────────────────────┘
        ↓
商業まちづくり政策の
展望（第9章）
```

った基準だけでない要因によって決定される過程に注目する「政策の窓モデル（policy window model）」に基づいて議論を進めていく。また**第4章補論**では、TMO 導入のモデルの一つとされた、アメリカにおけるダウンタウン再活性化の推進機関である、BID（Business Improve District）やメインストリート組織等に注目し、その登場の背景や活動内容などについて紹介・検討する。

第5章では、2006年の「まちづくり3法」抜本見直しの政策過程に注目する。1998年に制定された中活法の政策効果があがらないことの要因として、3法が相互補完的関係になっておらず、互いに矛盾する効果を有していることを指摘したうえで、その後の制度見直しの過程をステークホルダーや政党・政治家の動きや主張をとらえながら、いかなる理念の実現がめざされたのかを追跡

し，それらがどのように評価されるのかについて検討する。そこでは，**第4章**と同様に，政策的意思決定のプロセスについて政策の窓モデルに基づいて立論が進められる。

第6章では，3法見直しによって中心市街地活性化政策の枠組みを再整備したことをふまえて，よりミクロ・レベルを対象に個々の地域商業・商店街の魅力再構築を図ろうとする動きに焦点を合わせる。その代表が，商店街は地域コミュニティの担い手というかねてからいわれてきた考え方に，あらためてスポットライトを当てた地域商店街活性化法の制定（2009年）である。とりわけ，地域商業・商店街が厳しい状況に陥った要因について，市場的調整および政策的調整とともに，第3の調整機構として社会的調整という観点に注目する。さらに，東日本大震災の被災地において整備されてきた仮設商店街・店舗の役割について，地域コミュニティとの関係に焦点を合わせて検討することにする。

第7章および**第8章**においては，商業まちづくり政策の分野における政策評価をめぐる問題に焦点を合わせる。**第7章**では，2002年4月施行の政策評価法によって，国の政策について，政策効果の事後評価と影響の事前評価を実施することになってから，商業まちづくり政策の実施過程で実際に行われてきている2つの事例に注目する。すなわち，2012年後半から13年前半にかけて行われた中活法の再見直し，および地域商店街活性化法に基づく施策・事業における目標設定や効果測定・評価の方法にかかわる問題である。

以上をふまえて**第8章**では，長期的な視点から，商業まちづくり政策の展開が，地域商業に対してどのような影響を及ぼしてきたのかについて検討する。その際，議論の対象期間は，1990年代初頭から現在までの約20年間とするとともに，施策や事業が実際に実施されてきた地域として青森県内の主要市町およびその周辺地域を取り上げる。というのは，全国的にみてもかなり積極的な姿勢で国の施策に基づく事業や自主事業に取り組んできた自治体と，その取り組みに消極的であった自治体とが併存しており，比較対照しながら議論を進めるのにふさわしい等の理由があるためである。

最後の**第9章**は本書のまとめであり，本研究の意義と限界について確認するとともに，今後の課題について展望する。

―― 注 ――

1) 流通政策の領域は，もちろんこれら2つだけでなく，流通基盤の整備や効率化，消費者保護，特定の目的を実現するための個別規制など多岐にわたっている。以上についての筆者の考え方は，渡辺（2011），第2章に整理している。
2) 広井（2009），p.24 および広井・小林（2010），p.13。
3) 石原（2000a），石原（2006），石原・西村（2010），渡辺（2010c）による。
4) 宇沢（2000），宇沢・前田・薄井（2003）。
5) Putnam（2000）
6) 宮川・大守（2004）。さらに，Ostrom and Ahn（2003），Burt（2005），Castiglione, Deth, and Wolleb（2008），Svendsen and Svendsen（2009），Woolcock（2010），稲葉ほか（2011），三隅（2013）を参照。
7) 宮川・大守（2004），p.34。
8) Grootaert et al.（2004），稲葉ほか（2011）による。
9) 金本（2013）による。
10) この点について，金本（2014）は次のように解説する。市場の失敗が存在する場合，それを補正する都市政策が正当化できる可能性があるが，集積の経済はきわめて複雑で，直接的に補正する政策はほとんど不可能であることから，市場の失敗を前提にした「次善の政策」を打つしかない。その好例として，イギリスの交通政策における「幅広い便益」を考慮に入れた次善の政策の評価の試みが挙げられる。詳細な議論は，金本（2013）を参照。
11) 髙嶋（2002），p.250。
12) この点は，かつて石原（1992a）が提起した問題意識と共通する。
13) 石原（2005），渡辺（2003a），渡辺（2010a）による。
14) 山谷（2012），p.37。
15) 法改正案について 2014年2月12日閣議決定。
16) 法改正案について 2014年2月12日閣議決定。
17) 『日本経済新聞』2014年1月9日。
18) 宮川（2002），p.274。
19) 宮川（2002），pp.280-287。
20) 山谷（2012），p.12。
21) Dye（2011），p.323。
22) 2010年から民主党政権の下で実施された「事業仕分け」は，サンセット条項が設けられておらず，前例踏襲的に継続されてきた政策・施策について，継続か終了かの俎上に乗せるという意義があったと評価できる一方で，理論的基礎を欠いたまま評価がなされたという点で問題があると考える。この点は後にまたふれる機会がある。
23) 森脇（2010）においては，政策の結果についての情報を政治システムにフィードバックすることの重要性が指摘されていることに特徴がある（pp.171-172）。
24) 政策評価を投入→活動結果測定→成果評価→影響評価のプロセスとしてとらえる考え方は，山谷（2012）p.17 および p.43 による。こうしたとらえ方は，新藤（1976）における先駆的な整理をはじめとする行政学の研究蓄積に基づいているという。
25) PDCA サイクルという概念に関連して，山谷（2012）は，次のように指摘している。政策評価研究ではもともと PDS（Plan→Do→See）の概念が用いられ，経営管理など異なるディシプリンの用語として生まれた PDCA 概念は用いられていなかった（p.36）。しかし，旧自公政権下の骨太方針第5弾（2005年）において，政策評価に関連する予算制度改革の考え方として PDCA サイクルが提唱された（p.139）。こうした結果，近年，政策実務の現場で PDCA 概念が広く用いられるようになっている。このことをふまえ，本書では，本文のように表現した。

「まちづくり3法」以前の商業まちづくり政策の展開
―― 1970年代から1990年代中盤まで

第2章

はじめに

　本章では，1970年代から90年代中盤までの商業まちづくり政策の変遷について，法制度や施策，事業がいかに展開してきたかを中心に通史的に振り返っていこう。その際，ここでの対象時期は，行政的政策評価の制度が整えられていない時期（政策評価制度の未整備期）であることをふまえつつ，制度化がなされていない状況下において，行政サイドに限らず学術サイドから政策評価がどのようになされたのか，あるいはなされなかったのかについて，可能な範囲で検討する。

　第二次世界大戦後に限れば，流通政策に都市計画ないし地域計画といったまちづくり的な観点をとり入れようとする試みは，1970年代の商業近代化地域計画から始まったといえよう。そして1980年代には，コミュニティ・マート構想が展開されるようになった。

　こうした動きに拍車がかかったのは，1980年代後半から，大型店の出店等を規制してきた大規模小売店舗法（大店法）の緩和が段階的に進められるようになったことが関連している。1991年には，大店法の緩和のための改正と合わせて，街づくり会社制度を目玉の一つとする中小小売商業振興法（小振法）の改正強化が実施されるとともに，流通政策と都市計画との連動を掲げる特定商業集積整備法が新たに制定された（いわゆる「大店法関連5法」）。

　しかし，振興政策強化を中心とした施策の成果は十分あがらず，他方で大店

法緩和による弊害（実質的な出店自由化による社会・生活環境への悪影響）が地域住民から指摘されるようになった。こうした事態を受けて，1990年代末以降，振興政策と規制政策を統合した商業まちづくり政策という方向で展開していくことになった。その中心となる法制度が1998年制定のいわゆる「まちづくり3法」（中心市街地活性化法，大規模小売店舗立地法，改正都市計画法）である。

以下では，まちづくり3法制定以前の時期を，商業近代化地域計画とコミュニティ・マート構想を中心とする1970年代から80年代末までと，大店法関連5法を中心とする90年代初頭から中盤までとの2つに分けて，議論を進めていく。

1 1980年代末までの商業まちづくり政策

1 商業近代化地域計画

①「70年代流通ビジョン」　第二次世界大戦後の流通政策は闇市（ヤミ市）との闘い（ヤミ市の一掃）から始まるといわれるが，これは経済政策的な課題だけでなく都市政策的な課題も包含していたという。すなわち，1952年の耐火建築促進法以降の建設省（現・国土交通省）による都市改造事業の推進である。これによって市街地の商店街等の整備が進んだといわれる[1]。

これを序章とするならば，流通政策の中に，都市計画などのまちづくり的な要素が最初に明示的に位置づけられたのは，産業構造審議会流通部会の第8回中間答申「流通近代化地域ビジョン」(1970年)，および第9回中間答申「70年代における流通」(1971年，いわゆる「70年代流通ビジョン」)を受けて実施された「商業近代化地域計画」の策定事業である。その狙いについて，「70年代における流通」では次のように述べられている[2]。

「地域商業の近代化の方向について，地域社会の発展に関する長期的展望にもとづき，広域市村圏・地方生活圏等の関連諸地域計画との連携を確保しつつ，明確な指針を示し，これに即して，総合的・計画的に商業施設・同関連施設の整備をすすめることが必要である。」

こうした考え方に基づく施策として，商業近代化地域計画が立案された。これは，市町村の都市計画等との調整を図りながら，地域全体としての商業近代化を図ることを目的とする計画であり，1970年から年度ごとに策定地域を順

次選定して実施された。具体的な策定事業は，日本商工会議所に設置された商業近代化委員会の地域ごとの部会において行われ，各地で計画策定の成果があげられた。

②**商業近代化地域計画の限界**　しかし問題は，この施策において，事業の対象が計画策定への支援に限られ，計画実施が支援の対象に含まれていないこと，および策定された計画に対する拘束力がほとんどないことにあった。そのため，地域商業の将来像を描くプロセスに関係者が主体的にかかわることの意義はあったにしても，策定された地域計画が現実的に実施に移される可能性はきわめて低く，そのまま放置されてしまうことも多かった[3]。

とはいうものの，この計画と連動するかたちで，旧来の商業中心地とは離れて立地することが多かった鉄道駅前の商業開発が進められる事例も少なくなかった。例えば，青森県青森市は1970年代から2006年中心市街地活性化法（中活法）による認定（2007年2月）まで，一貫して青森駅前の中心商店街を軸にまちづくりに取り組んできている。その活性化の中核施設の一つである再開発ビル「アウガ」の計画は，青森市商業近代化地域計画（1971年）および青森地域商業近代化実施計画（1977年）を契機としているという[4]。なお，青森市は次項のコミュニティ・マート構想モデル事業についても，中心商店街の一角である柳町通り商店街で指定を受け，地下駐車場の整備を含むシンボルロード整備事業を実施している。

また，新潟県柏崎市は，1997年に特定商業集積整備法の中心市街地活性化型としての承認や，98年中活法に基づく基本計画提出（1999年8月，ただしTMO構想およびTMO計画はまとめられていない）などによって，駅前から連なる中心商店街を軸にして，まちづくりに取り組んできている。その源流は78年にまとめられた柏崎地域商業近代化地域計画報告書，および84年にまとめられた柏崎市中心商店街再開発計画書（コミュニティ・マート構想）にあるという。ただし，柏崎市の場合，商業近代化地域計画とコミュニティ・マート構想は文字通り報告書をまとめただけで終わっており，具体的な事業には至らなかったという[5]。

なお，商業近代化地域計画そのものの評価にかかわる研究はほとんど存在しない。とはいえ，具体的な事業レベルで，計画策定が実際にどのように進められたのかを明らかにし，そこから示唆を得ようとする研究はいくつか存在する。

例えば，商業近代化地域計画が開始された初期段階に取り組まれた盛岡市の計画に関する小野寺（1972）が挙げられる。そこでは，計画策定の拠り所として日本商工会議所近代化委員会「商業近代化地域計画報告書（総論）」（1970年）が用いられたこと，そしてそこで提示されている計画理論が計画立案の現場にうまく適合しなかったことなどが明らかにされている。また，八十川（1987）は，本施策の末期における徳島市の事例が述べられている。そこでは計画策定と地域が置かれている環境との関係に注目して事例の整理がなされており，そうした研究を積み重ねることで，計画策定についていくつかの論理パターンを析出できるのではないかと展望している。

2 コミュニティ・マート構想

①「80年代の流通産業ビジョン」　商業近代化地域計画が開始された後，コミュニティ機能の担い手という観点から，流通政策にまちづくり的要素を位置づけたのが，産業構造審議会流通部会と中小企業政策審議会流通小委員会の合同会議（産構審・中政審合同会議）の答申「80年代の流通産業ビジョン」（1983年）であった[6]。そこでは，「各地域の消費者ニーズを充たしていく上で地域住民にとって身近な存在であり，かつ，一定の集積を備えた商店街の役割には極めて大きいものがある。」として商店街の役割を確認したうえで，「地域文化の担い手として極めて重要な地位を占め」るとともに，「地域社会全体の活性化のシンボルとしての役割をも担う」[7]ことへの期待が表明されている[8]。

このような問題意識は，2009年制定の地域商店街活性化法とも共通しており（**第6章**参照），商業まちづくり政策の根幹を貫く考え方といえよう。ただし，各地の商店街に活気や存在感があった1980年代に「コミュニティ機能の担い手」というのと，その衰退が著しい2000年代末に同様のことをいうのとでは，政策的なリアリティにかなりの差があり，後者のそれはめざすべき目標として理解すべきと考える。

それはともかく，このような考え方に基づいて立案された施策がコミュニティ・マート構想であり，1984年から対象地域を選定して事業が実施された。これは北海道旭川市の平和通りで実現された買い物公園（1972年）をモデルにしながら，「買い物空間から暮らしの広場へ」をキャッチフレーズに，商店街の周辺に小公園や公民館などの各種コミュニティ施設を設置し，イベントなど

を開催することによって，商店街をたんなる買い物施設にとどまらない人々のふれあいや交流の場とするというものである[9]。この構想の全国各地での推進を支援するために，1985年に社団法人コミュニティ・マートセンターが日本商工会議所など中小小売商団体からの出資で設立されている[10]。

②従来の中小商業支援策の限界　この構想の背景には，それまでの商店街向けの支援策が，どちらかというとアーケードの設置やカラー舗装などといったハード的な施設整備面に重点がおかれていたことへの反省がある。つまり，そうしたハード面に偏った支援策では，商店街の地盤沈下に歯止めがかけられないという反省である。

というのも，当時，大店法（1973年制定）が存在し，大型店の出店等を比較的厳しく規制する一方で，小振法（1973年制定）などに基づく支援策が商店街に対して展開されてきたにもかかわらず，中小小売商の経営環境は決して好転しなかったからである。とりわけ衝撃的だったのが，1985年商業統計における小売商店数の激減である。すなわち，わが国の小売商店数は，1982年に172万店に達しピークを迎えたが，85年に163万店となり，初めて大幅に減少した。その後1999年には141万店，2007年には114万店となり，減少傾向はとどまることを知らないかのようである。こうした傾向をもたらしている最大の要因が，中小小売商の退出・淘汰である[11]。

このような時代的背景の下で，コミュニティ・マート構想は開始されたのであり，従来の支援策の反省からハード面だけでなく，ソフト面の施策に重点をおくことがめざされたのである。実際，当時の同構想に基づく支援策の具体的な内容をみると，商業基盤施設整備事業（コミュニティホール等の教養文化施設および体育施設，アーケード設置，カラー舗装，駐車場などの整備のための補助金）というハード面の施策と並んで，商店街活性化専門指導事業（シニア・アドバイザーの派遣など），中小商業活性化のための調査・計画策定等の支援事業，コミュニティ・マート構想推進事業（モデル的・実験的コミュニティ活動の実施・普及支援など）といったソフト面の施策が設けられている[12]。

③コミュニティ・マート構想の展開と意義　コミュニティ・マート構想に基づく代表的なモデル事業実施地域は，**表2-1**に示す通りである。

コミュニティ・マート構想の施策としての評価にかかわる研究は，中小企業庁の委託事業として実施された研究会報告がある以外，ほとんど存在しな

表 2-1　コミュニティ・マート構想モデル事業実施地域

年度　地域	年度　地域
1984（昭和59）年度	1987（昭和62）年度
1．北海道札幌市　二番街商店街	29．青森県青森市　柳町商店街
2．群馬県前橋市　中心商店街	30．山形県白鷹町　白鷹町商店街
3．群馬県高崎市　田町繁栄会	31．茨城県水戸市　南町商店街
4．愛知県名古屋市　大曾根地区商店街	32．埼玉県寄居町　寄居町商店街
1985（昭和60）年度	33．神奈川県藤沢市　長後商店街
5．北海道函館市　五稜郭商店街	34．富山県高岡市　中心商店街
6．秋田県秋田市　外町商店街	35．山口県阿知須町　阿知須商店街
7．埼玉県川越市　川越一番街	36．熊本県水俣市　中心商店街等
8．東京都台東区　浅草地区商店街	37．大分県湯布院町　湯布院町商店街
9．神奈川県川崎市　元住吉西口商店街	38．東京都渋谷区　渋谷地区商店街
10．長野県塩尻市　塩尻大門商店街	39．香川県丸亀市　中央
11．静岡県大東町　大東ショッピング・プラザ	1988（昭和63）年度
12．愛知県知立市　知立北部商店街	40．秋田県横手市　中央商店街
13．岐阜県大垣市　中心商店街	41．東京都目黒区　自由が丘商店街
14．富山県富山市　中央通り商店街	42．愛知県春日井市　勝川駅前地区商店街
15．石川県金沢市　片町商店街	43．富山県黒部市　三日市大町商店街
16．滋賀県能登川町　能登川駅前商店街	44．大阪府大阪市　近鉄今里駅前通商店街
17．大分県佐伯市　仲町商店街	1989（平成元）年度
18．鹿児島県鹿児島市　中央地区商店街	45．北海道津軽町　津軽商店街
1986（昭和61）年度	46．栃木県小山市　小山駅前北地区商店街
19．岩手県北上市　北上十字路商店街	47．東京都江東区　亀戸地区商店街
20．群馬県太田市　南一番街商店街	48．広島県福山市　福山本通商店街
21．神奈川県相模原市　相模大野銀座商店街	1990（平成2）年度
22．三重県津市　丸之内商店街	49．岩手県水沢市　横町中央商店街等
23．石川県小松市　中心商店街	50．宮城県古川市　七日町中央通り商店街
24．福井県福井市　福井駅前商店街	51．千葉県茂原市　榎町商店街
25．京都市亀岡市　安町商店街	52．静岡県静岡市　呉服町名店街
26．岡山県岡山市　表町商店街	53．富山県滑川市　ぱすてるタウン商店街
27．福岡県大牟田市　銀座地区商店街	
28．熊本県熊本市　上通商店街	

［出所］　コミュニティ・マートセンター（1991）。

い[13]。ここで注目すべきは，石原（2011）が指摘するように，コミュニティ・マート構想モデル事業の指定を受けた川越市における調査事業（1985年）が，次項で述べる街づくり会社制度につながる動きを生んだことである。すなわち，空き地・空き店舗を有効活用するための改築・改装等の資金調達をはじめとする「町づくり事業」を，リスクをとって総合的に推進する機関として，商店街組合を補完する組織（公益法人・株式会社など）が必要であるという提案がなさ

れ，その後の「街づくり会社制度」につながったというのである[14]。

商業近代化地域計画にしても，コミュニティ・マート構想にしても，施策開始の際には大々的に宣伝され，事業主体の募集がなされるが，その施策としての終了にあたっては，どのような効果等があったのかについての効果測定をふまえた政策評価がなされないまま終結されているようにみえる。これでは，施策・事業の利用者側である自治体や商店街組織等，あるいは研究者等にとって，いつの間にか終了していたことになり，施策の効果や教訓は何かといったことについて学ぶことが難しいといわざるをえない。

コミュニティ・マート構想に基づくモデル事業を実施した地域をみると，川越市以外にも，現在もまちづくりに積極的に取り組んでいる商店街が多数あることがわかる。これらの商店街で，本事業がどのように活かされ，いかなる効果があったのか等について，具体的に検証することが必要である。

2 　大店法関連5法と商業まちづくり政策——1990年代前半～中盤

1　大型店出店規制緩和と商業まちづくり施策

①経済的規制と社会的規制　　1980年代中盤まで，大店法による大型店の出店規制はかなり厳しく運用されていた[15]。そうした流れに変化の兆しが訪れるのは，1980年代後半からである。とりわけ1985年に開かれた日米貿易委員会以降，大店法を「非関税障壁」の代表例として批判する諸外国，とくにアメリカからの論調が強まったことが，出店規制制度のあり方を見直すべきという国内の気運を醸成する契機となった。

さらに，上述したように1985年商業統計を境にわが国の中小小売業が大幅な減少傾向を示したことが，大店法の存在意義自体への疑問を高めた。大店法は中小小売業の事業機会を確保するという役割以上に，すでに出店済みの大型店の周辺に別の大型店の新規出店を阻止することによって，既存大型店の利益を保護する役割を果たしているのではないかという，いわば「官製カルテル」論的な議論も行われた。

こうした内外からの批判の一方で，国全体の政策方針の転換が急速に進んだ。すなわち，1986年4月の「国際協調のための経済構造調整研究会報告書」（いわゆる前川リポート）において「原則自由，例外制限」という視点に立ち市場原

理を基本とする施策を行うべきと述べられた。さらに，1988年12月の臨時行政改革推進審議会（新行革審）「公的規制の緩和等に関する答申」において「現行の経済的規制には，その政策的意義や必要性の高いものとそうでないものが混在しており，原則自由・例外規制の基本的考え方に立って抜本的に見直す必要」があり，「社会的規制は……目的の妥当性と規制の有効性について改めて見直す必要」があると提言された。これらを受けて，同年同月，政府は「規制緩和推進要綱」を閣議決定し，新行革審答申を「最大限に尊重」することを明言した。

　新行革審が規制緩和の対象とする経済的規制には流通分野が含まれており，大店法の運用見直しに向けた議論が，いよいよ国内で表面化してきた。そうした中で，日米構造協議（1989-90年）において日本側の構造問題として正式に議題として取り上げられるに及んで，出店規制緩和への転換が決定的なものとなった。

　ただし，ここで確認しておかなければならないことは，現実の規制を経済的規制と社会的規制とに仕分けることは，一見すると容易にみえるが，実はそうたやすいことではないことである。例えば，アメリカやヨーロッパ（とくにイギリス，ドイツ）でみられる土地利用規制や都市計画などの社会的観点に立つとされる大型店の立地規制は，結果として競争制限的な経済的規制としての効果をもつことがある。この点には十分留意する必要がある。

　②「90年代流通ビジョン」と出店規制の段階的緩和　このような状況を受けて，産構審・中政審合同会議の場で議論が行われ，その答申として「90年代における流通の基本方向について——90年代流通ビジョン」（1989年）がとりまとめられた。

　この「90年代流通ビジョン」は，大店法の基本的枠組みの維持を前提としつつ，法本来の趣旨に基づく運用の「適正化」という名目で規制緩和を実施しようとするものであった。そして，そのいわば代償として，振興政策の側面で2つの提案がなされた。すなわち，街づくり会社構想と新しい商業集積の計画的整備である。これらが1990年代前半～中盤の商業まちづくり政策を特徴づける施策となる[16]。また，「90年代流通ビジョン」には，生活創造型商業サービス拠点としての「ハイ・マート2000構想」が参考として添付されている。このハイ・マート2000構想は主として郊外開発を念頭に置いたものといえ，

上記の新しい商業集積の提案と合わせて，その後の特定商業集積整備法の制定につながっていく。

大店法の規制緩和については，アメリカ側は運用適正化では満足せず，上述の日米構造協議において，より抜本的な対応を求めてきた。その際の，アメリカ側の主張は次のようなものであった。大店法は，アメリカ製品を含む輸入品を相対的に多く扱うはずの大型店の出店を抑制することで，日本の製品輸入拡大を阻害する一方で，外資系小売企業の日本市場への参入を困難にしている。すなわち大店法は，二重の意味で非関税障壁となっており，制度そのものの廃止等の抜本的な改善が必要であるというのである。

その結果，1990年4月の中間報告を経て，6月にまとめられた日米構造協議最終報告では，運用適正化措置を第1段階としてとりこみながら，その後の法改正および再見直しを射程にいれた3段階にわたる大店法緩和プログラムが提示された。これを受け第2段階として，1991年5月，出店規制緩和を目的とする改正大店法を中心とする大店法関連5法が制定された（図2-1）。さらに第3段階は，1991年法改正の結果をふまえた運用見直しとして，1994年に実施された[17]。

なお，大型店等の小売商業施設の出店等を対象にする規制は，わが国固有の制度ではなく，欧米主要国のほとんどにおいても制定されている。ただ，その目的や方法は，わが国と異なり都市計画的観点から行われる国々がある一方で（アメリカ，イギリス，ドイツなど），中小小売商等との競争関係の経済的調整という観点が含まれる国々もある（フランス，イタリアなど）。このような制度改正にあたっては，そうした諸外国の制度との比較研究がさかんに行われた。その成果は，大店法の緩和から廃止，大規模小売店舗立地法（大店立地法）への転換という流れに少なからず反映されることになった[18]。

2 街づくり会社制度

①街づくり会社構想から制度へ　街づくり会社のアイディアは，先に述べたようにコミュニティ・マート構想モデル事業の取り組みの中から生まれてきた。そうした動きを受けて，「90年代流通ビジョン」では，「市町村等の地方公共団体及び商店街振興組合等が出資または拠出して第3セクターを設立し，地域が一体となって商店街の公共的施設等の整備を進めることに対する融出資

図 2-1 「大店法関連 5 法」の体系

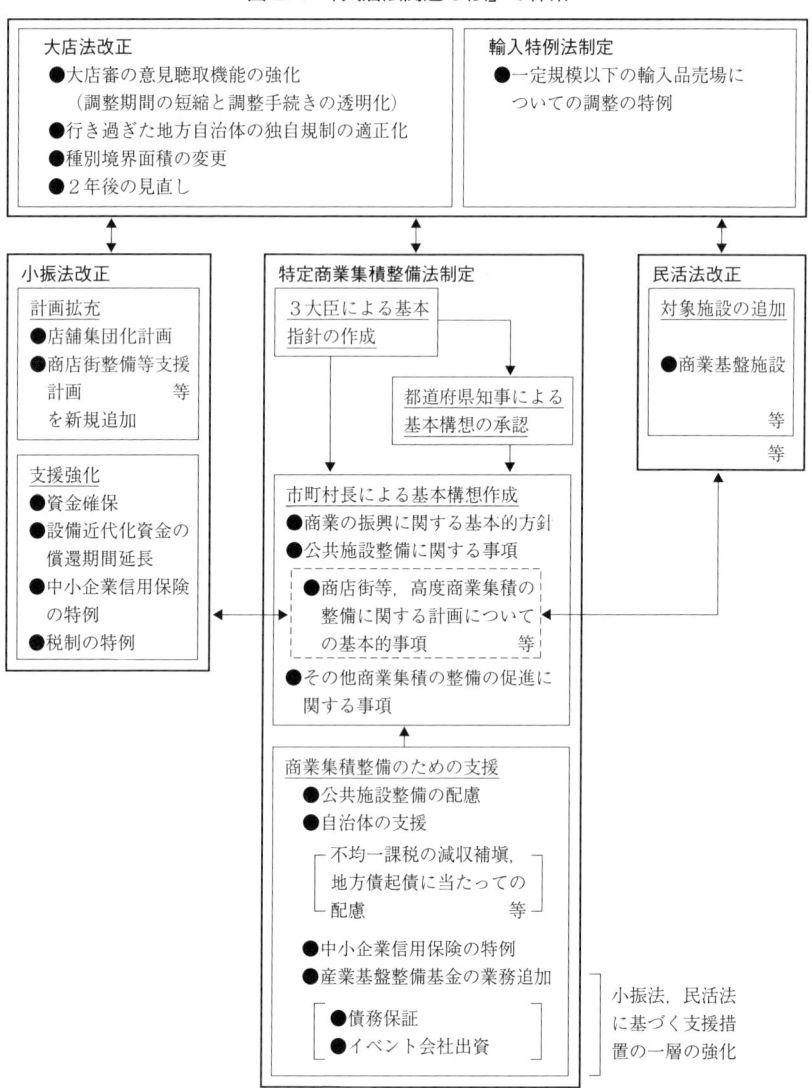

大店法改正	輸入特例法制定
●大店審の意見聴取機能の強化 　（調整期間の短縮と調整手続きの透明化） ●行き過ぎた地方自治体の独自規制の適正化 ●種別境界面積の変更 ●2 年後の見直し	●一定規模以下の輸入品売場についての調整の特例

小振法改正

計画拡充
- ●店舗集団化計画
- ●商店街整備等支援計画　等を新規追加

支援強化
- ●資金確保
- ●設備近代化資金の償還期間延長
- ●中小企業信用保険の特例
- ●税制の特例

特定商業集積整備法制定

3 大臣による基本指針の作成

↓

都道府県知事による基本構想の承認

↓

市町村長による基本構想作成
- ●商業の振興に関する基本的方針
- ●公共施設整備に関する事項
- ●商店街等，高度商業集積の整備に関する計画についての基本的事項　等
- ●その他商業集積の整備の促進に関する事項

商業集積整備のための支援
- ●公共施設整備の配慮
- ●自治体の支援
  - 不均一課税の減収補塡，地方債起債に当たっての配慮　等
- ●中小企業信用保険の特例
- ●産業基盤整備基金の業務追加
  - ●債務保証
  - ●イベント会社出資

民活法改正

対象施設の追加
- ●商業基盤施設　等
等

小振法，民活法に基づく支援措置の一層の強化

　大規模小売店舗の進出を中心とした最近の流通構造変化に対応しつつ，国際的要請に応えていくためには，規制緩和とともに，従来の小売商業対策を強化し，都市環境と調和のとれた商業集積の整備等の新しい商業振興策が不可欠。その意味で上記 5 法は，互いに連携してはじめて効果を発揮し得る密接不可分のものである。

［出所］　通商産業省資料による。

に係る支援を行うという『街づくり会社構想』が推進されつつある」と指摘され，「今後は，商店街振興組合等の高度化事業に対する助成制度等を活用するとともに，『街づくり会社構想』の一層の推進等を図ることを検討する必要がある」と基本的な方向が確認された[19]。

そして，1989年にまずは公益法人に限定して「街づくり会社制度」が開始され（構成員は地方公共団体，商店街組合，中小商業者，中小サービス業者に限定），90年には中小企業事業団（現・中小企業基盤整備機構），地方公共団体が出資する第三セクターとしての株式会社が認められた。前者を街づくり会社パートⅠ，後者を街づくり会社パートⅡと呼んだ。さらに，事業対象も既存商店街にコミュニティ施設を整備することに限定されていたのが，既存商店街または郊外ロードサイドにコミュニティ施設とショッピングセンターとを複合した地域商業集積を整備することにまで拡大された。これを街づくり会社パートⅢと呼んだ[20]。

②中小小売商業振興法の改正　1991年には，大店法関連5法の一つとして実施された小振法の改正によって，従来の3つのタイプを統合した商店街整備等支援事業として，街づくり会社制度が法的に位置づけられることになった（図2-2）。この事業は，同法の認定によって，商店街だけでは資金力や運営能力の面で難しいときに，市町村等と協力してまちづくりをするために，地方公共団体と商店街組合等が共同して出資した会社（いわゆる第三セクター）や，公益法人を設置する場合，街づくり会社を主体に多目的ホール，駐車場，スポーツ施設などを設置したり，共同店舗を設置するといったことを支援するというものである。

その後，街づくり会社および商店街組合等が行う事業として，にぎわい創出事業およびショップバンク事業（1991年），パティオのある商店街構想（1994年），空き店舗整備事業（1995年），空き店舗対策モデル事業および駐車場対策モデル事業（1996年）などが実施された。

1990年代初頭のバブル崩壊後，自治体出資の第三セクターは，当該自治体の財政悪化要因となるなど，あまり評判がよくなかったこともあって，三セク型の街づくり会社の設立はそれほど多くなかったという（公益法人型はより少ない）。それでも，それは1998年中心市街地活性化法（中活法）の目玉とされたタウンマネジメント機関（TMO）につながる動きとなったと評価できる。

図2-2 中小小売商業振興法の改正ポイント

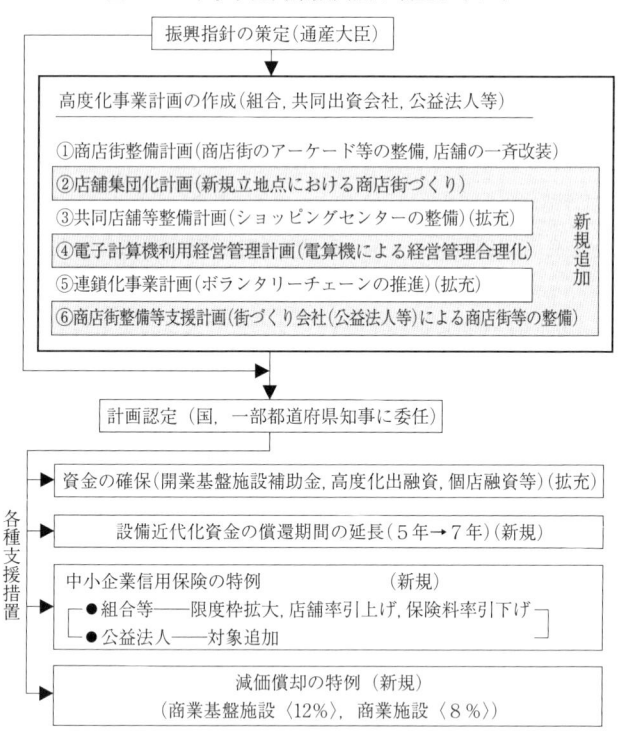

```
          ┌─────────────────────────────┐
          │ 振興指針の策定(通産大臣)      │
          └─────────────────────────────┘
                      │
          ┌─────────────────────────────────────────────────┐
          │ 高度化事業計画の作成(組合,共同出資会社,公益法人等) │
          │ ①商店街整備計画(商店街のアーケード等の整備,店舗の一斉改装) │
          │ ②店舗集団化計画(新規立地点における商店街づくり)    │    新
          │ ③共同店舗等整備計画(ショッピングセンターの整備)(拡充) │ 規
          │ ④電子計算機利用経営管理計画(電算機による経営管理合理化) │ 追
          │ ⑤連鎖化事業計画(ボランタリーチェーンの推進)(拡充) │ 加
          │ ⑥商店街整備等支援計画(街づくり会社(公益法人等)による商店街等の整備) │
          └─────────────────────────────────────────────────┘
                      │
          ┌─────────────────────────────┐
          │ 計画認定(国,一部都道府県知事に委任) │
          └─────────────────────────────┘
                      │
各  ┌─→ ┌─────────────────────────────────────┐
種  │    │ 資金の確保(開業基盤施設補助金,高度化出融資,個店融資等)(拡充) │
支  │    └─────────────────────────────────────┘
援  │    ┌─────────────────────────────────────┐
措  ├─→ │ 設備近代化資金の償還期間の延長(5年→7年)(新規) │
置  │    └─────────────────────────────────────┘
    │    ┌─────────────────────────────────────┐
    ├─→ │ 中小企業信用保険の特例      (新規)        │
    │    │ ●組合等──限度枠拡大,店舗率引上げ,保険料率引下げ │
    │    │ ●公益法人──対象追加                     │
    │    └─────────────────────────────────────┘
    │    ┌─────────────────────────────────────┐
    └─→ │ 減価償却の特例(新規)                      │
         │ (商業基盤施設〈12%〉,商業施設〈8%〉)      │
         └─────────────────────────────────────┘
```

[出所] 通商産業省中小企業庁小売商業課(1992)「中小小売商業振興法の解説」第4部参考資料, p.40

　しかし、街づくり会社が全国でどの程度設立され、活用されたのかを全般的に明らかにするデータは存在しない。数少ないデータとして、通商産業省(現・経済産業省)が中小企業事業団を通じて出資した案件が、1989年から2000年までの間に計44件(継続出資案件2件を含む)、総額97億円に及んだことがわかる程度である[21]。これらがその後どうなったのかを含めて、街づくり会社制度という施策そのもののまとまった政策評価は、未着手のまま残されているという問題状況にあることを、あらためて確認しなければならない。

3　特定商業集積整備法

①制度的枠組みの概要　　「90年代流通ビジョン」に示されたもう一つの提

案は，新しい商業集積の計画的整備であった。そこでは，次のように指摘されている[22]。

「〔郊外・ロードサイドを中心として形成されつつある——筆者補足〕新しい商業集積は地域経済の活性化に大きく寄与できるものではあるが，これらが無秩序に形成されると，計画的な都市整備，既存都市集積・商店街の活性化を図るうえで妨げとなる場合も多い。したがって，新しい商業集積を，既存の都市・商業集積との有機的連携等を有する地域全体の振興に貢献するものへ，計画的に整備していくことが必要……。」

こうした認識自体は，現在でも通用する先見性のあるものといえる。これに「ハイ・マート2000構想」がやや唐突に組み合わされ，郊外商業集積を計画的に開発していくという方向が打ち出された。そうした流れを受けて，大店法関連5法の一つとして制定されたのが特定商業集積整備法である。その背景には，日米構造協議の最終報告において，規制緩和推進とともに，公共投資の大幅増額が約されたことがあるといわれる。

特定商業集積整備法は，中小小売商を含めた地域商業全体の発展，良好な都市環境の形成やまちづくりなどの観点から，「一定の要件」を満たす商業集積（ショッピングセンターや商店街など）を特定商業集積として整備することを目的としている。同法は，まちづくりの視点から流通政策と都市計画の連動がめざされ，通商産業省だけでなく，建設省，自治省（現・総務省）の3省共同管轄体制がとられた。

ここで「一定の要件」のうち最も重要なのは，「商業施設」（店舗や倉庫等の営業の用に供される施設）と「商業基盤施設」（顧客や地域住民の利便の増進を図る施設や小売業者の営業活動を支援する共同利用施設）が一体的に整備されることである。商業基盤施設は，いわば広義のコミュニティ施設等のことであるが，具体的には次のようなものを指す。(1) 駐車場，総合サービスカウンター，情報プラザ等の顧客利便施設，(2) 展示場，会議室，多目的ホール，イベント広場，カラー舗装等の地域住民生活向上施設，(3) 研究施設，共同POSシステム，共同荷捌場等の小売業務等円滑化施設などである。また，国や自治体は，特定商業集積の周辺地域にも公共施設の整備を進めていくことを考慮すべきとされている。

特定商業集積の計画手続きは，図2-3に示す通りであり，国の基本指針に

図2-3 特定商業集積整備法に基づく計画手続き等

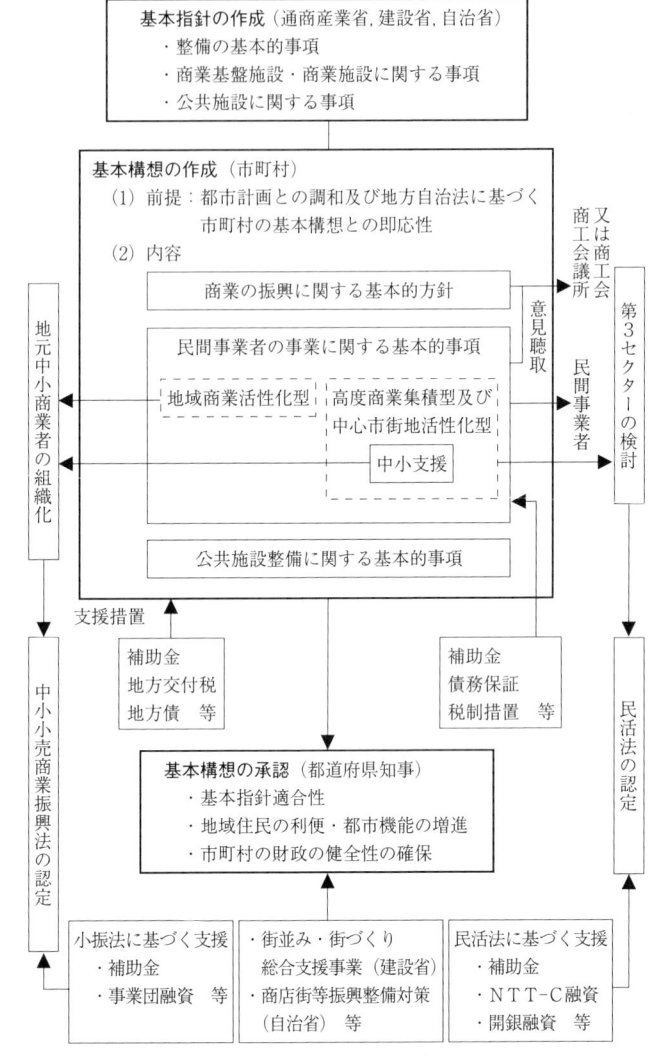

```
基本指針の作成（通商産業省,建設省,自治省）
  ・整備の基本的事項
  ・商業基盤施設・商業施設に関する事項
  ・公共施設に関する事項
              ↓
┌─────────────────────────────────┐
│ 基本構想の作成（市町村）                        │
│ (1) 前提：都市計画との調和及び地方自治法に基づく         │
│     市町村の基本構想との即応性                    │
│ (2) 内容                                  │
│   ┌─────────────────────┐              │
│   │ 商業の振興に関する基本的方針 │              │
│   └─────────────────────┘              │
│   ┌─────────────────────────┐          │
│   │ 民間事業者の事業に関する基本的事項 │          │
│   │ ┌──────┬────────────┐ │          │
│   │ │地域商業 │ 高度商業集積型及び  │ │          │
│   │ │活性化型 │ 中心市街地活性化型  │ │          │
│   │ │     ├────────────┤ │          │
│   │ │     │   中小支援     │ │          │
│   │ └──────┴────────────┘ │          │
│   └─────────────────────────┘          │
│   ┌─────────────────────┐              │
│   │ 公共施設整備に関する基本的事項 │              │
│   └─────────────────────┘              │
└─────────────────────────────────┘
              ↓
基本構想の承認（都道府県知事）
  ・基本指針適合性
  ・地域住民の利便・都市機能の増進
  ・市町村の財政の健全性の確保
```

[出所] 通商産業省特定商業集積推進室（1997），p.278。

基づき，市町村が基本構想を策定（都道府県知事がこれを承認）することから始まる。市町村が基本構想を策定するためには，都市計画等との調和とともに，地域商業の現状や課題等に関する調査に基づく商業ビジョンや都市基盤整備の

基本的方向などを踏まえる必要がある。

特定商業集積のタイプとそれぞれの要件等は，**表2-2**に示す通りである。法案構想の初期段階においては，中小小売店と大型店の共存共栄を図る高度商業集積型，通称「ハイ・アメニティ・マート」(法律制定後に策定された施行令および基本指針によって延床面積おおむね3万m^2以上と設定)のみが想定されていたが，構想途中で中小商業者が主体となってコミュニティ機能の向上を図る地域商業活性化型が加わり(同じく延床面積おおむね2500m^2以上と設定)，2つのタイプが設けられることになった[23]。ここにも，コミュニティ機能の担い手としての商店街という考え方が，商業まちづくり政策に貫かれていることが確認できる。

その後，3万m^2以上という基準では市街地での再開発には広すぎる等の指摘があったことから，1994年から95年にかけて開催された産構審・中政審合同会議での議論などを経て[24]，96年に延床面積おおむね1万2000m^2以上の中心市街地活性化型が追加され，合計3タイプとなった[25]。

②**法適用の状況**　特定商業集積の開発は，第1号案件として，高度商業集積型の福井県福井市(ショッピングシティ・ベル)，山口県下松市(THE MALL周南)，地域商業活性化型富山県朝日町(アスカ・ショッピングセンター)が1992年1月29日に承認された。その後，数年は整備案件が続いたが，その後若干尻すぼみ気味になり，結局，**表2-3**に示すように，高度商業集積型14件(ただし兵庫県神戸市の案件は，阪神・淡路大震災からの震災復興を目的とする緊急措置)，中心市街地活性化型1件，地域商業活性化型38件となった。なお，中心市街地活性化型の新潟県柏崎市の案件は，当初，高度商業集積型で構想されたものが，1996年の法改正後に中心市街地活性化型に変更を求められたものという[26]。

地域商業活性化型の案件は，富山県朝日町や福野町(現・南砺市)の案件のように，地域型のショッピングセンターを開発した案件がある一方で，既存商店街の一部を対象に事業を行った案件もある(数としては後者の方が圧倒的に多い)。そのため，当時の資料を精査しないと商店街のどこでどのような事業を行ったのかを特定しにくい案件が多く，現状では一部しか特定できていない。例えば，1992年度と93年度に基本構想が承認された12件において整備予定とされた商業基盤施設と関連公共施設の内容は，**表2-4**に示すとおりである。

表 2-2 特定商業集積整備法における高度商業集積型，中心市街地活性化型および地域商業活性化型の要件比較

	高度商業集積型	中心市街地活性化型	地域商業活性化型
商業施設の規模	・延床面積おおむね 30,000 m² 以上。	・延床面積おおむね 12,000 m² 以上で，相当程度の店舗の新設又は増改築を行うものであること。	・延床面積おおむね 2,500 m² 以上。 ・延床面積おおむね 2,500〜6,000 m² のものは，相当程度の店舗の新設又は増改築を行うものであること。
商業基盤施設の内容	・顧客利便施設　駐車場等　5,000 m²　顧客利便向上施設，消費高度化施設　300 m² ・地域住民生活向上施設　1,000 m² ・小売業務等円滑化施設　700 m² ・全体として　1,000 m² 以上	・顧客利便施設　駐車場等顧客利便向上施設，消費高度化施設　2,000 m² ・地域住民生活向上施設　1,200 m² ・小売業務等円滑化施設　300 m² ・全体として　4,000 m² 以上	アーケード，カラー舗装等の商業基盤施設を2以上新設又は増改築を行うものであること。
商業施設の業種・業態構成	百貨店，量販店，専門店等多様な業種の店舗から構成されていること。	・百貨店，量販店，専門店等多様な業種の店舗から構成されていること。 ・小売業33業種のうち，おおむね1/2以上が存すること。	小売業33業種のうち，おおむね1/2以上が存すること。
中小要件（中小小売商業の振興に関すること）	・中小店舗の割合が，おおむね2/3，面積1/4以上。 ・中小店舗のうち，地場中小割合がおおむね1/2以上。等	・中小店舗の割合が，おおむね2/3，面積1/4以上。 ・中小店舗のうち，地場中小割合がおおむね1/2以上。等	
特定商業集積の配置	原則として同一敷地内に配置。ただし，用地の制約等により，やむを得ない場合には，相互の往来が容易な近接地に配置。	・中心市街地に限定。 ・相互に往来が容易な近接地に配置。	相互に往来が容易な近接地に配置。

[出所]　通商産業省特定商業集積推進室（1997），p. 267.

第2章 「まちづくり3法」以前の商業まちづくり政策の展開

表2-3 特定商業集積整備法に基づくプロジェクト一覧

(1) 高度商業集積型(ハイ・アメニティ・マート):14件

市町村名	基本構想承認	施設整備完了	民活法13号施設認定事業者	事業の概要
福井県福井市	1992年1月29日	1992年4月15日	福井南部商業開発(株)	福井南部商業開発と(協)ゴールドショッピングセンターが、平和堂と地元中小店からなる「ショッピングシティ・ベル」を整備
山口県下松市	92年1月29日	93年11月5日	下松タウンセンター開発(株)	下松タウンセンターと下松商業開発(株)が、西友と地元中小店からなる「THE MALL周南」を整備
山口県阿知須町	92年11月20日	96年3月20日	阿知須まちづくり(株)	阿知須まちづくりが、中国寿屋と地元中小店からなる「サンパークあじす」を整備
滋賀県八日市市	93年3月30日	94年6月2日	八日市駅前商業開発(株)	八日市駅前商業開発と八日市商業開発(株)が、平和堂と地元中小店からなる「ショッピングセンターアピア」を整備
青森県下田町	94年3月31日	95年4月22日	下田タウン(株)	下田タウンが、ジャスコと地元中小店からなる「イオン下田ショッピングセンター」を整備
滋賀県彦根市	95年3月30日	96年4月26日	南彦根都市開発(株)	南彦根都市開発と彦根商業開発(協)が、平和堂と地元中小店からなる「ビバシティ彦根」を整備
兵庫県杜町	95年3月31日	96年5月25日	やしろ商業開発(株)	やしろ商業開発が、ジャスコと地元中小店からなる「Bio」を整備
兵庫県神戸市	96年1月26日	99年4月27日	神戸地下街(株)	神戸地下街が、そごうと隣接する神戸地下街に地元中小店からなる「さんちか」を整備
熊本県荒尾市	96年4月17日	97年4月26日	荒尾シティプラン(株)	荒尾シティプランと荒尾商業開発(株)が、ニコニコ堂・サンコー・鶴屋と地元中小店からなる「あらおシティモール」を整備
石川県加賀市	96年7月19日	97年3月27日	加賀コミュニティプラザ(株)	加賀コミュニティプラザと(協)加賀ターミナルセンターが、平和堂と地元中小店からなる「アピオシティ加賀」を整備
青森県五所川原市	96年9月19日	97年11月20日	五所川原街づくり(株)	五所川原街づくりが、イトーヨーカ堂と地元中小店からなる「エルムの街ショッピングセンター」を整備
新潟県新発田市	97年7月11日	98年3月26日	(株)しばたショッピングセンター	しばたSCと(協)新発田商業開発が、ウオロクと地元中小店からなる「コモタウン」を整備
茨城県笠間市	97年8月15日	98年4月18日	笠間商業開発(株)	笠間商業開発と笠間エス・シー(協)が、ジャスコと地元中小店からなる「笠間ショッピングセンター」を整備
愛知県三好町	2000年1月12日	2000年10月24日	新商業都市(株)	新商業都市,三好商業振興(株),(株)三好開発センターが、ジャスコと地元中小店からなる「三好町ショッピングセンター」を整備

[注] 兵庫県神戸市の案件は,阪神・淡路大震災からの震災復興を目的とする緊急措置によるもの。

(2) 中心市街地活性化型：1件

市町村名	基本構想承認	施設整備完了	民活法13号施設認定事業者	事業の概要
新潟県柏崎市	1997年10月21日	1998年10月22日	(株)柏崎ショッピングモール	柏崎ショッピングモールが，ツチダと地元中小店からなる「フォンジェ」を整備

［注］　新潟県柏崎市の案件は，当初，高度商業集積型で構想されたものが，1996年の法改正後に中心市街地活性化型に変更を求められたもの。

(3) 地域商業活性化型：38件

市町村名	基本構想承認	市町村名	基本構想承認
富山県朝日町 （アスカ・ショッピングセンターを整備）	1992年 1月29日	京都府京都市	93年 7月 9日
		沖縄県沖縄市	92年 8月26日
栃木県佐野市	92年 3月25日	秋田県秋田市	93年10月21日
群馬県高崎市	92年 3月31日	大分県大分市	94年 5月21日
群馬県前橋市	92年 3月31日	青森県青森市 （新町商店街を整備）	94年 9月26日
新潟県小出市	92年 3月31日		
神奈川県相模原市	92年 3月31日	三重県名張市	95年 1月17日
奈良県生駒市	92年 3月31日	和歌山県白浜市	95年 3月23日
山口県長門市	92年 3月31日	長崎県長崎市	95年 3月29日
福岡県小郡市	92年 5月 7日	岐阜県高山市	95年 9月 1日
福岡県久留米市	92年 5月 7日	静岡県島田市	95年 9月27日
愛知県田原町	92年 7月14日	三重県鈴鹿市	95年 9月28日
鳥取県米子市	92年11月16日	和歌山県田辺市	96年 1月16日
富山県福野町 （共同店舗ア・ミューを整備）	93年 3月12日	広島県三次市	96年 3月25日
		栃木県鹿沼市	96年 3月26日
宮崎県都城市	93年 3月12日	埼玉県入間市	96年10月 9日
滋賀県八日市市 （駅前の中心商店街を整備）	93年 3月30日	群馬県新田町	97年 5月 6日
		群馬県桐生市	97年 5月14日
青森県十和田市 （中央商店街を整備）	93年 6月30日	島根県出雲市	97年 2月24日
		宮崎県日向市	97年 9月11日
青森県弘前市 （下土手・中土手・上土手商店街を整備）	93年 6月30日	兵庫県尼崎市	97年10月13日
		静岡県袋井市	98年 2月 2日

［注］　市町村名はすべて承認当時のもの。
［出所］　通商産業省資料に基づき作成。

表2-4 特定商業集積(地域商業活性化型)の事業内容の例

基本構想承認	市町村名	整備予定商業基盤施設	整備予定関連公共施設
1992年5月7日	福岡県小郡市	ストリートファニチャー,展示施設	街路
92年5月7日	福岡県久留米市	アーケード,カラー舗装,ストリートファニチャー,ポケットパークほか	街路,公園
92年7月14日	愛知県田原町	ポケットパーク,ストリートファニチャー,駐車場,集会場	街路,駐車場
92年11月16日	鳥取県米子市	駐車場,多目的ホール,ストリートファニチャー	道路整備,土地区画整理,河川の護岸工事
93年3月12日	富山県福野町	会議室,温水プール,緑地,駐車場,アスレチックジム	土地区画整理,都市計画道路,遊歩道
93年3月12日	宮崎県都城市	ポケットパーク,会議室・展示場,駐車場,多目的ホール,交流センター	CAB,道路河川改修,人工地盤,公園,駅前広場,植栽
93年3月30日	滋賀県八日市市	駐車場,カラー舗装,街路灯	道路,下水道,公園
93年6月30日	青森県十和田市	アーケード,ストリートファニチャー,緑化施設,街路灯など	道路,体育館,キャブ
93年6月30日	青森県弘前市	駐車場,公開空地,共同利用型情報処理施設など	道路,公園,駐車場,キャブ,多目的ホールなど
93年7月9日	京都府京都市	カラー舗装,植栽,ボラード(車止め)モニュメント,広場,街路灯など	街路,地下駐車場,緑化施設など
93年8月26日	沖縄県沖縄市	駐車場,ニューメディアルーム,イベント広場,共同荷捌場など	道路,文化施設
93年10月21日	秋田県秋田市	駐車場,公共空地,モール	道路,駐車場案内システム,都市公園など

[出所] 小暮宣雄(1994)「平成5年度の小売商業対策および中小小売商業振興法」『IDR研究資料』に基づき作成。

　また,高度商業集積型と地域商業活性化型の案件を同一地域において実施したのは,滋賀県八日市市の案件に限られる。
　なお,高度商業集積型の適用案件については,当初期待されていたほど数が

伸びなかったが，それは建設省が都市計画上の位置づけや「農業振興地域の整備に関する法律」（農振法）上の手続き（農振法除外）を厳格に求めたことや，商業基盤施設（コミュニティ施設）および中小小売商の要件が厳しかったことが影響しているといわれる[27]。こうした要件に自治体が対応するのを支援するために，通商産業省では産業投資特別会計から5億円を出資するとともに，民間からの出資を得て，第三セクターとして株式会社商業ソフトクリエーションを設立した[28]。

　③特定商業集積整備法の施策としての評価　　先に述べたように特定商業集積整備法は，中小小売商を含めた地域商業全体の発展，良好な都市環境の形成やまちづくりなどの観点から，「一定の要件」を満たす商業集積を特定商業集積として整備することを目的としている。こうした枠組みに基づく施策に対して，実務の分野を中心に制定当初からさまざまな評価が行われてきた。なお，学術的な評価については，第1章2で述べたように，都市計画・建築系の分野，経済法の分野，経済地理学の分野などで特筆すべき研究成果があるものの，流通政策論では限られた研究成果しか存在しない。

　そのうち肯定的な評価として最も注目されるのは，同法が基礎自治体（市町村）にまちづくりの責任と権限を付与するほぼ最初の試みとなったという指摘である。これは同法の適用を受けるために，基礎自治体が基本構想を策定すること，およびその前提として，都市や商業の現況を把握し，その発展方向についてビジョン等をとりまとめることなどが求められているからである。そのため，実際に同法の適用を受けた自治体だけでなく，適用を検討した自治体も含め，多くの基礎自治体がまちづくりについて考える絶好の機会を同法が提供することとなったのである[29]。

　こうした肯定的な面はあるものの，同法がめざす目的が実際に実現できるのかという点を中心に，その効果に関連してさまざまな問題が制定当初から指摘されていた[30]。

　例えば，同法に基づく事業，とりわけ高度商業集積型は，公的資金を投入して郊外型大規模商業集積を開発すること，そしてその開発が新たな開発を生むといった循環をもたらし，スプロール的（無秩序）とまではいわないが，少なくとも非計画的な郊外開発に拍車をかけることへの疑問が常に呈せられていた。例えば，高度商業集積型案件の第5号として開発された青森県下田町（現・お

いらせ町)のイオン下田ショッピングセンターは,田んぼや畑の真ん中に開発されたが,10年も経たないうちに,その一帯は一大郊外ショッピングゾーンとなった(第8章付表参照)。

　この下田町のケースは,イオン(当時・ジャスコ)のその後のショッピングモール戦略のモデルケースの一つになった。当時の経営者の自伝である岡田(2005)では,次のように述べられている (p.138)。「下田町のケースもそうだが,大型の商業施設ができると,そこには新たな雇用が生まれる。その規模は千人,二千人単位だ。現在,イオンモールが運営する商業施設は十八あるが,どの場所もその市町村の人口は増加している。地域活性化に役立っている。SCの開発は立派な村おこしといってよい」。ただし,イオンは,後述する商業基盤施設を併設することによる収益性悪化という要因もあって,その後,茨城県の笠間市のケースを除いて,特定商業集積整備法の活用にあまり積極的にならなかった。

　また,高度化事業等の公的資金を使って整備された既存の商店街・共同店舗が周辺にある場合,それらに悪影響を与えるといった,政策間の整合性に関する問題もよく指摘された。例えば,高度商業集積型案件の第11号である青森県五所川原市のエルムの街ショッピングセンターの開発はその周辺にさまざまなロードサイド店の開発を促すとともに,同市の中心商店街(五所川原大町商店街振興組合など)に深刻な負の影響を及ぼし,中心部に立地していた地元百貨店の中三五所川原店は2007年に閉鎖された。また,高度商業集積型案件の第2号である山口県下松市のTHE MALL周南の開発は,周辺にすでに存在していた協同組合形式の共同店舗の運営に悪影響を及ぼしたといわれる。

　以上は,同法による施策が周辺にもたらす影響にかかわる問題であるが,他方で商業施設に商業基盤施設としてコミュニティ施設等を併設することにより,その商業集積の魅力を高めるという,同法の枠組みそのものにかかわる指摘もある[31]。

　もともと,まちづくりを進めるためにコミュニティ施設等を併設することに対して公的に支援するという施策は,街づくり会社制度においても実施されていたが,その時点でもコミュニティ施設の整備が採算に乗りにくい事業であることは認識されていた[32]。そうした状況は,当然のことながら,特定商業集積整備法の適用を受ける際も同様であり,小売業者の経営という観点だけから

みると，直接的には売上・利益につながらない収益圧迫施設を併設しなければならないことになる。そのため，同法の活用経験がある小売企業でも，その後はあえて同法の適用を受けずにプロジェクトを進めたこともあったといわれる[33]。

④ 事例──コミュニティ施設併設の影響を中心に　実際，同法を活用して特定商業集積を開発した5案件について，20年前後経過した時点の状況をヒヤリング調査したところ，次のようなことが指摘された[34]。

第1は，高度商業集積型案件の第1号として開発された福井県福井市のショッピングシティ・ベルである。この案件は，もともと中小商業者の共同店舗として設置された施設について，特定商業集積整備法を活用してリニューアルし，核店舗として滋賀県を本拠とする総合スーパーの平和堂に参画してもらい，商業基盤施設としてスポーツ施設，駐車場，研修室，ホール，文化教室等を併設したものである。オープン後数年の状況をまとめたラーク（1997）では，商業基盤施設のうちホール，文化教室の稼働率は70％程度と報告されているが，今回のヒヤリングでは40％程度と指摘された。商業基盤施設の維持運営費の負担は，商業集積全体の収益圧迫要因となっており，そのためもあってスポーツ施設については平和堂に購入してもらったという。また，2005年には中小商業者側の協同組合の持ち分の縮小を中心とするリニューアルを，平和堂にレイアウト変更などで全面的に協力してもらいながら実施したという[35]。

第2は，高度商業集積型案件の第12号として開発された新潟県新発田市のコモタウンである。本件を計画した契機は，1990年代初頭に新発田駅前商店街の一角にあったジャスコが撤退したことにある。これをきっかけにして新発田市商工業振興協議会が組織され，特定商業集積整備法の制定とほぼ同時期に，郊外型商業集積が提案された。1996年に地元中小商業者側の組合が設立され，新潟を地盤とするスーパーマーケットであるウオロク（新発田は同社発祥の地）等と組んで，同法を活用して開発に踏み切った。こうした経緯から，全国の高度商業集積型の案件の中で，唯一の中小商業者主導の事例といわれる[36]。地方都市へのバブル崩壊の直接的影響はタイムラグをもって伝わったこともあって，当時まだバブル経済の余韻が残っていた。そのため，法の規定に従って商業基盤施設として研修室，文化教室，情報センターを併設したが，開業後はこれらの維持費がショッピングセンター全体の運営にとって負担になっている。

第2章 「まちづくり3法」以前の商業まちづくり政策の展開

現在まで，店舗での買い物と相乗効果がありそうなイベントを中心に，さまざまな予定を組んで利用料等を稼いでいるが，運営は容易ではないという。

第3は，中心市街地活性化型の唯一の案件として開発された新潟県柏崎市のフォンジェである。柏崎市では，1970年代後半から柏崎地域商業近代化地域計画報告書（1978年），コミュニティ・マート構想計画書（1984年）などによって中心商店街の活性化について議論してきた。しかし，それらは事業実施に至らない計画段階で終わり，いわば3度目の正直として取り組んだのが同法を活用した再開発である。当初は高度商業集積型として検討しており，中心市街地では要件面積が広すぎるという問題があったが，中心市街地活性化型が新設されたため，それを活用して地元中小商業者が地元スーパーマーケットのスーパーツチダを核店舗として開発した。当時，地方都市にはバブル経済の余韻が残っていたこともあって，商業基盤施設として駐車場，市民サービスセンター，児童遊戯施設などを広めに設定した。しかし，その運営費の負担が大きくなったこと，およびテナントがオープン時に計画通り集まらず，しかも核店舗を含むテナントの撤退等が発生したこともあって，オープンから3年後の2001年8月民事再生法の適用を申請した（2002年4月適用）。その後，商業基盤施設については，児童遊戯施設のキッズ・マジックの運営に力を入れ，利用料収入および買い物との相乗効果などの効果があがっているが，やはり維持管理費はショッピングセンター運営にとって負担になっているという。

第4は，地域商業活性化型案件の第1号として開発された富山県朝日町のアスカ・ショッピングセンターである。開発のきっかけは，1987年頃に既存の商店街が将来的に衰退するのではないかという危機感をもった地元商業者が共同店舗の開発をめざしたことにある。そして，ショッピングセンター開発にあたって，地域に不足しているホールないし会館の併設を検討し，当時の中小企業事業団に相談したところ，特定商業集積整備法を紹介されたという。なお，本件は前述の街づくり会社パートⅢ（株式会社の第三セクターが商業施設と商業基盤施設を合わせて設置）の第1号案件でもある。ホール等の商業基盤施設の稼働率はそれなりに高いというが，ショッピングセンターの競争環境は開業後どんどん厳しくなり，テナントの入れ替わりも激しく，空きスペースも少なくない。こうした状況でホールの維持管理費は大きな負担となったことから，もともとの出資者でもある町に売却し，売却益を借入金（高度化資金）の返済にあてた。

また，ホールの指定管理者として町から委託されることにより，管理費収入を得ているという。

第5は，地域商業活性化型案件の第13号として開発された富山県福野町のショッピング・ゾーン・ア・ミューである。福野町では1980年代にコミュニティ・マート構想の策定事業などを実施し，まちづくりに取り組み始めていた。その際，福野駅前の既存商店街の活性化も志向したが，結局，数キロ離れた現在の場所に特定商業集積整備法を活用して共同店舗と商業基盤施設としてのホール，スポーツ施設等を開発した。ショッピングセンターについては，1993年にオープンした後，2年ほどは順調だったが，95年をピークに，その後は長期的に売り上げ減少が続いている。商業基盤施設については，街づくり会社パートⅡ（株式会社の第三セクターが商業基盤施設のみを設置）として設立された別会社（福野まちづくり〈株〉）が運営しているため，ショッピングセンター運営会社（福野商業開発〈株〉）の直接的な負担にはなっていない。

⑤小活　これまでみてきたように，商業基盤施設としてコミュニティ施設等を併設することは，ショッピングセンターの運営にとって過剰な負担となったことがほとんどである。富山県の朝日町，福野町のケースについて論じた松田（2004）は，これらを収益性よりも公益性の理念を優先させたとして肯定的に評価しているが[37]，他の事例も合わせてその後の展開をみると，そう楽観的に評価できるものではなさそうだ[38]。商業基盤施設の運営を別会社化した福野町を除くすべての事例で，行政の支援スキームが施設の開発に限られ，維持管理費の支援が対象とされていないことが指摘された[39]。

たしかに，コミュニティ施設等の維持管理費の負担という問題は理解できるが，それを行政的な支援の対象にすべきかどうかという点については，注意が必要である。施設の立ち上げの費用だけでなく，維持管理まで国の支援の対象とすると，「補助金漬け」の施設ないし組織を生んでしまうことになりかねない。いわばモラルハザードの問題である。その意味で，維持管理費は第一義的には自治体と運営主体の問題としてとらえるべきではないだろうか。

そもそも，街づくり会社構想から特定商業集積整備法に至る政策展開においては，商業施設ないし商業集積にコミュニティ施設等を併設することの効果について，データに基づく理論的な評価が十分なされないまま，正の効果があるとの前提で事業が進められてきたきらいがある。この点についての数少ない研

究成果である石淵（2011）は，都市施設の充実はあるところまでは商業施設の魅力を高めるが，それは単純な線形の増加ではなく，あるところで商業施設の魅力を高めないばかりか，買い物効率性を押し下げることによって商業集積の魅力を損なうこともあると指摘している[40]。こうした点について，あらためて検討する必要があろう。

結　び

　以上，本章では，1970年代の商業近代化地域計画，80年代のコミュニティ・マート構想，90年代の特定商業集積整備法に焦点を合わせて，施策と事業の展開とその評価について検討してきた。その結果，これら施策・事業については，政策評価制度の未整備期であることもあって，一部を除いて政策評価の検討が十分なされていないことは，本文中に指摘したとおりである。

　当然のことながら，時間が経過すればするほど一次資料の所在や直接の関係者の消息がつかめなくなる。本章で明らかにしてきた諸点をふまえて，さらにそれぞれの施策・事業が何をもたらし，何をもたらさなかったのかについて掘り起こしていく必要がある。ただし，本文中で言及したいくつかの都市が典型であるが，中心部商業の支援やまちづくりに積極的な自治体においては，そのときどきの施策を相次いで活用していることが多い。そのため，施策・事業の成果は複合的となり，個々のそれを把握することは難しい。こうした複合的成果をどのように個々の施策・事業にひもづけて評価するかの手法の検討も課題である。

　とりわけ，特定商業集積整備法については，制定・実施過程において，さまざまな議論がなされており，法の枠組みに再検討の余地があったといえる。しかし，抜本的な見直しに着手される前に，1998年の中活法制定に伴って矛盾・重複する部分の法運用が凍結され，2006年に中活法が改正されるとともに廃止された。こうした経緯もあって，1996年の中心市街地活性化型の追加に際して1994年から95年にかけて開催された産構審・中政審合同会議において一部議論されたこと等を除けば，同法の評価について十分議論されないまま今日に至っている。

　同法は，さまざまな問題や限界があるとはいうものの，流通政策と都市計画の連動を3省共管によって実現することを真正面から掲げた点では一定の評価

ができるだろう。また，1990年代末以降の本格的な商業まちづくり政策の展開の前奏曲として位置づけることができる。そうした同法がもつ歴史的な意味について，あらためて検証していかなければならない。

---- 注 ----

1) 石原（2011），p.150。
2) 通商産業省企業局（1971），pp.79-80。
3) 詳細については，石原（2011），pp.182-187，渡辺（2011），pp.133-135を参照されたい。
4) 青森市（2009）による。
5) 現地関係者からのヒヤリングによる（2013年8月20日）。
6) 詳細については，石原（2011），p.200-204を参照されたい。
7) 通商産業省産業政策局・中小企業庁（1984），pp.68-70。
8) 新（2012）は，商店街の問題に社会学の立場から切り込み話題を呼んだ。そこでは，「商店街とは20世紀になって創られた人工物である」（p.50）として，商店街の自然発生性を否定し，政策的，政治的に形成・組織されてきたものとする見方が打ち出されている。すべての商店街がそうだというのは強引過ぎる議論であるが，正鵠を射ている部分もある。しかし，商店街の多くが政策的，政治的に組織されてきたからといって，商店街自身が自らのレゾンデートルを政治活動に見出すようになり，やがて消費者の支持を失い，「崩壊」の道を歩んでいるとする評価は，新の言う「理念」としての商店街（pp.69-72）や「組織」としての商店街（pp.72-77）という側面に傾き過ぎた議論であり，論理が飛躍し過ぎているように思える。筆者は，地域商業の「場」という角度からみると，商店街には，また別の「見え方」ないし「存在意義」があるものと考えている。
9) 「地域コミュニティの担い手」という商店街の位置づけは，上記の新（2012）にも別の論点で引用されている。商店街研究の黎明期の研究である奥井復太郎氏の論考（1937年から38年にかけて10回にわたり商店街研究と銘打たれて連載）において，商店街の社会的意義としてすでに打ち出されている。この点は特筆すべきであると考える。例えば，奥井（1938），p.64-67を参照。なお，本文献の入手にあたり，石原武政先生（流通科学大学特別教授）に大変お世話になった。ここに記して謝意を表したい。
10) 詳細については，石原（2011），pp.207-210，渡辺（2011），pp.141-142を参照されたい。
11) 当時の中小商業支援策の限界については，渡辺（2011），pp.139-141を参照されたい。
12) コミュニティ・マートセンター（1991）による。
13) 要点は小冊子としてコミュニティ・マート構想事業調査研究会（1991）にまとめられている。
14) 詳細は，石原（2011），pp.229-230を参照。ここで中心的に活動した福川裕一氏（当時・千葉大学工学部助教授）や西郷真理子氏（当時・株式会社地区計画コンサルタンツ代表）らは，まちづくりの第一線で活躍することになる。そのうちの一人が，当時の自らの思いや狙いをまとめたものである西郷（1991）は興味深い。さらに，日本建築学会（2005）の解説も参考になる。
15) 1980年代における大店法運用の問題点については，草野（1992）が参考になる。
16) 通商産業省商政課（1989），pp.151-153。
17) その内容は，通商産業省産業政策局流通産業課（1994a）を参照。
18) 当時，さまざまな調査プロジェクトが委託研究や自主事業等として組まれた。そのうち，筆者が参加した調査研究の成果をまとめたものとして，渡辺（1990a），渡辺（1990b），渡

第 2 章 「まちづくり 3 法」以前の商業まちづくり政策の展開

辺 (1991a) が挙げられる。
19) 通商産業省商政課 (1989), p.152。
20) 3つのタイプの事例は, 河上・伊藤 (1991), 日本建築学会 (2005) に詳しい。
21) 石原 (2011), p.233。
22) 通商産業省商政課 (1989), p.153。
23) この間の経緯については, 当時の通商産業省の行政担当者からのヒヤリングによる。
24) 本合同会議の成果は「21世紀に向けた流通ビジョン」として通商産業省産業政策局・中小企業庁 (1995) にまとめられている。ただし, ビジョンの全体としての内容は, 流通・物流システムの効率化とまちづくり等の社会的要請という2つの視点を軸にしつつも, 総花的なものとなっていた。
25) 同法の趣旨や枠組みについては, 直接の行政担当者による解説である加藤 (1991), 深野 (1992), および行政等による解説書としてまとめられた通商産業省産業政策局商業集積推進室 (1991), (1994), 通商産業省特定商業集積推進室 (1997), 建設省都市局 (1992), 商業施設技術団体連合会 (1992) を参照。さらに, 石原 (2011), pp.219-227, 渡辺 (2011), pp.146-148を参照されたい。
26) 石原 (2011), p.225。
27) 石原 (2011), p.225。
28) 同法の初期の活用事例については産業基盤整備基金 (1995), 全国商工会連合会 (1995), 宮夫 (1996) といった報告を参照。
29) 例えば, 渡辺 (1991b) による。さらに, 同法制定時の行政担当者であった加藤敏春氏へのインタビュー (2012年7月7日), 商業ソフトクリエーションの担当者として実務に携わった並山武司氏へのインタビュー (2013年5月11日) においても同趣旨の指摘があった。
30) ただし, 同法がこうした狙いに適う内容となっているかどうかについて, 筆者は制定当初から疑問を呈してきた。例えば, 同法の衆議院可決翌日に掲載された記事「効果に疑問 商業集積法―街づくりは期待薄 中小振興との両立に問題」『日経流通新聞』1991年5月30日には,「この法案は街づくりの視点とは全く関係ない」という筆者のコメントが掲載されている。
31) 他の問題として, 当時, 高度商業集積型ショッピングセンターは大型店に地元テナントを組み合わさなければならないことから, 民間開発の大規模ショッピングセンターに比べ売り場効率が10%程度落ちるという指摘もあったという。これはショッピングセンターにとって専門店のアソートメント (組み合わせ) がいかに重要かを示しており, いくら販売力のある専門店でも空き店舗に単独で入居させても効果が出にくいという (上記の並山氏による)。
32) 河上・伊藤 (1991) による。
33) 当時の同法活用企業からのヒヤリングによる。
34) 調査実施日は2013年8月18-21日。
35) リニューアルの内容については, ダイナミックマーケティング社「新生ベルの再生物語」(http://www.dynamic-m.co.jp/xdw/bell.pdf) を参照。
36) 開発時のプレスリリースによる。
37) 松田 (2004), p.65。
38) 全国商工会連合会 (1997) では, 特定商業集積整備法の影響から, 商業施設だけでなく, 商工会館の整備においても, コミュニティ施設を併設する事例が増えているが, 安易にコミュニティ施設を導入するのは商業者にとっても負担になるという注意喚起がなされている。
39) 朝日町の事例のインタビューでは, 商業者が地域コミュニティに貢献するのは当然という当時の雰囲気の中で, 本来, 商業者が負うべきでないものまで担ってしまった, という指摘もあった。
40) 石淵 (2011), pp.252-253。

「まちづくり3法」による商業まちづくり政策の転換
新しい政策理念と政策枠組みの模索

───── 第 **3** 章 ─────

はじめに

　1997年5月21日，産業構造審議会流通部会と中小企業政策審議会流通小委員会の合同会議（産構審・中政審合同会議）は中心市街地活性化施策に関する議論を開始し，同年8月21日，「中心市街地における商業の振興について（中間とりまとめ）」を公表した。さらに，産構審・中政審合同会議は，同年12月24日，大規模小売店舗法（大店法）を廃止し，周辺環境への影響という観点から大型店の立地を審査する新法「大規模小売店舗立地法（大店立地法）」の制定を求める中間答申をとりまとめた[1]。こうした動きと並行して，建設省では，都市計画中央審議会（現・社会資本整備審議会）における審議を経て，都市計画法改正の方針を打ち出した。

　これらを受けて，1998年5月末から6月初頭にかけて，中心市街地活性化法（中活法），大店立地法，改正都市計画法から成るいわゆる「まちづくり3法」が国会で成立した。そして，これ以降，わが国の地域商業のあり方にかかわる政策（地域商業政策）は，大店法（1973年制定）を中心とする調整政策と，中小小売商業振興法（小振法，1973年制定）を中心とする振興政策との2本柱から，規制的政策の側面と振興政策の側面を統合した商業まちづくり政策として展開されるようになった。これは，流通政策において大きな政策転換がなされたことを意味する。

　この政策転換の原動力となったのは，大店法の緩和から廃止への流れそのも

のといっても過言ではない。1973～80年代までを流通政策における大店法時代，2000年代以降を「まちづくり3法」時代というとすれば，1990年代は両者の移行期と位置づけられる。この移行期の特徴は，一方で出店規制の実質的効果がなくなるのに反比例するようにして，大型店がもたらす周辺環境への外部性の問題が社会的に注目されるようになったことにある。他方で従来の商店街活性化を中心とした支援策の限界をふまえ，まちづくりの視点をより強めた商業まちづくり政策への転換が志向されたことなどを契機として，大店法時代の経済的競争調整を基軸にした政策理念から新しい時代にふさわしい政策理念と政策枠組みが模索されたことも大きな特徴として挙げられる。

　本章では，1990年代の移行期の一つの側面として大店法緩和の社会的影響について整理したうえで，それが「まちづくり3法」という新しい政策枠組みにいかにつながったのか，3法を構成する法制度の内容と問題点はいかなるものかについて検討していく。なお，本章が対象とする時期は政策評価制度の未整備期であり，行政サイドの制度的な政策評価は行われておらず，学術サイドからの評価について紹介・検討する。

1　地域商業政策の転換

1　大型店問題をめぐる対立軸の変化

　①大店法：緩和から廃止へ　　大店法は中小小売商の事業機会確保を主たる目的に大型店の出店規制を行う制度であり，高度成長から低成長への移行期にあたる1973年に制定（1974年施行）されて以来，わが国の流通政策において中心的な役割を担ってきた[2]。しかしそれは，主として1980年代中頃から，競争制限的な経済的規制として，国内外から多くの批判を受けたことから（第2章2参照），3段階の規制緩和プログラムを経て，1998年6月，大店立地法の制定にともなって廃止が決まった。ただし，実際に廃止されるのは，大店立地法が2年間の周知期間を経て施行される2000年6月となった。

　大店法の規制緩和が進められる過程において，もともと規制緩和に反対していた勢力の多くも「緩和やむなし」に傾いていったが，それでも大規模小売業と中小小売商との競争関係の調整という観点に立つ大店法の枠組み自体は何とか残したいと考えていた。そうした状況下で，上述の産構審・中政審合同会議

が開催されたわけだが，最終的に大店法廃止・新法制定という結論に至った。

その背後には，アメリカなどから，大店法が1995年に発効した世界貿易機関（WTO）のサービスの貿易に関する一般協定（GATS）に違反するとして，紛争処理小委員会（パネル）の設置要求があったことや，アメリカとの二国間協議が開催（1997年に2回）されたことが大きく影響している。ただし，その後すぐに大店法は廃止されたため，大店法そのものがGATS違反かどうかの判断はなされていない[3]。

②**大型店の負の外部性**　それはともかくここで注目したいのは，大店法の規制緩和プロセスの中で，まちづくりとの連動といった社会的観点からの規制の必要性が注目されるようになったことである。

もともと大店法による規制においては，審査対象が「調整4項目」（売場面積，営業時間，休業日数，開店日）に限定されていた。1980年代中頃までは，それらについて，不透明で恣意的な審査が行われることがしばしばで，例えば売場面積の3割カット，4割カットといった審査結果が提示されることも少なくなかった。しかし，規制緩和の一般的機運が高まる中にあっては，中小小売商保護を名目にした合理的根拠に乏しい「大幅カット」の主張は，なかなか通用しなくなっていった。

それに代わって，現実の審査過程で頻繁に登場するようになった主張が，出店案件に関するまちづくりや都市計画との整合性であり，交通問題や騒音問題への対応などであった[4]。さらには，青少年の非行問題までも取り上げられることもあった。こうした，いわば社会的観点に立つ主張は自治体や消費者代表，学識経験者などからだけでなく，中小小売商サイドからもなされるようになった。その内容自体はもっともなものであったことから，世論もそうした方向に向かっていった[5]。

これは，いわば大型店の出店をめぐる対立軸が，この時期，大きく変化したことを意味する。すなわち，かつての中小小売商の事業機会確保を目的とした競争関係の調整をめぐる対立から，大型店がもたらす社会・経済・自然環境への悪影響，いいかえれば負の外部性をいかに抑制するかをめぐる対立への変化である。しかし，大店法の枠組みの下での審査は上述した調整4項目に限定される。したがって，いくら社会的観点に立つ主張をしたとしても，出店者側に対して実効性ある措置を迫ることは現実的に難しい。

そのため，大店法の規制緩和が進展するとともに，出店周辺地域の側が有効な対抗策をとれないまま，さまざまな小売業態の出店が認められていった。その結果，大型店間では，総合スーパー同士などの同一業態内競争だけでなく，総合スーパーと専門量販店などの異業態間競争といった，多面的・多角的な競争が展開されるようになった。こうして，大店法の規制が一定程度厳しかった時期には，あまり顕在化しなかった負の外部性の問題が表面化してきたのである。

2 まちづくりと自治体の独自規制

①抑制されてきた独自規制　また，大店法の枠組みの下で，まちづくりや都市計画との整合性が主張される場合，そこで問題とされるまちづくりは，大店法の目的に規定されて，中小小売商の事業機会確保の手段としての位置に置かれてしまいかねないという懸念もある。

しかし，本来，まちづくりは公共の利益の観点から，地域の中小小売商の活性化をも一つの手段としつつ多様な方策を組み合わせて実現すべきものであり，まちづくりを名目にして中小小売商を活性化しようという論理は，目的と手段の関係が逆転している。

しかも，まちづくりを推進するためには，地域の独自性に基づいて大型店を含む小売商業全般の開発・立地をコントロールする権限が，基礎自治体にある程度認められる必要がある。しかし，大店法の緩和にともなって，逆に自治体の独自規制に関する裁量権は制約されていった。その結果，1994年1月の産構審・中政審合同会議答申において「行き過ぎた独自規制に関しては，確認された条例，指導要綱等の明文化されたルールについては改正大店法の下で問題がなくなったと考えられる」と評価されるに至っている。

実際，1995年8月から9月にかけて，総務庁（現・総務省）が6都道府県12市区町村をサンプルとして実施した調査によれば，**表3-1**に示すように，まだ相当数の独自規制が存在していたものの，そのほとんどが大型店に対する独自規制としての実効性を喪失していた。すなわち，実質的な機能停止状態にあったり，商業振興施策のための情報収集としてのみ位置づけられていたり，小売商業調整特別措置法に基づき500 m^2 未満の店舗のみを対象にした規制であったりしていた。

表 3-1　自治体における独自規制の概要

実施主体	対象店舗等	実績	実施主体	対象店舗等	実績
仙台市 (要領)	300 m² 以上 500 m² 未満 大規模小売業者の入居	9 件	竹原市 (要綱)	250 m² 以上 500 m² 未満	0 件
気仙沼市 (要綱)	300 m² 以上 500 m² 未満	5 件	尾道市 (要綱)	300 m² 以上 500 m² 未満	0 件
東京都 (要綱)	500 m² 以下 大企業者の出店	160 件	安芸津町 (要綱)	250 m² 以上 500 m² 未満	0 件
杉並区 (要綱)	300 m² 以上 500 m² 以下 大企業者以外の出店	1 件	江田島町 (基本方針)	300 m² 以上 (特定店舗) 大店法対象店舗を含む	0 件
泉大津市 (要綱)	200 m² 以上 500 m² 未満	2 件	大柿町 (要綱)	300 m² 以上 500 m² 未満	0 件
八尾市	200 m² 以上 500 m² 未満	2 件	大崎町 (要綱)	300 m² 以上 500 m² 未満	0 件
大和町 (要綱)	300 m² 以上 500 m² 未満	0 件	能美町 (要綱)	300 m² 以上 500 m² 未満	0 件
戸河内町 (要綱)	300 m² 以上 500 m² 未満	0 件	福岡県 (要綱)	100 m² 以上 500 m² 未満 大型小売業者	77 件

［注］　実績は 1992 年から 95 年 8-9 月までの規制実績数。
［出所］　総務庁『規制緩和に関する調査結果（行政改革委員会依頼調査）』1995 年 10 月，pp. 32-34 を一部修正して作成。

　かつて大店法が厳しく運用されていた 1980 年代前半に，自治体もいわゆる「上乗せ規制」や「横出し規制」を導入することが少なくなかったが，それらを肯定的に評価するつもりはない[6]。ここで確認したいのは，当時，自治体が独自にまちづくりなどに取り組むための規制を行うことが，かなり難しい状況にあったという点である。

　②**自治体の「環境要綱」**　　しかし，1990 年代後半になると，生活環境保全などといった外部不経済の抑制を目的とした規制を，自治体が独自に行おうとする動きが広がっていった。それらをここでは一括して自治体の「環境要綱」と呼ぶこととする。

　そのきっかけの一つになったのが，横浜市におけるかつての独自規制（1977年 2 月策定）の「環境要綱」への改正（1992 年 6 月）である。当時，首都圏の主要な自治体で改正・制定された「環境要綱」の内容は，**表 3-2** に示す通りである。また，自治体が大型店を固有の対象に策定している「環境要綱」の例は

表 3-2 首都圏 5 自治体における「環境要綱」の内容

項目	横浜市	川崎市	荒川区	杉並区	豊島区
施行年月	1977年2月（92年6月改正）	1996年10月	1997年9月	1998年8月	1998年10月
商業調整型要綱の有無	あり（ただし現要綱に改正）	なし（連絡協議会要綱のみ）	なし（市街地整備要綱のみ）	あり（ただし中規模店のみ対象）	なし
内容の基本モデル	なし（独自に制定）	横浜市	横浜市・川崎市	横浜市・川崎市・荒川区	横浜市・川崎市・荒川区・杉並区
大店法との関連	独自の制度であることを強調	独自の制度であることを強調	大店法に準じた条文構成	大店法に準じた条文構成	大店法に準じた条文構成
対象店舗の面積基準	住居系地域：1000 m² 以上 商業・工業系地域：1500 m² 以上	住居系地域：1000 m² 以上 その他地域：1500 m² 以上	500 m² 超	1000 m² 超	500 m² 超
出店計画の照会先	約27課に照会	約21課に照会	約12課に照会	規定なし	規定なし（必要に応じ関係行政機関等に照会）
出店予定者との事前協議	照会により回答があった各課が行う	照会により回答があった各課が行う	商工振興課が行う	規定なし	規定なし
庁内連絡体制	規定なし	連絡協議会を設置	規定なし	規定なし	出店対策会議を設置
地域住民への周知	規定なし	説明会等による近接住民への周知	規定なし	近隣住民に対する説明会の開催	近隣住民に対する説明会の開催
地域住民の意見聴取	規定なし	規定なし	・環境問題地域関係者会議の開催 ・区民による意見書提出	・区民による意見書提出 ・必要に応じて意見聴取	規定なし
協議結果の公表など	規定なし	規定なし	協議結果の要旨を2週間公開	協議結果の要旨を公表	規定なし（ただし大規模小売店舗審議会に意見具申）
既存大型店の取り扱い	対象外	対象外	対象外	とくに重大な問題がある場合協議	対象外

［出所］ 渡辺（1998b）。

表 3-3 大型店を固有の対象にした「環境要綱」を策定している自治体の例

項目	飯田市	大垣市	各務原市	稲沢市	泉南市
施行年月	1997年10月	1997年12月（98年4月改正）	1998年4月	1998年10月	1998年1月（既存要綱の改正）
策定の契機	大型店の出店問題				
主たる要望者	地元商業者	地域住民と地元商業者	地域住民と地元商業者	地域住民と市議会	地元商業者
対象大型店	500 m² 超	500 m² 超	500 m² 超	住居系地域：1,000 m² 以上 その他地域：1,500 m² 以上	500 m² 超〜1,000 m² 未満

[出所] 渡辺（1999）。

表 3-4 「環境要綱」に規定されている出店予定者の届出事項

届出事項	飯田市	大垣市	各務原市	稲沢市	泉南市
店舗設計計画	○	○	○	○	○
営業計画	○	○	○	○	○
駐車場・駐輪場の整備計画および周辺交通対策	○	○	○	○	○
地域社会への貢献策	○	○	○	○	△1)
地域環境の保全対策	○	○	○	○	
都市計画等の都市づくりとの整合方策	○			○	
地元商店街との連携策		○		○	
地元商業者の出店についての配慮		○		○	
公設地方卸売市場の利用対策		○			
その他市長が必要と認める事項	○	○	○	○	○

[注] 1）「高齢者・障害者に対する配慮策」のみ。
[出所] 渡辺（1999）。

表 3-3，表 3-4 に示す通りである[7]。

　これらは，社会的観点に特化し競争制限的な要素を含まない独自規制として策定・運用されたため，国から特段の注文等はなかったという。しかし，大店法の規制緩和にともなって，自治体がこうした独自規制を導入しなければならなくなったこと自体，大店法という枠組みそのものが社会の要請に合わなくなってきており，その限界が露呈されたことを意味している。

3 大店法をめぐる制度的補完性の崩壊と制度再構築

①制度的補完性の崩壊　　ここまで，大店法の緩和プロセスにおいて顕在化してきた問題についてみてきた。それらは，従来，大型店が周辺環境に対して負の外部性（場合によっては正の外部性）を有するという視点を欠いていたことによる面がある。そうした側面への対処を含め，社会的観点に立つ規制として，いわゆるポスト大店法の制度設計は行われた[8]。

ここで注意すべきは，大店法を廃止して，新法を制定することは，それ自体で完結するものではなく，関連する諸制度に大きな影響を与えることである。つまり，図 3-1 に示すように，大店法は関連諸制度——その代表が中小商業支援制度，地方自治制度，都市計画制度——との間に補完的関係を形成しており（制度的補完性），大店法の変更は必然的に他の制度の変更を生じさせること，逆にいえば他の制度の変更をともなわない限り，制度全般に混乱がもたらされるのである[9]。

②制度的補完性の再構築　　そこで，大店法の緩和から廃止への流れの中で，図 3-2 に示すような制度的補完性の再構築が行われた。

まず，都市計画制度については，従来，大型店の立地を規制・誘導する有効な手段が織り込まれていなかったが，徐々にその立地の規制や誘導，さらには郊外開発規制が施行されるようになった。ただし，それが本格的に制度化されていくのは，2000 年代に入ってからである。

さらに，前項で一部自治体が取り組み始めていることをみた，大型店がもたらす負の外部性の問題については，国として新法を制定し対応することとなった。ただし，外部性の範囲は，最終的に生活環境保持というかなり限定的な対象に絞られてしまった。

また，中小商業支援制度の側面では，**第 2 章**でみてきたコミュニティ・マート構想や街づくり会社制度，特定商業集積整備法等の商業まちづくり政策の展開をさらに発展させ，従来型の商店街活性化策にとどまらない中心市街地等の活性化策の導入がめざされた。

そしてこれらに合わせて，地方自治制度についても，1999 年 7 月に地方分権一括法が制定されるなど，全般的な地方分権化が推進される中で，商業まちづくり政策の実施主体としても自治体の主導性や権限がより強められていった。

このような政策転換に向けた検討がポスト大店法の移行期においてなされ，

第3章 「まちづくり3法」による商業まちづくり政策の転換

図 3-1　大店法をめぐる制度的補完性

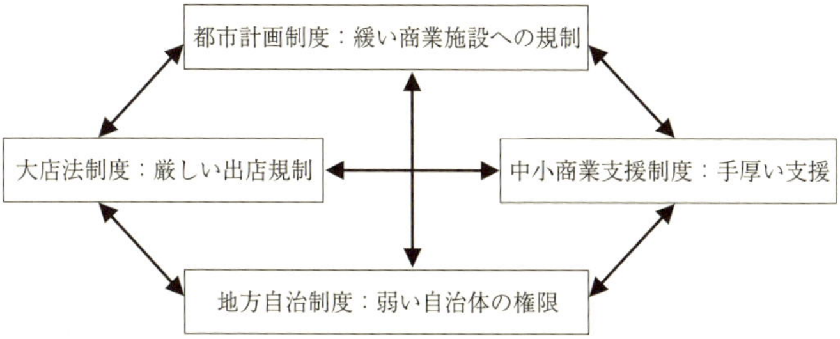

- 都市計画制度：緩い商業施設への規制
- 大店法制度：厳しい出店規制
- 中小商業支援制度：手厚い支援
- 地方自治制度：弱い自治体の権限

図 3-2　制度的補完性の再構築

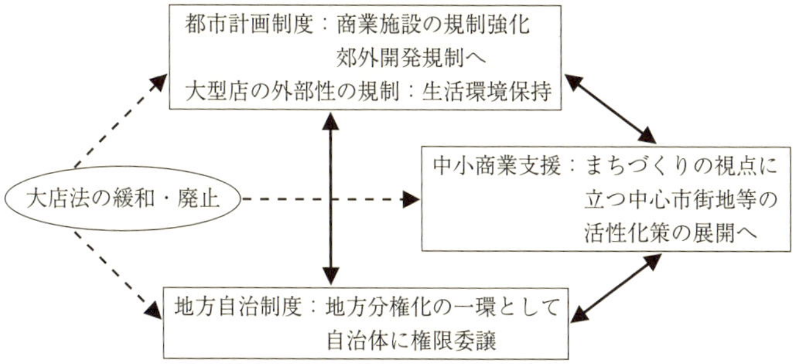

- 都市計画制度：商業施設の規制強化
  郊外開発規制へ
  大型店の外部性の規制：生活環境保持
- 大店法の緩和・廃止
- 中小商業支援：まちづくりの視点に立つ中心市街地等の活性化策の展開へ
- 地方自治制度：地方分権化の一環として自治体に権限委譲

新しい政策枠組みとして1998年の「まちづくり3法」制定につながったということができる。

2　「まちづくり3法」の制定

1　3法の政策方向

　ここでまず注意すべきは，「まちづくり3法」という呼称は政治の舞台やマスメディア等で便宜的に用いられ始めたものであり，必ずしも3法としての統合的な政策理念が示されていたわけではないことである。とはいえ，3法がめざす政策方向は，本章冒頭で述べた産構審・中政審合同会議の中間とりまとめおよび中間答申において明確に述べられている。以下，その中心部分を示そう。

「中心市街地における商業の振興について（中間とりまとめ）」（1997年8月21日)[10]
　2. 中心市街地活性化施策の進め方

55

(1) 中心市街地活性化は，……第一に当該地域の特色，実態に即した内容となるべきものである。既に国内で先進的な取り組みを行っている例からも明らかなように，市町村のイニシアティヴ及びこれを裏打ちする地元商業関係者や消費者・生活者等の対応が，活性化の成否を握る極めて重要な要素である。したがって，国は，市町村が策定する活性化策やこれを実現する事業に対して，活用可能でかつ柔軟なメニューの整備を行うという立場でこれに臨むべきである。

(2) 中心市街地の……活性化のためには，商業・サービス業の振興，街路や駐車場等インフラの整備，公共施設の配置，公共交通機関の整備，住居の整備など広範な対策が必要である。……重要なことは，これら関連施策が一体的・有機的連携を持って進められることである。地方自治体からのヒアリングにおいても，自治体が各般の施策を有効活用するための創意工夫をこらすことの重要性が示唆されたが，同時に，これら施策を担当する各省庁が相互に連携・協力を行っていくことが不可欠であることが強調されている。

(3) 中心市街地の活性化は，当該市町村の規模や地域の実情に応じて，関係者自身の意欲とアイディアによって，進められるべきものである。……国の支援に当たっては，人口等一律の基準によるのではなく，地域の特性を踏まえた，熟度の高い優れたプランを有する地域が対象とされるべきであり，バラマキ的な支援を避け，真に効果的な支援が可能となるような仕組みが構築されることが必要である。

「中間答申」（1997年12月24日）[11]

4. 大型店に関する政策転換の必要性
……

現行大店法は，その目的，手段の構成上，……近年高まりつつある社会的要請に応えることを予定したシステムとなっていない。

大型店については，生活利便施設として生活空間から一定の範囲内に存在する施設であるとともに，不特定多数の来客，車の利用度の高さ，物販に係る大規模な物流など他の施設とは物理的にも一線を画することが可能な施設であり，地域の人の流れや都市機能に対し劇的な影響を及ぼす潜在力を有する施設である。こうした大型店の実態に鑑みれば，大型店の出店に際しては，交通・環境問題への対応，計画的な地域づくりとの整合性の確保等の観点から，地域社会との融和を図ることが特に必要とされるものであり，大型店に係る今日的な意味での小売業の健全な発展という点からも重要である。

近年，一部の地方自治体において，かかる大型店の地域社会への影響に着目して，大店法手続に並行して，一定事項につき問題解決のためのルールを独自に定める動きが出てきており，現実の社会的問題について，的確な行政的対応が求められていることを示している。

一方で，現行スキームにより大規模小売店舗における事業活動の調整を行うことについては，諸々の環境変化の下で，その有効性が低下し，また，革新的努力を通じて多様かつ質の高い購買機会を提供する上での制約効果にはなお無視できないものがある。更に，現行大店法では，高まりつつある種々の社会的要請への対応ができないとの問題点がある。
　したがって，大型店に関する政策としては，大型店の立地に伴う計画的な地域づくりや交通・環境に与える諸問題を解決するため新たな実効性ある政策的対応へ転換すべきである。

これを受けて，1998年5月末から6月初頭にかけて，次の3つの法律が制定された。

(1)　中心市街地活性化法（1998年7月施行）：市町村等（市町村および東京特別区）が中心市街地の活性化を目的とした関連施策を総合的に実施するための諸制度を体系化した法律。同法の正式名称は「中心市街地における市街地の整備改善及び商業等の活性化の一体的推進に関する法律」であったが，2006年改正により「中心市街地の活性化に関する法律」となった。

(2)　大規模小売店舗立地法（2000年6月施行）：店舗面積1000 m^2 超の大型店の出店を生活環境の保全という観点から規制する法律。

(3)　改正都市計画法（1998年11月施行）：小売業を含む諸施設の立地のコントロールをある程度可能にするための改正（その後，2006年5月改正，2007年11月改正法施行）。

以下，それぞれの概要と問題点等についてみていこう。

2　中心市街地活性化法の枠組み

①中心市街地活性化法の特徴　　中心市街地は商業，業務，居住等の都市機能が集積し，文化や伝統を育む「まちの顔」ともいえる地域であり，にぎわいが欠かせない場所といえる。しかし近年，モータリゼーションへの対応の遅れや，商業を取り巻く環境変化による商店街の衰退，住民の減少や高齢化の進行等から，都市の中心機能が低下し，市街地が郊外へ拡大しつつある。こうした状況は環境問題としても，公共投資の効率という観点からも問題が多い。

　このような認識に基づいて，中活法は，中心市街地の活性化にかかわる政策を総合的に実施するために，通商産業省，建設省，自治省，警察庁，国土庁，文部省，厚生省，農林水産省，運輸省，郵政省，労働省という11省庁の共同

管轄体制がとられた（いずれも 2001 年 1 月施行の中央省庁再編関連法以前の省庁名）。

同法は次のような基本的立場から，市町村等が中心市街地活性化事業に主体的に取り組むための種々の支援を行うとした[12]。

(1) 市町村等のイニシアティブの重視。
(2) 関係省庁間の連携・協力による関連施策の一体的実施。
(3) 点（個店）対策や線（商店街）対策から，面（中心市街地）の対策へ（店舗配置・業種構成等の管理を行う「タウンマネジメント」の導入）。

また，同法による支援策の対象となる区域は，以下の要件を満たすことが必要とされた（2006 年改正法の第 2 条第 1～3 号による）。なお，対象区域は国が定める「基本方針」によって，基本的にそれぞれの市町村で 1 カ所とされた（合併によって形成された都市を除く）。

(1) 当該市街地に，相当数の小売商業者が集積し，及び都市機能が相当程度集積しており，その存在している市町村の中心としての役割を果たしている市街地であること。
(2) 当該市街地の土地利用及び商業活動の状況等からみて，機能的な都市活動の確保又は経済活力の維持に支障を生じ，又は生ずるおそれがあると認められる市街地であること。
(3) 当該市街地における都市機能の増進及び経済的活力の向上を総合的かつ一体的に推進することが，当該市街地の存在する市町村及びその周辺の地域の発展にとって有効かつ適切であると認められること。

②中活法による支援策　中活法（2006 年改正以前）の仕組みは，図 3-3 に示す通りであり，国の支援は，事業計画を国が認定することによって実施される。認定プロセスは，国の「基本方針」に基づいて，市町村等が「基本計画」（中心市街地の位置および区域の指定，活性化の方針，目標，実施事業に関する基本事項など）を作成するところから始まる。そして，市町村等の基本計画に則って，タウンマネジメント機関（TMO）や民間事業者等が，各種の事業計画を作成し，これを国が認定し支援を行うことになる。

なお，市町村等の基本計画は地方自治法に基づく基本構想と，都市計画法に基づく市町村マスタープランとの整合性が必要であるが，国や都道府県に対しては，その写しを送ればよいことになっており，承認・認可等の特段の手続きは必要とされない。

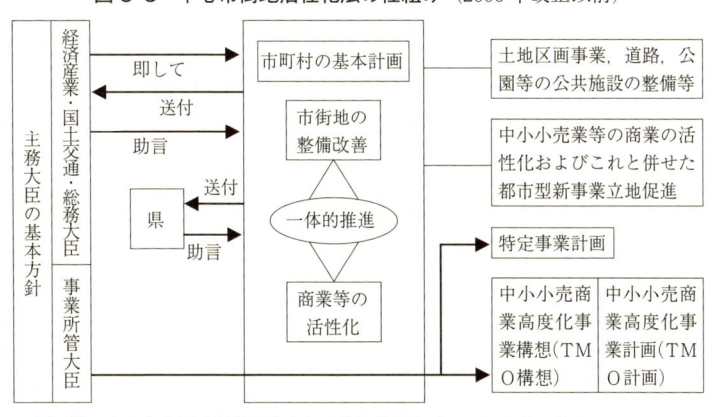

図3-3　中心市街地活性化法の仕組み（2006年改正以前）

[出所]　中心市街地活性化関係府省庁連絡協議会（2001）を基に作成。

　具体的な支援施策は，「街の吸引力を高めるのに役立つ事業」「街で快適に過ごせる環境を整えるのに役立つ事業」「街に来やすくするための事業」「街に住む人を増やすための事業」「計画の実現に向けた仕組みや環境づくりに役立つ事業」という5つの系列に基づいて行われる。その具体的な中身は多岐にわたっているが，多くは新規に設けられたものではなく，従来の施策を再編成したものである。それらの中で中心に位置づけられるのが，主として通商産業省に関係する商業等の活性化に関する事業と，主として建設省に関係する市街地の整備改善に関する事業であり，それらを一体的に推進することになっている。

　なお，ここで注意すべきは，一連の施策において支援対象とされているのは，地域商業者ではなく，あくまでも社会的機能としての地域商業であるという点である。いいかえれば，中活法は，都市中心部に立地している既存の中小小売商や商店街を丸抱えで支援・保護しようとしているのではないのである。

　さて，2006年改正以前の同法の目玉として位置づけられていたのは，主として通商産業省系の支援策に関連して，中心市街地の商業集積を一つのショッピング・モールと見立て，一体的かつ計画的に整備していくことである。そうした事業の企画調整ないし事業実施を担う機関として設立されることとされていたのがTMOである。TMOの内容および問題点等については，**第4章**であらためて論じることとする。

③**事業展開にあたっての論点**　中活法に基づく施策を現実の事業として展開するにあたって，行政サイドによる政策評価は制度的に整えられていなかったが，学術サイドから次のような評価が論点として提示された[13]。

第1に，中心市街地活性化事業の対象地域の選定をいかに行うかという点が挙げられる。すなわち，国の関係機関の主導ないしはいわゆる族議員の影響下でなかば恣意的に対象地域を選定するのではなく，プロジェクトの費用対効果や波及効果の見通し，計画の実現性や創造性，新規性など，自治体および事業実施主体の資金調達力などを基準に，公平でオープンなルールに基づいて選定するにはどうすればいいかという問題である。

とくに，特定商業集積整備法において基礎自治体に事業計画立案が委ねられたのに続き，本法でも基礎自治体が計画立案の担い手とされた。そのため，自治体には小売商業関連に限らず多様な政策メニューの組み合わせを想定しながら計画を立案する企画力や構想力，調整力がますます求められるようになった。これらについての自治体の当事者能力をどう評価するかということと，いかにそれらを育成するかということが重要な課題といえた。

しかし，2006年改正以前の段階で，中心市街地活性化の基本計画をまとめたのは合計683地区，624市町村等に達し，これはいわゆる「平成の大合併」を経た2006年3月時点の市町村数1821のおよそ3分の1に達する（2004年5月時点では約3100）。これらすべてが具体的な事業に着手したわけではないが，多くが何らかの事業に着手した，あるいはしようとしたと考えられる[14]。これでは，選定のルールを精査し慎重に対象地域を選択したというよりも，バラ撒き的に行われた状況に近いといわなければならない。この点は，2006年法改正時の焦点の一つとなった。

第2に挙げられるのは，事業の評価の仕組みについてである。これまでの政策の多くには事後的な評価システムが組み込まれていないことがほとんどであった。それは現行の単年度主義の予算システムの下では，当年度のプロジェクト執行段階で，次年度予算の振り分け（国側）や，獲得（自治体側）に関心が移ってしまうこととも関連している。これではせっかく配分した予算が有効に使われたかどうかを評価することや，過去の経験を次のプロジェクトに活かすことが困難になる。

そのため，第三者委員会等を含む制度的な評価システムを導入し[15]，事業

の継続や打ち切りを含む評価を行うことが必要と指摘された。また，個々の事業だけでなく，施策そのものにサンセット条項を盛り込むことなどによって，施策見直しの仕組みを求める声もあった。こうした課題への対応は，「行政機関が行う政策の評価に関する法律」（政策評価法）の施行（2002年4月）を待たなければならなかった。

第3に挙げられるのは，事業の広域的な視点からの調整のしくみについてである。中活法は市町村の基本計画に基づいて実施されることから，原則として当該市町村内の他の支援事業等との調整はあらかじめなされているということができる。しかし，周辺市町村で実施される事業との調整は考慮されないことが多く，公的資金の二重投資等の無駄が発生することもありうる。そうした事態を避けるために，広域的な視点から都道府県レベル，あるいは都道府県間の調整の仕組みが求められる。

なお，イギリスでは，サッチャー政権時代に行政単位としての「県」を廃止したが，個別案件ごとに関係自治体が集まって協議・調整するしくみが設けられている。また，アメリカでは，ゾーニングなどの規制や活性化策のほとんどを自治体が主体となって実施しており，隣接自治体との調整等はほとんど図られていない。これによって社会的ロスが発生するという指摘をふまえ，州政府が大都市に当該都市区域から一定距離までのゾーニング権限（越境ゾーニング）を付与したり，州内の地方政府間の広域調整機関を設置したりする試みが一部で行われたことがあるが，それらは例外的かつ形式的な存在にとどまっている。

3　大規模小売店舗立地法の枠組み

①大規模小売店舗立地法の特徴　　大店立地法は，すでにみたように競争関係の経済的調整を目的とした大店法に代えて，外部不経済の抑制を目的に制定されたものである。その特徴をまとめると，以下のようになる[16]。

(1)　大店立地法の基本的趣旨

大店立地法は，その名称から大規模小売店舗（大型店）の立地そのものを規制・制限する制度であるかのようにもみえるが，実際には，大型店の当該地域への立地を前提としたうえで，施設の配置および運営方法に関して，周辺の生活環境の保持への配慮を求めることを基本的趣旨としている。

(2) 大店立地法の規制対象

大店立地法の規制対象は 1000 m² 超の大型店に限定されている（政令による）。これを超える大規模小売店舗の設置者は都道府県ないし政令指定都市（都道府県など）に届け出を行い，審査を受けなければならない。

周辺の生活環境に負の外部性を及ぼす可能性があるのは大型店に限らないが，大店立地法はそれらを規制対象とはしていない。ここに大店立地法の問題の一つが指摘でき，2006 年の見直し時の論点の一つとなった。

(3) 審査対象としての生活環境

大店立地法における審査は，大型店の「周辺の地域の生活環境の保持を通じた小売業の健全な発達を図る観点」から，「大規模小売店舗を設置する者が配慮すべき事項に関する指針」（「指針」）に基づいて行われる。「指針」には，審査対象としての生活環境の具体的内容が示されている。その内容について，とりわけ重要なことは「渋滞や騒音などの物理的側面」であって，「身近な買い物機会の確保といった経済的側面」は審査内容として基本的に含まれていない点である。そして，そうした問題は改正都市計画法（後述参照）に基づく「ゾーニング的手法によって一定の地域に望ましい商業集積を立地誘導」したり，「支援策でバックアップ」すべきとされている。

(4) 法運用の手続き

大店立地法では，大店法における法運用の不透明性に対する批判を受けて，情報公開や行政手続きの透明性向上がめざされている。**図 3-4** は手続きの流れを示しており，その内容は以下の通りである。

大型店の設置者は，届け出後 2 カ月以内に出店予定地の属する市町村内において，届け出内容を周知させるための「説明会」を開催しなければならない。また，届け出を受けた都道府県等は市町村の意見を聴く必要があり，地域住民，地域事業者，および商工会議所・商工会は都道府県等に意見を述べることができる。

都道府県等は「指針」と，市町村等の意見をふまえて，「周辺の地域の生活環境の保持の見地からの意見を有する場合」，届出から 8 カ月以内に意見表明しなければならない。

これを受けて，大型店の設置者は改善策を提示しなければならない。そして，この改善策の内容では「周辺の地域の生活環境に著しい悪影響を及ぼす事態の

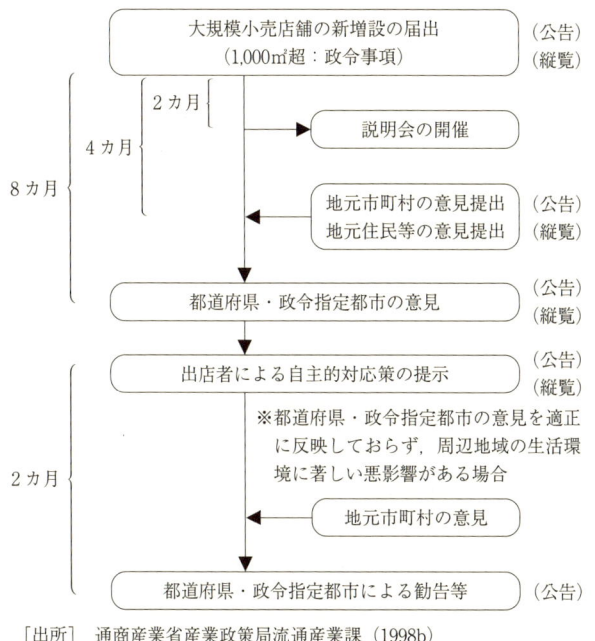

第3章 「まちづくり3法」による商業まちづくり政策の転換

図3-4 大規模小売店舗立地法の基本的な手続きの流れ

```
                大規模小売店舗の新増設の届出        （公告）
                   （1,000㎡超：政令事項）         （縦覧）
         ┌2カ月┐
     ┌4カ月┤        ────→  説明会の開催
     │   │
  8カ月┤   │
     │   │        ←────  地元市町村の意見提出   （公告）
     │   │                地元住民等の意見提出   （縦覧）
     │   ↓
     └ 都道府県・政令指定都市の意見           （公告）
                                          （縦覧）
     ┌ 出店者による自主的対応策の提示         （公告）
     │                                    （縦覧）
     │     ※都道府県・政令指定都市の意見を適正
     │      に反映しておらず，周辺地域の生活環
  2カ月┤      境に著しい悪影響がある場合
     │
     │        ←────  地元市町村の意見
     │
     └ 都道府県・政令指定都市による勧告等      （公告）
```

［出所］ 通商産業省産業政策局流通産業課（1998b）

発生を回避することが困難であると認められる」場合，都道府県等は改善策の提示から2カ月以内に大型店に改善のための勧告を行う。

届け出から勧告までの審査期間は1年以内とする。

(5) 都道府県等による事前協議

大店立地法の実際の運用では，都道府県等が大型店の設置者が届け出を行うのに先立って，要綱等に基づいて事前協議を求めていることが多い。例えば，東京都では，「東京都大規模小売店舗立地法の運用に関する要綱」（2000年制定，直近の改正は2008年）によって，「計画概要書」の提出を求めている[17]。これは，大型店の「新設，変更に当たっては，開発行為，建築確認，交通，騒音，廃棄 物等に関する事前の手続が多岐にわた」ることから，「立地法及び関連する届出手続を円滑に進める観点から，事前に（特に「新設」の場合は，建築確認申請の前に）計画概要書等により区市町村や警察等の関係機関との調整を行うことが重要」であるという認識に基づくものである。

大型店の設置者からは，事前協議は大店立地法が義務づけているものではな

いとはいえ，審査の権限を有する都道府県等が求める以上，対応する必要があるが，それは事務処理費用の上昇につながる。東京都の場合，手続きのフローは図3-5のようになる。そのうえ，都道府県等で必要とされる書類の種類や内容，手続きが異なることがほとんどのため，事務処理が非常に煩雑になるといった問題が指摘されている。そのためもあってか，都道府県等からの事前協議の要請に従う小売企業ばかりでなく，一貫して従わない小売企業も存在するという。

(6) 都道府県等による勧告の効力

都道府県等による勧告は，大型店が正当な理由なく従わない場合「その旨を公表することができる」とされているのみで，それ以外に勧告の効力を担保するための特別な罰則規定や制裁措置等は設けられていない。また国は，都道府県や市町村が建築確認など他の法令や条例に基づく権限を，勧告の担保として用いるべきでないことを指導している。

さらに，大店立地法の審査は，出店（ないし増床など）時に1回だけ行われることとされているため，都道府県等からの勧告内容がその後も遵守されているかをチェックする仕組みはない。あるいは，周辺の環境変化にともなって，さらに改善を求めたい点が出てきたとしても，現行のルールではそれは不可能である[18]。

(7) 「まちづくり」との関係

大店立地法では，自治体が「周辺の地域の生活環境を保持するために必要な施策を講ずる場合においては，地域的な需給状況を勘案することなく，この法律の趣旨を尊重して行う」べきと明記されている。ただし，周辺の生活環境の保持への配慮を求める限りにおいては，「まちづくり」への影響に対する配慮を出店者に求めることは可能である。この点は，同法制定の際に衆参両院の付帯決議で，「街づくりの重要性に配慮」して指針を策定すべき等として確認されている。しかし，その影響の内容が「大型店の進出に伴う他の商業施設の売り上げ減少」といったものを意味するのであれば，それは「『街づくり』に名を借りた商業調整」となることから，大店立地法の対象とはならないとされる。

②「指針」の内容　　大店立地法の実際運用は，国の基準として策定される「指針」に基づいてなされる。大店立地法では「指針」の構成は次の2項目から成ると規定されている（第4条）。

第3章 「まちづくり3法」による商業まちづくり政策の転換

図 3-5 大規模小売店舗届け出のフロー（新設）

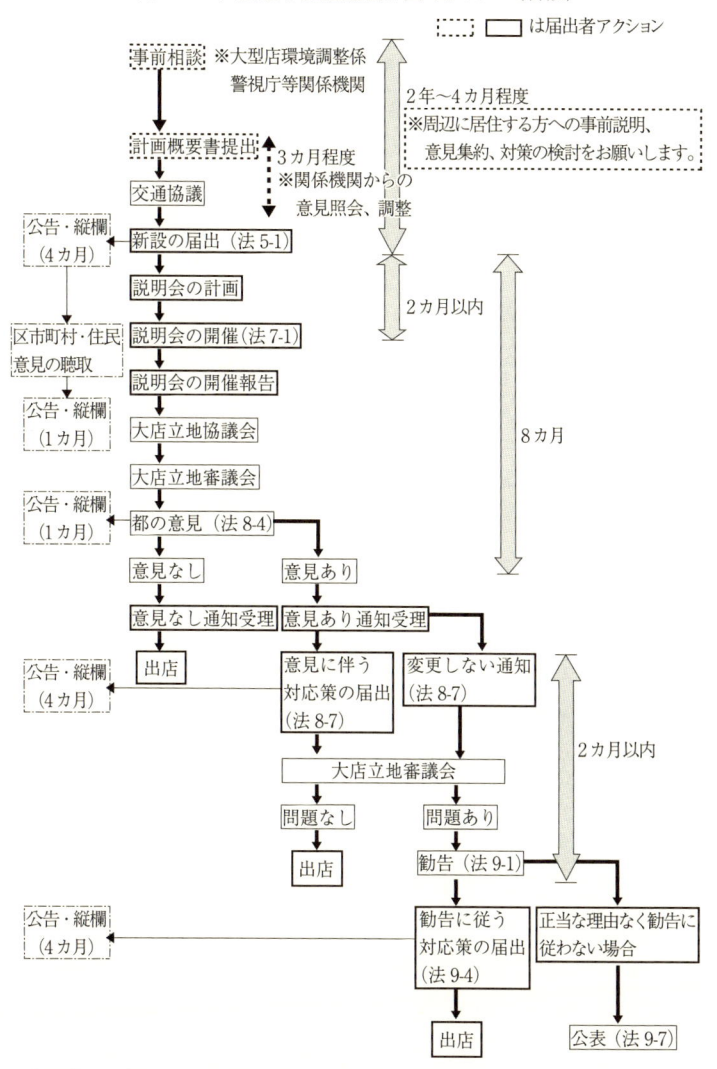

は届出者アクション

事前相談 ※大型店環境調整係
警視庁等関係機関

2年〜4カ月程度
※周辺に居住する方への事前説明、
意見集約、対策の検討をお願いします。

計画概要書提出
3カ月程度
※関係機関からの
意見照会、調整

交通協議

公告・縦欄
（4カ月）

新設の届出（法5-1）

説明会の計画

区市町村・住民
意見の聴取

説明会の開催（法7-1）

説明会の開催報告

2カ月以内

公告・縦欄
（1カ月）

大店立地協議会

大店立地審議会

公告・縦欄
（1カ月）

都の意見（法8-4）

8カ月

意見なし 意見あり

意見なし通知受理 意見あり通知受理

公告・縦欄
（4カ月）

出店 意見に伴う 変更しない通知
対応策の届出 （法8-7）
（法8-7）

2カ月以内

大店立地審議会

問題なし 問題あり

出店 勧告（法9-1）

公告・縦欄
（4カ月）

勧告に従う 正当な理由なく勧告に
対応策の届出 従わない場合
（法9-4）

出店 公表（法9-7）

［出所］ 東京都産業労働局商工部地域産業振興課（2011），p.13。

表 3-5 大規模小売店舗立地法の「指針」の骨子（2007 年 7 月以前）

(1) 大規模小売店舗を設置する者が配慮すべき基本的な事項
1. 立地に伴う周辺の地域の生活環境への影響について，あらかじめ十分な調査・予測を行い，適切な対応を行うことが必要
2. 説明会において，地域住民への適切な説明を行うことが必要
3. 都道府県及び政令指定都市からの意見に対する誠意ある対応，合理的な措置，合理的な説明
4. 対応策について誠実に実効ある措置を実施し，大規模小売店舗の小売業者等関係者による対応が必要な場合に備えて，履行確保のための必要な措置を講ずる
5. 開店・施設変更後においても，周辺の地域の生活環境に与える影響について十分注意を払い，届け出時の調査・予測と大きな乖離があった場合等には，必要な措置をとるよう努める

(2) 大規模小売店舗の施設の配置及び運営方法に関する事項
1. 駐車需要の充足その他による大規模小売店舗の周辺の地域の住民の利便及び商業その他の業務の利便の確保のために配慮すべき事項
   a. 駐車需要の充足等交通に係る事項（略）
   b. 歩行者の通行の利便の確保等
   c. 廃棄物減量化及びリサイクルについての配慮
   d. 防災・防犯対策への協力
2. 騒音の発生その他による大規模小売店舗の周辺の地域の生活環境の悪化の防止のために配慮すべき事項
   a. 騒音の発生に係る事項（略）
   b. 廃棄物に係る事項等（略）
   c. 街並みづくり等への配慮等（略）

(1) 大規模小売店舗を設置するものが配慮すべき基本的な事項
(2) 大規模小売店舗の施設の配置及び運営方法に関する事項

具体的内容は，産構審・中政審合同会議での審議をふまえて，1999 年 6 月，通商産業省告示として公表された。なお，合同会議答申では，「指針」は 5 年以内に見直しすべきことが提言され，その見直し時期が 2006 年の 3 法改正等の契機となった。

「指針」の骨子は**表 3-5** に示す通りであり，駐車場の必要台数や騒音の評価基準，廃棄物等の保管施設の容量などについて，具体的な数値基準が示されている。

とりわけ駐車場については，店舗面積，用途地域，人口規模，駅からの距離に応じて，来店客数，自動車分担率，平均乗車人員，平均駐車時間などに差があることに基づいて，各種の係数を設定し，必要台数を求める算出式が設定されている。この係数は，通商産業省が実施した大型店約 3000 店舗，都道府県等に対する調査により得られたデータから算定されたものである。業態につい

表 3-6　大店立地法の運用状況（2000 年 6 月 1 日 - 05 年 9 月末）

	新設届出	変更届出
届出件数	3,156	9,525
意見あり	281 （勧告は 1 件）	181 （勧告は 0 件）
意見の内容 [注]	①交通関係　（約 74％） ②騒音関係　（約 13％） ③廃棄物関係　（約 5％） ④その他(景観等)　（約 8％）	①騒音関係　（約 50％） ②交通関係　（約 43％） ③廃棄物関係　（約 2％） ④その他(景観等)　（約 6％）

［注］　新設 151 件・変更 107 件の都道府県等の「意見」を経済産業省が分析した結果。
［出所］　経済産業省資料。

ては，特別な場合を除いて，業態間で来店客数などに顕著な差がないため，店舗面積で代替可能と判断し，係数の基準とされていない。

なお通商産業省では，1999 年 10 月，「指針」に基づく大店立地法の運用で曖昧さが指摘されていた点について，都道府県等に具体的解釈を提示し，「指針」と地元市町村の意見が食い違った場合，「指針」が優先するという見解を打ち出した。また，都道府県等が大型店に対する独自の規制を設けることは容認したものの，規制内容の妥当性について国が助言・勧告を行う可能性があるとした。

③**大店立地法の運用状況と問題点**　大店立地法の運用において，国による自治体の独自規制に関する指導も影響して，ほとんど大きな問題は発生していない。

具体的には表 3-6 に示す通りであり，2000 年 6 月 1 日から 05 年 9 月末までの期間で，新設届出にしても変更届出——開閉店の時刻の変更による営業時間延長が最も多い——にしても，都道府県等から意見が出されたケースは限られている（勧告は 1 件のみ）。しかも，その内容は交通と騒音に関連する事項が大多数を占め，まちづくり等に踏み込んだ議論はほとんど行われていない。

また，大店立地法の効果として，大型店の郊外化を促進する要因になるのではないかという問題が指摘されている。すなわち，「指針」の駐車場等の基準は，郊外よりも都市中心部において厳しく設定されていることから，郊外での新規出店をより加速することになる。それとともに，店舗年齢が高い等によっ

て改修・増床が必要な店舗であっても，現状ですでに「指針」の基準を満たしていなかったり，改修・増床後に基準を満たすことが困難なことが少なくない。それらについては，改修・増床するのではなく，そこを閉鎖して郊外に新店舗を開設するといった方向が選択される可能性がある。こうしたことから，当時すでに大型店の郊外開発がさかんとなっている中で，皮肉なことに大店立地法がそうした傾向を促進する方向に作用してしまうことになるのである。

　こうした問題に対処するため，2003年2月，構造改革特別区域法に基づく大店立地法の特例措置が設けられた。これは，中活法の基本計画区域内またはその一部で，自治体が，大型店の迅速な立地を促進することによって，中心市街地の商業の活性化を図ることが必要と判断した場合，大店立地法の手続きの一部を特例として簡素化するものである。2006年1月末現在で，宇都宮市（賑わい再生特区），岐阜市（中心商店街再生特区），和歌山市（元気なまちおこし特区），古川市（みやぎ中心市街地活性化古川にぎわい特区），水戸市（水戸黄門さんまちおこし特区）の5市で適用された。その後，2006年の中活法改正によって，この特例措置は地域を限定せず全国で実施されることになった。

4　改正都市計画法による立地規制の枠組み

　①都市計画法の概要――立地規制としての限界　　「まちづくり3法」の3つ目として，改正都市計画法についてみていこう。大店立地法は，すでに述べたように，大型店の立地それ自体を規制目的とする法制度ではない。3法の中では，地区ごとの用途（土地の使い方，建物の建て方など）を定めている都市計画法の体系（国土交通省が管轄）に，大型店の立地規制に関連する役割が与えられている。それが，前述の「ゾーニング的手法」に該当するが，その中身に入る前に，都市計画法全般の概要について簡単に確認しておこう。

　わが国の土地利用のルールは，都市計画法と農地法・農振法（農業振興地域の整備に関する法律）等によって定められている。そのうち都市計画法は，都市を都市計画区域，準都市計画区域（後述の2000年改正により新設），都市計画区域外に区分している。これらのうち都市計画区域は，一体の都市として総合的に整備・開発・保全する必要がある区域のことを指しており，さらに市街化区域，市街化調整区域，および未線引き都市計画区域の3つに区分（線引き）される。市街化区域は，すでに市街地になっている区域や計画的に市街地にして

いく区域であり，市街化調整区域は市街化を抑える区域である。

市街化区域は，道路，公園，下水道などの公共施設の整備が優先的に行われるとともに，土地の使い方や建物の建て方に関する用途の指定が地域ごとに行われる。これを用途地域という（一般に「色塗り」といわれる）。用途地域は，住居系の用途から，商業系，工業系の用途まで全部で12種類設けられている。なお，未線引き都市計画区域で，用途地域が指定されていないところを一般に（用途）白地という。

用途地域は階層的ないし累積的な構造をもっており，住居系の第1種低層住居専用地域に最も厳しい用途制限が課され，順に制限が緩くなっている。最も制限が緩いのは商業地域と準工業地域であり，工業地域，工業専用地域については，逆に制限が厳しくなる。用途地域の指定は，市町村が主体となって行い，都道府県知事の承認で決定とされる。

ここで問題は，都市計画法の用途地域制が大型店の立地規制として有効な制度となっていなかったことである。これは，もともと都市計画法の主要な立法目的が良好な住環境の確保にあり，大型店を始めとする小売店については，ほぼ最低限の規制しか設けられていなかったことによる。実際，表3-7に示すように，12の用途地域のうち，工業専用地域を除くすべてで何らかの小売店舗が立地でき，うち半数の6地域では何ら制限すら設けられていない。

②**特別用途地区制度の改定と問題点**　このような問題を受け，1998年の都市計画法改正では，用途規制を強化するために特別用途地区制度の見直しが行われた。特別用途地区制度とは，住居地域系，商業地域系などの既存の用途地域に「上塗り」するかたちで，特別用途地区を指定できるというもので，従来は11種類に限定されていた。しかし，そうした硬直的制度では，地域の状況に応じた制度運用ができないことから，その利用があまり進んでいなかった。そこで制度改定が行われ，ベースとなる用途地域の趣旨の範囲内で，市町村が地域の状況やまちづくりの方針等に応じて，柔軟に特別用途地区を指定できるようにされたのである。

こうして特別用途地区制度の改定が行われたが，そこにはいくつかの問題が指摘されている。

第1に，特別用途地区は，用途地域の指定が可能な市街化区域のみで指定できるが，市街化区域の面積は全国土の3.7％（当時）を占めるに過ぎないという

表 3-7 用途地域の目的と小売店にかかわる規制の内容

用途地域	目的	物品販売店舗にかかわる用途規制の内容（一般的に建てられるもの）	用途地域の合計面積に対する割合
第一種低層住居専用地域	低層住宅にかかわる良好な住居の環境を保護	兼用住宅で非住宅部分の床面積が50 m^{2}以下かつ建築物の延べ面積の1/2未満のもの	19.0%
第二種低層住居専用地域	主として低層住宅にかかわる良好な住居の環境を保護	床面積が150 m^{2}以下かつ2階以下のもの（日用品販売のみ）	0.8%
第一種中高層住居専用地域	中高層住宅にかかわる良好な住居の環境を保護する地域	床面積が500 m^{2}以下かつ2階以下のもの	14.0%
第二種中高層住居専用地域	主として中高層住宅にかかわる良好な住居の環境を保護する地域	床面積が1,500 m^{2}以下かつ2階以下のもの	5.4%
第一種住居地域	住居の環境を保護	床面積が3,000 m^{2}以下のもの	22.6%
第二種住居地域	主として住居の環境を保護する地域	制限なし	4.6%
準住居地域	道路の沿道としての地域の特性にふさわしい業務の利便の増進をはかりつつ，これと調和した住居の環境を保護する地域	制限なし	1.4%
近隣商業地域	近隣の住宅地の住民に対する日用品の供給を行うことを主たる内容とする商業その他の業務の利便を増進する地域	制限なし	3.9%
商業地域	主として商業その他の業務の利便を増進する地域	制限なし	4.0%
準工業地域	主として環境の悪化をもたらすおそれのない工業の利便を増進する地域	制限なし	10.7%
工業地域	主として工業の利便を増進する地域	制限なし	5.5%
工業専用地域	工業の利便を増進する地域	建てられない	8.1%

［注］ 用途地域の合計面積に対する割合は，2003年3月末現在。
［出所］ 国土交通省資料。

問題が挙げられる。なお，全国土の10％程度を占める市街化調整区域については原則不可であるが許可により可能，残りの都市計画区域外では不可となっていた。これは，大型店の出店がさかんな郊外部の多くで特別用途地区の指定ができないことを意味する。つまり，特別用途地区制度は，地域の判断で大型店の立地を規制したり，誘導したりするといった，まちづくりにとっての有効

表3-8 大型店規制を行う特別用途地区

(10地区 〈9市町〉 計128 ha)

市町村	名　　称	大型店の規制	決定／変更告示日
茨城県大洗市	大洗港水産業振興地区	水産業関連施設以外を制限	2004年10月25日
長野県岡谷市	水辺体育地区	500 m² 超	1999年 2月10日
愛知県豊田市	浄水学術研究特別用途地区	3,000 m² 以上	1999年 3月31日
愛知県豊田市	浄水国道沿道サービス特別用途地区	3,000 m² 以上	1999年 3月31日
愛知県蒲郡市	医療関連施設特別用途地区	3,000 m² 以上	2000年10月31日
愛知県新城市	新城南部産業振興地区	3,000 m² 以上	2002年 3月29日
大阪府高槻市	文教・医療地区	学校，各種学校，病院，診療所等以外を制限	2004年12月28日
福井県丸岡町	特別情報産業地区	情報関連業務以外の施設を制限	2001年10月 1日
福岡県太宰府市	門前町特別用途地区	3,000 m² 以上	2000年12月28日
福岡県太刀洗町	西太刀洗草分線沿道南等	3,000 m² 以上	2002年 2月 1日

［注］　2004年3月31日現在。なお，特別用途地区は全国で569地区，計4万8275 haが指定されている。
［出所］　国土交通省資料。

な政策ツールとなっていないというわけである。

　第2は，特別用途地区の指定に関連する。市町村が新たな特別用途地区の指定を特定のエリアに対して行うことは，地域のコンセンサス形成等さまざまなハードルを越えなければならず，その手続きはそれほど容易ではない。とくに，用途指定の変更は不動産価格の問題に直結することがほとんどなので，コンセンサス形成は個人の利害関係が絡み，複雑になりがちである。

　そのため，大型店規制を行う特別用途地区を新たに指定した市町村は，**表3-8**に示すように，2004年3月末現在で10地区（9市町），計128 haにとどまった。なお，特別用途地区は全国で569地区，計4万8275 haが指定されている。

　これに関連して第3に，例えば，ある自治体が特定のエリアを対象に大型店の立地を制限する特別用途地区を指定することにしたとしても，そのエリアに隣接するエリアが別の自治体に含まれる場合，そのエリアも同一歩調をとらなければ，実質的に意味のある立地制限とはなりにくいことが挙げられる。つま

り広域的視点からの調整の問題であり，都市計画法にはそうした問題に対応する枠組みが欠けているといわざるをえない。

③郊外の開発規制強化　こうした問題点の指摘を受けて，その後，郊外における開発規制強化を中心とした，制度の見直しが行われた。その結果，2000年5月，都市計画法が改正され（施行は2001年5月），郊外開発規制に関連して，次のような制度改定が行われた。

(1) 都市計画マスタープランの策定

すべての都市計画区域において，めざすべき都市像として都市計画マスタープラン（正式には「都市計画に関する基本的な方針」，1992年改正で導入）を市町村が策定することとする。

(2) 市街化調整区域の線引き制度，および開発許可制度の見直し

都市計画マスタープランに基づいて，地域の実情に応じた適正な規制が行えるよう，線引き制度，および開発許可制度を柔軟化した。とくに，線引きについては，原則として，都道府県知事の判断に委ねられることになった。

(3) 非線引き白地地域を対象にした特定用途制限地域制度の新設等

非線引き白地地域（非線引き都市計画区域のうち用途地域の指定のない区域）において，良好な住居環境を守るため，特定の用途の建築物の立地を制限できる特定用途制限地域の制度を新設することとした。特定用途制限地域を指定した市町村は，**表3-9**に示すように，2005年4月1日現在で12地区，計5万3171 ha となった。

(4) 都市計画区域外における準都市計画区域の新設等

郊外部にあたる都市計画区域外に拡大している都市的土地利用に対応し，一定のルールを設けるために準都市計画区域の制度を新設するとともに，都市計画区域外の一定規模以上の開発・建築行為について，開発許可制度を適用することにした。

さらに，中心市街地について，土地の有効利用と活力ある都市核づくりをめざして，未利用容積の活用，建ぺい率の緩和，地区計画（1980年改正で導入された制度で，街並みなどの地区独自のまちづくりのルールとして，住民等の意見を反映させて市町村が策定）の策定対象地域の拡大などの制度改定が実施されている。

こうした制度改定によって，都市計画法のまちづくりの政策ツールとしての限界が，すべて克服されたわけではない。しかし，少なくとも郊外部における

表 3-9 特定用途制限地域の指定状況

(12 地区　計 53,171 ha)

市町村		大型店の規制	決定／変更告示日
岐阜県	美濃加茂市	1,500 m² 超	2005 年 4 月 1 日
	富加町	（沿道以外）1,500 m² 超	2005 年 4 月 1 日
山口県	宇部市	1,500 m² 超	2004 年 10 月 8 日
香川県	高松市	（沿道以外）1,500 m² 超	2004 年 5 月 17 日
	丸亀市	（沿道以外）3,000 m² 超	2004 年 5 月 17 日
	坂出市	―	2004 年 5 月 17 日
	牟礼町	500 m² 超	2005 年 5 月 17 日
	宇多津町	（沿道）3,000 m² 超 （沿道以外）1,500 m² 超	2005 年 5 月 17 日
	国分寺町	―	2005 年 5 月 17 日
愛媛県	新居浜市	（市街地周辺）1,500 m² 超 （田園地域）3,000 m² 超	2005 年 5 月 14 日
	西条市	（沿道等以外）3,000 m² 超	2005 年 5 月 14 日
熊本県	荒尾市	1,500 m² 超	2005 年 5 月 17 日

［注］　2005 年 4 月 1 日現在。
［出所］　国土交通省資料。

スプロール的（無秩序）な開発に一定の歯止めをかけることを可能にする制度と，市町村がまちづくりに主体的に取り組むための制度については整備されたといえる。

結　び

本章では「まちづくり 3 法」のそれぞれについて，概要と問題ないし課題を整理してきた。3 法のうち大店立地法の施行が最も遅く 2000 年 6 月であり，それ以降，3 法が揃って運用されることになるが，実際に運用が始まってから強く指摘されるようになったのは，3 法間の連携ないし整合性の問題である。すなわち，3 法はまちづくりの相互補完的な制度として制定されたはずであるが，3 法制定過程でも指摘されていたように，実際には 3 法間での整合性が欠如していたがゆえに，お互いに政策効果を減殺し合ってしまうことになったという問題である。この点が，2006 年の 3 法抜本見直しの焦点となるのである

が，詳細は**第5章**で論じることとする。

最後に，「まちづくり3法」に共通する視点として「公共の利益」が挙げられるが，これに関連して以下の点を指摘しておきたい。中活法のまちづくりの視点，大店立地法の生活環境保持の考え方，都市計画法の用途地域制の仕組みのいずれにおいても，中心に据えられているのは公共の利益の維持・増進という考え方である。この点では，アメリカやヨーロッパ（とりわけイギリス，ドイツ）の政策方針とも共通する部分が多い。

たしかに，公共の利益という視点は，例えば中小小売商の保護といった主張に比べるならば，総論としての社会的説得力があり，地域的および国民的理解，さらには国際的理解を得やすいであろう。しかし，現実場面の各論になると「だれしもが合意できる公共の利益」なるものは存在せず，各関係者は「何が公共の利益か」という明確な基準が設定しにくい問題をめぐって，ステークホルダーとして主張をぶつけ合うことが少なくない。

地方分権化によって自治体が施策推進や問題解決の主役となっていることから，ステークホルダーが対立する場面は，自治体の行政的手続きの場面や地方議会での討論，さらには首長や議員の選挙などになり，場合によっては理性的な判断よりも心情や人間関係が優先されることもあろう。こうして自治体ごとに制度や判断がどんどん多様化・異質化していく可能性がある。これこそが地方分権ということなのであろうが，そうした多様性・異質性が過大になると，生活者を含めた経済主体の活動の効率性を低下させることも考えられる。

このように，公共の利益は一見すると，とてもわかりやすい基準のようにみえるが，その現実的な適用にはさまざまな問題があることから，それをどう具体的に適用していくのかは大きな課題といえる。

―― 注 ――
1) 通商産業省産業政策局流通産業課（1998a），通商産業省産業政策局中心市街地活性化室（1998）を参照。
2) 大店法の第1条（目的）は，次の3点を挙げている。①消費者利益の保護への配慮。②中小小売業の事業活動の機会の適正確保。③小売業の正常な発達。これらのうち，②に実際の法運用の主眼が置かれてきたことは周知のところである。
3) この間の経緯は，その後にWTOに加盟した中国などにおける大型店規制のあり方に大きな影響を与えた。
4) 例えば，当時マスメディアなどで大きく取り上げられた事例として，東京都調布市における大手スーパーによる大型ショッピングセンターの出店申請に対して，出店予定地近くで

第3章 「まちづくり3法」による商業まちづくり政策の転換

進む再開発事業に悪影響を及ぼし，計画的なまちづくりが難しくなるという理由から，都が出店計画縮小の意見書を提出したケースが挙げられる。また筆者の経験の中でも，新潟市におけるカメラ量販店の駅前出店や，ホールセールクラブ（会員制）型量販店のバイパス・インターチェンジ横への出店のケースに際して，まちづくりとの整合性や交通・騒音問題が重要な論点の一つとして取り上げられた。

5) 例えば，総理府が1997年6月に実施した小売店舗に関する世論調査では，およそ6割が大型店の出店に対して規制が必要と回答しており，その理由として商店街・周辺中小小売店への悪影響（14%）と並んで，交通混雑（29%），騒音公害（11%），ゴミ問題（10%）などを挙げている。また，日本リサーチ総合研究所が実施した消費者心理調査（97年12月）によれば，大店法の規制緩和派，規制強化派，現状維持派の比率はほぼ拮抗しており，規制強化派のおよそ4分の3が「町がさびれる」ことをその理由として挙げている。
6) 上乗せ・横出し規制については，渡辺（2011），p.175を参照。
7) 詳細については，渡辺（1998b），（1999）を参照されたい。
8) ただし，第2章でも述べたように，経済的規制と社会的規制との仕分けはそうたやすいことではない。そうであるがゆえに，通商産業省では，国の統一的基準として「環境対策ガイドライン」を策定するとマスメディア等で報じられたが，それに対してアメリカ政府から環境対策を名目にした規制強化にならないよう，即座に注文がついた（『日本経済新聞』1998年1月11日のアメリカ政府高官の談話，および同紙，同年2月11日の日米規制緩和・競争政策作業部会に関する記事を参照）。さらに，大店法に代わる大規模小売店舗立地法案の閣議決定後の段階でアメリカ政府（クリントン大統領の通商政策年次報告，『日本経済新聞』1998年3月3日参照），およびEU（日本政府との規制緩和協議会での発言，『日経流通新聞』1998年3月5日参照）から，あらためて懸念が表明されたのであろう。
9) 渡辺（1998a）。
10) 通商産業省産業政策局流通産業課（1998a），p.20-21。
11) 通商産業省産業政策局流通産業課（1998a），p.11。
12) 通商産業省産業政策局中心市街地活性化室（1998）による。
13) 渡辺（1998a）。
14) ただし，経済産業省系の施策の目玉であるTMOへの着手状況は，TMO構想認定405カ所，TMO計画認定225カ所にとどまっており，かなり低率になっている。この点は第4章で検討する。
15) この点については，例えば，イギリスの都市開発公社（UDC）の設立地域における事業の事後的な評価のために導入された指標が参考になる。これは「レバレッジ」と呼ばれるもので，UDCが設立された再開発地区における公共投資が，どれくらいの民間投資を誘発したかに関する指標（単位公共投資当たりの誘発民間投資の比率）である。内容については，イギリス都市拠点事業研究会（1998）を参照。
16) 以下のカッコ内の引用は通商産業省産業政策局流通産業課（1998b）による。
17) 以下は東京都産業労働局商工部地域産業振興課（2011）による。
18) そのため，生活環境保持を実効あるかたちで担保するのであれば，一定期間後のフォローアップ調査を制度化する等の対応が必要であろう。

補論
都市中心部からの大型店等の撤退問題とまちづくりの取り組み
実態調査の結果をふまえて

はじめに

　大店法の規制緩和が進展し，ついに「まちづくり 3 法」の制定に至る政策転換の過程は，マクロ経済的にみると，いわゆるバブル崩壊から「失われた 10 年（ないし 20 年）」といわれる長期的な景気低迷，デフレ・スパイラルの時期に当たる。そうした中で，郊外ショッピングセンターの開発や新興の専門店チェーンのロードサイドへの出店などが相次ぎ，小売市場における競争は激しさを増した。その結果，それまでわが国流通の中軸を担ってきた百貨店や総合スーパーを展開する大手小売企業の多くが業績不振に陥った。

　とりわけ，都市中心部立地の店舗ほど事態の深刻度は高く，実質的倒産や店舗閉鎖・撤退，あるいは郊外転出を強いられるケースが少なからず出た。そうした店舗は，商店街と並んで，地域経済や地域社会において中心的な地位を占めてきただけに，その閉鎖・撤退等は都市のあり方に深刻な影響を及ぼした。

　そのような中でも，跡地再利用問題が契機となって，具体的なまちづくりの取り組みが開始されたというケースもあるが，跡地再利用がうまく進まず，地域の核施設が欠けたままの状態になっているケースも少なくない。そうした地域においては，大型店等の撤退跡地の再利用問題がまちづくりの取り組みにとってのボトルネックとなってしまったわけである。本補論が対象としている時期から 10 数年が経過した現在においても，この問題は改善するどころか悪化したところが少なくない。実際，最近の調査によっても，1995 年に人口が 2 万人以上だった自治体のうち，「大型店がある」か「大型店があった」と回答した 565 自治体の 50.4% が 1990-2012 年に中心市街地からの大型店の撤退を経験しており，その約 40% が空き店舗や空き地のままか駐車場になっていることが明らかにされている[1]。

　そこで本補論では，商業まちづくり政策の転換の過程で進展した，都市中心

第3章 「まちづくり3法」による商業まちづくり政策の転換

部からの大型店等の撤退問題に焦点を合わせて，それが地域におけるまちづくりの取り組みや，地域商業に与える影響について検討していく。大型店の不振および撤退は，一面では消費者の選択の結果，すなわち「市場の論理」の帰結としてとらえられる。しかし他面では，それが地域の共通財産（社会的共通資本）であり，非可逆性を特徴とする「都市の論理」という問題ともかかわってくる。そのため，この２つの論理がどのようにぶつかりあっているのか，という問題意識をもちながら議論を進めていく。

以下では，商業統計データによって大型店不振のマクロ的状況を把握したうえで，大型店等の撤退および跡地再利用の状況について，アンケート調査とヒヤリング調査の結果等に基づいて明らかにする。そしてこれらをふまえて，大型店等の撤退問題への対応策について展望する。

1 地域商業の担い手としての大型店の状況

1 大型店と商店街の対立軸の変化

1990年代初頭から，大型店の出店規制が緩和されていく中で，**第3章1**でみたように，商店街組織の大型店出店計画に対する姿勢が徐々に変化した。それは，商店街組織が主体的に自らの立場を転換したというよりも，規制緩和の社会的機運が高まる中で，大型店の出店に反対することは消費者ニーズを無視した「商店街のエゴ」とみられがちな風潮が生まれたことに影響を受けた面が強かったとみるべきであろう。つまり，商店街の側は，そうした風潮の中で，正面切って「出店反対」や「店舗面積の大幅カット」を叫びづらいという状況に置かれたのである。

それに代わって，現実の調整プロセスにおいて頻繁に登場するようになった主張が，出店案件に関するまちづくりや都市計画との整合性や，交通問題や騒音問題などといった，大型店出店が周辺環境にもたらす外部性に関連する問題であった。この点もすでに述べてきた通りである。

そうした流れの中で，商店街の側の大型店に対する姿勢が，より積極的な方向に変化するという傾向が，多くの地域においてみられるようになった。すなわち，商店街内に集客力のある大型店の出店を歓迎し積極的に誘致することで，それとの相乗効果によって地域商業の活性化を図り，自らの地盤沈下を食い止

めようとする発想への転換である。

2 大型店の業績不振

　商店街の側が大型店に対する姿勢を転換したちょうどその頃，皮肉にも百貨店や総合スーパーの業績が下降し始めた。そのため，先に述べたように，1990年代を通じて，実質的な倒産や，経営再建の一貫として不採算店舗の閉鎖・撤退を余儀なくされる小売企業が増加した。倒産や店舗閉鎖に至らないケースにおいても，直営売場からテナントへの切り替えで何とか利益を計上している店舗も少なくなかった。

　実際，表3補-1に示すように，商業統計（業態別統計編）によってこの間の小売業態別の商店数と年間販売額の推移をみても，他の業態に比して百貨店と総合スーパーの業績が悪化していることがわかる。とりわけ，「その他の百貨店」および「中型総合スーパー」（いずれも売場面積3000 m^2 未満）の業績悪化は深刻といえた。

　こうした傾向をより明確に確認するために作成したのが図3補-1である。これは，商店数と年間販売額それぞれの増加，減少でマトリックスを作成し，成長（商店数増加，年間販売額増加），競争（同増加，同減少），衰退（同減少，同減少），淘汰（同減少，同増加）という4つのセルを作成したものである。ここに各業態を落とし込んでみると，成長業態と衰退業態とに二極分化している様子がはっきりとみてとれる。もちろん，こうした衰退業態に属する小売企業であっても，比較的良好な業績を残している小売企業が存在したことはいうまでもないが，全般的な傾向として以上のようなことが確認できる。

3 大型店不振の要因と撤退促進要因

　こうした百貨店や総合スーパーといった大型店の業績不振は，業態レベル，企業レベル，店舗レベルという3層の要因が，「市場の論理」の下で複雑に絡み合った結果もたらされたものとみるべきであろう。そのうち，業績不振の最も直接的な要因といえるのが，バブル経済期の過剰投資や多角化の失敗による負債の累積などの経営判断上のミスといった企業レベルの要因である。

　だが，それは個々の小売企業の業績不振の説明にはなるにしても，大型店の全般的な業績不振の説明にはならない。より本質的な要因として指摘すべきは，

第3章 「まちづくり3法」による商業まちづくり政策の転換

表3補-1　業態別にみた小売業の商店数と年間販売額の推移

業　態　別	商店数			年間販売額		
	1994年(店)	99年(店)	増減率(％)	94年(10億円)	99年(10億円)	増減率(％)
小売業計	1,499,948	1,406,905	−6.2	143,325	143,846	0.4
1. 百貨店	463	395	−14.7	10,640	9,709	−8.8
(1) 大型百貨店	398	366	−8.0	10,364	9,521	−8.1
(2) その他の百貨店	65	29	−55.4	276	188	−31.9
2. 総合スーパー	1,804	1,669	−7.5	9,336	8,846	−5.2
(1) 大型総合スーパー	1,360	1,460	7.4	8,069	8,261	2.4
(2) 中型総合スーパー	444	209	−52.9	1,267	585	−53.8
3. 専門スーパー	25,171	35,532	41.2	17,135	23,725	38.5
(1) 衣料品スーパー	3,111	4,780	53.6	891	1,271	42.6
(2) 食料品スーパー	16,096	18,708	16.2	13,198	16,744	26.9
(3) 住関連スーパー	5,964	12,044	101.9	3,046	5,711	87.5
4. コンビニエンスストア	28,595	39,627	38.6	4,017	6,135	52.7
（うち終日営業）	13,431	25,919	93.0	2,351	4,667	98.5
5. その他のスーパー	84,505	86,736	2.6	8,338	8,460	1.5
（うち各種商品取扱店3)）	468	1,020	117.9	160	259	61.9
6. 専門店	930,143	920,073	−1.1	61,018	62,593	2.6
7. 準専門店（中心店）	427,099	319,541	−25.2	32,597	24,008	−26.3
8. その他の小売店	2,168	3,331	53.6	262	371	41.6

［出所］　通商産業省（現・経済産業省）「商業統計（業態別統計編）」各年版により作成。

図3補-1　小売業態の発展パターンの二極分化

		年間販売額の増減率	
		減　少	増　加
商店数の増減率	増加	《競争》	《成長》 大型総合スーパー 衣料品スーパー 食料品スーパー 住関連スーパー コンビニエンスストア その他のスーパー
	減少	《衰退》 大型百貨店 その他の百貨店 中型総合スーパー	《淘汰》

［注］　増減率は表3補-1による。

業績不振が当時の百貨店や総合スーパーの業態コンセプトにかかわる問題に関連していたとみるべきであろう。すなわち，長引く消費不況の中で，百貨店や総合スーパーの品揃えや価格帯，サービスなどのあり方が，消費者ニーズとミスマッチを起こしてしまったということである。これは，同時期に新興の専門店チェーンなどが消費者ニーズをとらえて業績を急伸長させたことと対照的といえる。

　このような大型店の業績不振に関する企業レベルあるいは業態レベルの要因については，さらに論ずべき点もあろう。しかし，ここでは本補論の問題意識との関連で，業績不振によって実質的に倒産したり，不採算店として閉鎖されたりした店舗の多くが都市中心部に立地している，という店舗レベルの要因に注目する。

　当時の都市中心部立地の不採算店舗の典型的な姿は，店舗面積が狭いために品揃えの魅力に欠け，店舗年齢が高いためにショッピング・アメニティの低さが目立ち，しかも駐車場が十分とれないことからモータリゼーションに対応できないというものであった。その多くは，もともと大店法時代に調整段階で店舗面積の大幅カットが行われたり，増床等が自由にできず，その後も周辺に遊休地がなかったり，あったとしても地価が高くコスト的に割に合わず，満足いく状態で店舗運営が行えなかったような店舗であろう。先にみた百貨店や中型総合スーパーの衰退は，まさにこうした状況を反映したものといえる。

　しかも，いわゆる「まちづくり3法」の一つである大店立地法が，第5章1でも述べるように，生活環境保持という法本来の趣旨とは別に，次の2つの理由から都市中心部立地の大型店にとっての逆風となり，結果としてまちづくりに対して否定的な影響を及ぼす可能性があることも見逃せない。すなわち，その一つは大店立地法が設定している駐車場設置台数をはじめとした新規開店の基準が，郊外に比して都市中心部において厳しいことから，大型店の都市中心部における新規出店コストを引き上げる方向に作用することである。もう一つは，大店立地法が不採算店舗等の都市中心部からの撤退，郊外への移転を後押しする役割を果たしてしまう可能性をもっていることである。というのは，不採算店舗が業績回復を図るために改修や増床をしようとすると，「指針」や自治体の独自基準に示される駐車場や荷捌施設等に関する必要条件を新規開店と同様に満たさなければならないことから，都市中心部の店舗の改修等よりは郊

外への転出が選択される可能性が高くなるからである。

このような制度的要因も重なって、大型店等が都市の中心部から撤退する事例が増加し、その跡地の再利用問題がまちづくりの取り組みにとっての障害となるようなケースもまた増大した。そのため、当時、大型店の撤退問題への対応という課題の重要性が急浮上したのである。

2 大型店等の撤退問題の実態と課題

1 大型店等の撤退問題の発生状況

大型店等の撤退問題の実態を明らかにするために、2000年に中小企業庁委託事業として調査研究が実施された[2]。そこでは、まず大型店等の撤退がどのような「場」で発生しているのかを明らかにするために、アンケート調査（郵送調査）が行われた[3]。大型店等の撤退事例をできるだけ多く拾うため、商店街振興組合のすべて（総数2238組合）と自治体（すべての市と東京特別区を合わせた692自治体）の両者を調査対象にした（以下では前者を商店街調査、後者を自治体調査とする）。商店街調査の回答数は794で回収率は35.5％、自治体調査の回答数は402で回収率は58.1％であった。

なお、アンケートの質問項目は、商店街調査においては「当該商店街およびその周辺地域における大型店等の撤退」についてであり、自治体調査においては「市区内の中心商店街からの大型店等の撤退」についてであった。したがって、商店街調査の調査対象には、そもそも商店街内および周辺地域に大型店等が存在しない商店街も含まれている。

ここではまず、中心商店街からの大型店等の撤退について質問している自治体調査によって、大型店等の撤退の有無とその再利用状況についてみてみよう。調査結果の概要は表3補-2に示す通りである。これらから、大型店等の撤退問題が発生している「場」の特徴として、次のようなことが指摘できる。

(1) 再利用の用途未定と再利用済みを含めて、中心商店街から大型店等の撤退が発生した都市の比率は全体の過半に達しており、用途未定の撤退跡地を抱えている都市は全体の3割を超えている。
(2) 都市別にみると、地方中小都市に大型店、その他の集客施設の双方の撤退事例が多く、それへの対応も相対的に遅れている。

表3補-2 中心商店街からの大型店等の撤退の有無と再利用状況（自治体調査）

①都市規模別

（上段：件数，下段：構成比％）

都市規模	大型店撤退 用途未定	大型店撤退 再利用済み	集客施設撤退 用途未定	大型店撤退 予定	撤退事例 なし	合計
東京23区	2 14.3	— —	1 7.1	— —	11 78.6	14 100.0
政令市	3 37.5	1 12.5	— —	1 12.5	3 37.5	8 100.0
首都圏周辺都市	10 13.9	12 16.7	4 5.6	4 5.6	42 58.3	72 100.0
京阪神圏周辺都市	4 17.4	3 13.0	— —	— —	16 69.6	23 100.0
県庁所在都市	7 36.8	6 31.6	— —	— —	6 31.6	19 100.0
人口30万人以上都市	3 33.3	5 55.6	— —	— —	1 11.1	9 100.0
人口10万人以上30万人未満都市	27 57.4	9 19.1	2 4.3	1 2.1	8 17.0	47 100.0
10万人未満都市	68 34.3	25 12.6	8 4.0	6 3.0	91 46.0	198 100.0
合　　計	124 31.8	61 15.6	15 3.8	12 3.1	178 45.6	390 100.0

②中心商店街の景況別

（上段：件数，下段：構成比％）

中心商店街の景況	大型店撤退 用途未定	大型店撤退 再利用済み	集客施設撤退 用途未定	大型店撤退 予定	撤退事例 なし	合計
活況	— —	— —	— —	— —	1 100.0	1 100.0
順調	7 20.6	4 11.8	— —	1 2.9	22 64.7	34 100.0
停滞	54 26.6	39 19.2	8 3.9	6 3.0	96 47.3	203 100.0
低迷	59 40.4	18 12.3	7 4.8	5 3.4	57 39.0	146 100.0
不明	4 66.7	— —	— —	— —	2 33.3	6 100.0
合計	124 31.8	61 15.6	15 3.8	12 3.1	178 45.6	390 100.0

(3) 商店街の景況別にみると，停滞ないし衰退している商店街ほど大型店，その他の集客施設の双方の撤退事例が多く，それへの対応も相対的に進んでいない傾向にある。
(4) 今後，撤退予定の大型店（撤退を決定ないし撤退の動きがある大型店）についても，大型店等の撤退事例が相対的に多い地方中小都市と，停滞ないし衰退している商店街に集中してみられる。

つまり，停滞ないし衰退している商店街を多く抱える地方の中小都市ほど，中心商店街から大型店等が撤退したケースが多く，その跡地の再利用も進んでおらず，しかも，撤退予定の大型店も，この地域に集中しているということである。これらのことは，当時の常識的な知見とも合致するものといえた。

2　撤退問題発生の「場」の特徴

こうした撤退の発生状況とその再利用状況の都市規模や商店街の景況による差は，どのような要因によって生じているのであろうか。あらためていうまでもないが，大型店等の撤退跡地の再利用問題は，第一義的には，不動産の売買ないし賃貸借という民間市場ベースの問題である。そのため，撤退跡地の再利用にあたって経済性・採算性が見込める用途が見つかるかどうかが問われるということであり，そうした用途があれば市場が解決してくれることになるわけである。実際，今回のアンケート調査によっても，**表３補-3〜6**に示すような結果が得られた。これらから次のことが確認できる。

(1) 大型店等の撤退後の対応策を推進するにあたっての問題点として，自治体も商店街も，撤退跡地の経済性・採算性の低さに関連する事項を指摘している。
(2) 大型店等の撤退跡地の再利用事業が成功した理由については，自治体も商店街も，撤退跡地の経済性・採算性の高さに関連する事項を挙げている。
(3) 撤退跡地の再利用が進んだケースにおいては，土地所有者や民間事業者（土地・建物所有者以外），建物所有者（土地所有者以外）が事業の実施主体の中心となっていることがほとんどである。
(4) 撤退跡地を再利用できたかどうかは，撤退からの経過年の長さとはあまり関係がなく，撤退からの経過年が長ければ再利用の比率が高くなるわけではない。また，それは撤退した大型店等の敷地面積の広さともあまり明

表3補-3　商店街における大型店等の撤退後の対応策推進上の問題点

＊問題点として指摘された事項の上位5つ

順位	自治体調査	(％)	商店街調査	(％)
1位	新規出店に魅力がない	62.1	新規出店に魅力がない	54.5
2位	空き地等の有効な利用策が未定	52.0	資金調達が困難	37.4
3位	資金調達が困難	39.0	行政に有効なビジョン等がない	35.5
4位	商店街組合の取組体制に問題	28.5	空き地等の有効な利用策が未定	32.9
5位	土地所有者等の取組姿勢に問題	24.9	土地所有者等の取組姿勢に問題	32.5

［注］　回答総数は自治体369、商店街532。

表3補-4　商店街における大型店等の撤退跡地の再利用事業が成功した理由

＊成功理由として指摘された事項の上位5つ

順位	自治体調査	(％)	商店街調査	(％)
1位	土地・建物所有者が積極的に協力	57.3	土地・建物所有者が積極的に協力	53.7
2位	空き地・空き建物の立地条件がよかった	48.8	商店街組合の取組み体制がよかった	25.9
3位	市・区の支援体制がよかった	15.9	市・区の支援体制がよかった	20.4
4位	空き地・空き建物を有効活用できる対応策があった	14.6	空き地・空き建物の立地条件がよかった	20.4
5位	関係機関の間の協力関係がうまくいった	11.0	空き地・空き建物を有効活用できる対応策があった	7.4

［注］　回答総数は撤退跡地の再利用済みと回答した自治体のうちの82、商店街のうちの54。

表3補-5　撤退跡地再利用の事業実施の中心となった主体

＊上位5つ

順位	自治体調査	(％)	商店街調査	(％)
1位	土地所有者	52.9	土地所有者	66.2
2位	民間事業者（土地・建物所有者以外）	27.5	民間事業者（土地・建物所有者以外）	25.4
3位	市・区	24.5	建物所有者（土地所有者以外）	21.1
4位	建物所有者（土地所有者以外）	19.6	市・区	16.9
5位	商店街振興組合・連合会	5.9	商店街振興組合・連合会	7.0

［注］　回答総数は撤退跡地の再利用済みと回答した自治体のうちの82、商店街のうちの54。

確な関係が見出せない。

　こうしたことから、再利用の経済性・採算性が高い物件については、撤退直後から遅くとも数年で再利用計画が民間資本ベースで立案・遂行されたが、それが低い物件については、そのまま塩漬け状態にされていた可能性が高い、と

表3補-6　商店街における大型店等の撤退跡地の再利用率（自治体調査）
＊撤退年別および敷地面積別

撤退年	跡地合計	未利用	利用済	再利用率（％）
1991-93年	25	12	13	52.0
1994-96年	57	21	36	63.2
1997-99年	125	76	49	39.2
合　計	207	109	98	47.3

敷地面積	跡地合計	未利用	利用済	再利用率（％）
1万 m^2 以上	23	13	10	43.5
5000-1万 m^2 未満	39	26	13	33.3
1000-5000 m^2 未満	133	79	54	40.6
1000 m^2 未満	46	30	16	34.8
合　計	241	148	93	38.6

［注］　数値は商店街における大型店等の撤退事例があると回答した185自治体（市区）からのもの。

いったことが確認できる。このことは，当時，百貨店のそごうが実質的倒産によって店舗閉鎖をしたが，それらのうち東京周辺の店舗の多くでは閉鎖決定直後に再利用計画がまとまったのに対して，それ以外では高松店などごく限られた店舗しか再利用計画が進まなかったという事例とも一致している。

ところで，大型店の撤退跡地の再利用率の低さについては，その土地そのものの経済性や採算性の問題以外にも，いくつかの構造的な問題が絡んでいる。アンケート調査と並行して実施したヒヤリング調査では，次のことが指摘された。

(1) 大型店の建物の構造上の問題：そもそも規模が大きいこと自体が再利用を難しくしているが，それだけでなく，窓が少ない，吹き抜けがあることが多い，エアコンに全館集中管理方式が導入されていることが多い，といった建物の構造上の特徴が，他の大型店によるいわゆる「居抜き」による以外の再利用を困難にしている。

(2) 大型店自体の経営上の問題：大型店の経営が行き詰まり実質的な「銀行管理」下にある場合，店舗を取り壊して更地にすると帳簿上で特別損失を計上しなければならなくなるため，銀行からストップがかかることが多く，建物が閉店時のままの状態で放置される傾向がある。そのため，再利用は「居抜き」による再利用計画か，取り壊しのコストを負担できる計画にな

らざるをえない。

(3) 土地・建物の所有者にかかわる問題：大型店の土地・建物が大型店自身によって所有されているのではなく，別に所有者がいる場合，その所有者の経済状態も再利用に影響する。比較的多いのは所有者が資産家であるケースで，この場合所有者に経済的余裕があることから，リスクをとって再利用計画を進めるよりも，固定資産税等の税金を払い続けてでも，閉店時のまま放置されることが多くなる。逆に，所有者に経済的余裕がない場合，取り壊しのコストが負担できず凍結状態に置かれるケースが多い。また，複数者によって区分所有されている場合，権利関係が複雑になり，再開発方針の調整が難航するケースが多くなる。

3 撤退跡地の再利用状況

次に，大型店等の撤退跡地の再利用状況についてみてみよう。表3補-7は，アンケート調査から得られたデータを再利用施設の内容を商業系と非商業系とに分け，それぞれを集客有効度（自治体と商店街の当該施設の集客有効性に関する評価の平均値）の順に並べたものである。ここから，商業系の用途，とくに「大型店中心の商業施設」と「専門店中心の複合商業施設」が再利用件数が多く，集客有効度も相対的に高いことがわかる。これらのほとんどは，経済性・採算性が見込めることから，撤退跡地の商業用途としての再利用がスムーズに進んだケースとみられる。ただし，非商業系の用途の中にも「公共的な施設中心の施設」や「民間の駐車場施設」のように利用件数が多く，集客有効度が高いものがあることが注目される。

そこで，再利用計画を推進するうえでの問題点や対応策について検討するために，以下のような条件を設定して，具体的事例の整理を行った。

(1) アンケート調査から大型店撤退が比較的多く発生しており，しかもその跡地再利用も相対的に遅れていることが明らかとなった地方都市に注目する。

(2) 大型店撤退後の代替施設として別の大型店の入居が「居抜き」のかたちで比較的スムーズに実現した事例ではなく，逆に再利用計画が難航しながら，なんとか計画実現・実行にこぎつけた事例に注目する。

こうした趣旨でまとめたのが表3補-8である。ここでは，11都市13事例

表3補-7　再利用施設の内容

内　容	自治体		商店街		集客有効度
	件数	構成比(%)	件数	構成比(%)	
《商業系》					
大型店中心の商業施設	17	16.0	11	16.2	0.95
専門店中心の複合商業施設	12	11.3	3	4.4	0.77
大型店以外の新業態店中心の施設	5	4.7	6	8.8	0.00
《非商業系》					
公共的な施設中心の施設	12	11.3	7	10.3	0.80
民間の駐車場施設	13	12.3	3	4.4	0.64
集合住宅・オフィスビル中心の施設	8	7.5	9	13.2	0.50
商店街の共用施設中心の施設	0	0.0	4	5.9	0.19
商業以外の集客施設中心の施設	10	9.4	5	7.4	−0.30
その他	29	27.4	20	29.4	−0.33
合　計	106	100.0	68	100.0	0.39

［注］　集客有効度は「非常に有効」＝＋2,「まずまず有効」＝＋1,「あまり有効でない」＝−1,「有効でない」＝−2として,（当該グループの合計点）／（回答件数）×100によって求めた。

が再利用計画を主導した（主導している）組織別（①民間資本・オーナー，②地元商業者，③自治体）に整理してある。

　このうち，民間資本・オーナー主導型についてみると，たまたま地元新聞社のニーズと合致してオフィスビルとしての再利用が決まったケースと，従来から商業以外の再利用の有力な用途になっていたパチンコ店を除くと，ホテルとしての再利用が2件あったことが特徴的である。

　地元商業者主導型は，全国的にも珍しいパターンであった。八戸市のケースにおいては，撤退店舗の土地・建物のオーナーは地元有力者であったが，ファッションビル運営のノウハウを持っていなかったため，当初，地域の商店街を主体にした「中心商業街区活性化研究会（「商活協」）」が中心になって第三セクターのまちづくり会社を設立して撤退店舗の運営を引き継ぐ案を中心に検討が進められた。しかし結局まとまらず，「商活協」会長を中心にした有志の出資でビル運営会社が設立され，既存テナントの退店引き止めと空きスペースへの1坪ショップ等のテナント誘致を行ったというものである。また和歌山市のケースは，撤退跡地の一部を所有する地元企業が店舗の買い取りから，テナント誘致までを行うとともに，5階部分を市と商店街の共同スペースとして提供し

表３補-8　地方都市における大型店の撤退跡地再利用の事例

①民間資本／オーナー主導型

地域	撤退大型店	撤退時期（年）	延床面積（店舗面積）	現状
八戸市	長崎屋	1990	(6,000 m² 超)	1階にパチンコ屋，2階にゲームセンターが入居したが，3階以上は未利用。
	東北ニチイ	1996	(6,000 m² 超)	取り壊して，1階がパチンコ屋で，2階が駐車場のビルを新設。
岐阜市	岐阜近鉄百貨店	1999	12,600 m²	中日新聞社が買収し，岐阜支社ビルにする計画が進行中。
上野市	ジャスコ	1992	—	ホテルと駐車場に活用。
福山市	ビブレ	1999	13,600 m²	2001年に事務所・教室を併設した新型ビジネスホテルとしてオープン。

②地元商業者主導型

地域	撤退大型店	撤退時期（年）	延床面積（店舗面積）	現状
八戸市	西友系ファッションビル	1999	(3,710 m²)	地元商業者有志がビル運営管理会社を設立しオーナーから賃借。撤退20日後に専門店ビルとして再生。
和歌山市	大丸	1998	4,000 m²	地下室〜4階に和光電気，ダイソーが入居し，5階をわかやま楽市・楽座として活用。

③自治体主導型

地域	撤退大型店	撤退時期（年）	延床面積（店舗面積）	現状
福島市	エンドーチェーン	1991	(敷地面積 1,340 m²)	1998年に解体後，市が取得。イベント等に利用するのみの空き地だったが，隣接ビルを解体し，複合ビルと公共広場として再開発する計画が2001年に始動。
羽生市	ジャスコ	1992	(6,772 m²)	1997年市が購入し99年に市民プラザとしてオープン。
甲府市	西武	1998	8,744 m²	県が1998年に買収し，県民情報プラザとして活用。
中津川市	ダイエー	1998	10,900 m²	2000年に市が購入し，利用計画を協議中。
上野市	ニチイ	1996	8,180 m²	1階に食品スーパーが入居し，2〜4階を市福祉センターとして活用。
草津市	西友	1992	(敷地面積 16,000 m²)	2000年に市が購入し，利用計画を協議中。

［出所］　商工総合研究所（2001）をベースに，『日本経済新聞』2001年2月12日，3月23日，24日，25日によって加筆して作成。

てくれたというものである。これは当該企業の経営者が，地域の商店街（ぶらくり丁）育ちで，商店街の会合にも時折参加しており，ぶらくり丁活性化の必要性を認識していたことが大いに影響していた。

　自治体主導型のケースは，自治体（県ないし市）が撤退跡地を買い取り，公共スペースとして再利用したというパターンである。これは先の**表３補-7**において，非商業系の用途の中で集客有効度が最も高かった再利用方法である。こうした再利用方法が可能になる前提には，自治体の財政的余力が必要であるが，それだけでなく，自治体の首長が強力なリーダーシップとコミットメントによって議会や市民をはじめとする多数の関係者を説得するとともに，国等との交渉・調整を通じて政策的支援策の引き出しに奔走したという事実があった。ここに，経済性や採算性が見込めない撤退跡地問題における自治体，とりわけ首長が果たすべき役割の大きさを確認できる。

結　び

　本補論で取り上げた調査から十数年が経過した現在においても，大型店等の撤退跡地問題は全国各地に存在し，未利用地の数だけでなく，それが置かれている状態や環境は，冒頭にもふれたように，どちらかというと悪化したところが少なくない。

　撤退跡地の再利用が進まないことは，多くの場合，地域の核施設が欠けたままの状態になっていることを意味することから，それがまちづくりの取り組みにとってのボトルネックとなる傾向にあった。しかし，2000年前後の時点においては，この問題は国の施策としても自治体の施策としても，まちづくりのコンテキストの中で，それほど重要な課題として位置づけられていなかった。当時，まちづくりの取り組みの障害となる，再利用が進まない大型店等の撤退跡地は，停滞ないし低迷している商店街を多く抱える地方中小都市を中心に存在し，それらの多くは当面，再利用の経済性・採算性を見出すのが困難な物件であることがわかった。

　そうした跡地の再利用は，地域の関係者が単独で解決できる性質のものでないことがほとんどであった。たとえその発生が，消費者の選択の結果として「市場の論理」に基づくものであったとしても，それを放置することがまちづくりの取り組みに悪影響を及ぼすのであれば，「都市の論理」として，国や自

治体の支援を背景にした地域をあげての取り組みとすることが求められた。そのため，撤退跡地問題が深刻化するとともに，徐々に国や自治体の施策対象として注目されるようになった。その際，行政による支援策は，単にいわゆる「箱もの」整備の資金を補助ないし融資するだけでは十分ではない。というのは，問題となっている案件は，市場ベースで経済性・採算性が低いものであることから，政策の費用対効果がかなり低くなってしまったり，短期的な対症療法に終わってしまう可能性が高いからである。

　そうした事態を避けるためには，撤退跡地の「穴埋め」だけをめざすのではなく，まちづくりの総合的な構想の中にその再利用問題を位置づける視点が重要である。すなわち，地域の関係者が主体になって，どのような都市の発展方向をめざすのかという青写真を明確にし，そうした発展のために現在どのような施設が欠けているのか，あるいは地域社会にとって何が本当に必要な施設なのか，といったところから検討する必要がある。

---- 注 ----

1) 箸本健二・早稲田大学教授による日本地理学会での報告「地方都市の中心市街地における大型店撤退とその跡地利用の課題」（2012 年 10 月 6 日）。
2) 商工総合研究所（2001）「商店街における大型店等の撤退後の空店舗・跡地の有効活用についての調査報告書」（平成 12 年度中小企業庁委託調査研究事業）。
3) 筆者は，本調査研究の専門委員として調査票の設計から分析まで主体的に関与させていただいた。

タウンマネジメント機関（TMO）の組織と機能
まちづくりの阻害要因に関連して

―― 第 **4** 章 ――

はじめに

　1998年「まちづくり3法」の一つとして制定された中心市街地活性化法（中活法）における，経済産業省関係の事業で重点が置かれていたのは，中心市街地の商業集積を一つのショッピングモールと見立て，一体的かつ計画的に整備していくことであった。そうした事業の企画調整と事業の実施を担う機関として設立されるのが，タウンマネジメント機関（TMO）である。

　2006年の中活法改正によって，TMOは法的位置づけをはずされることとなるが，1998年法の最終局面（2006年2月15日現在）までに，中心市街地活性化の基本計画をまとめたのは合計で683地区，624市町村等（市町村および東京特別区）に達するが，TMO構想をまとめ市町村等に認定されたTMOは405カ所，経済産業大臣の認定を受けたTMO計画は225にとどまった。なお，市町村数はいわゆる「平成の大合併」により，3100（2004年5月現在）から1821（2006年3月現在）へと大幅に減少している。

　その間，TMOの取り組みに対して，国・自治体はさまざまな支援策を展開してきた。にもかかわらず，TMOがうまく機能しているといえる地域は少なかった[1]。こうした状況から，なぜ政策効果がなかなか現れてこないのかという疑問が生じてきた。また，どのような要因が，各地のまちづくりの取り組みを阻害しているのかということも疑問であった。

　一般的な要因としてまず挙げられるのは，いわゆるバブル崩壊後，マクロ的

な経済状況の低迷が長引き，地域経済の沈滞がより深刻化する中で，大規模小売店舗法（大店法）から大規模小売店舗立地法（大店立地法）への転換によって大型店の出店自由度が郊外部を中心に大幅に高まり，中心部の地域商業者にとっての競争環境がより劣悪化したことである。これらは，まちづくりの外部環境要因といえる。

他方で，まちづくりにかかわる地域内部の問題に目を転じると，人材不足，資金不足，経験不足，情報・ノウハウ不足といった，主体的資源の不十分さや未成熟さが指摘されることが多かった。とりわけ TMO には，自治体のイニシアティブの下で，さまざまな関係機関を束ね，まちづくりを中心になって推進していくことが期待されていたが，新たに導入された制度であるだけに問題・課題が山積していた。

そこで本章では，各地の TMO の事例に基づきながら，それらが抱える問題の中でも組織と機能をめぐる問題に焦点を絞り，TMO によるまちづくりの阻害要因について検討する。なお，以下の議論は，2001〜02年度の中小企業総合事業団「TMO 診断・評価（サポート）研究調査事業」（中小企業庁委託事業）から得た各地の TMO の実態や問題・課題等に関する情報をベースにしている[2]。

1 TMO の役割と組織

1 TMO の位置づけ──企画調整と事業実施

まず，TMO が中活法において，どのように位置づけられていたかについて確認しておこう。中活法の基本的枠組みは図3-3（第3章）に示した通りである。その中で，TMO は経済産業省関係の重点事業である，中心市街地の商業集積を一つのショッピングモールと見立て，一体的かつ計画的に整備していくことに関連して設けられた制度である。つまり，そうした事業の企画調整と，事業実施の両側面を担う機関として設立されるのが TMO であった。

ここでいう企画調整とは，次のような役割を指している。まちづくりには，地元の商業者や自治体のみならず，住民，商業者以外の民間企業，非営利組織（NPO）といった，地域の広範な主体が関係しているが，それまではそれぞれの主体が独自の立場から取り組むことが多かった。そのため TMO には，まち

づくりの目標や構想、具体的な計画に関する合意形成から実施段階に至るプロセスに、そうした多様な関係者を巻き込み、自らが軸になって互いに協力・連携していく態勢を築くことが期待されたわけである。これらがTMOの企画調整の領域に属する活動である。

　また、事業実施の側面として想定されているのは、商業施設や商業基盤施設（駐車場、多目的ホールなど）の整備といったハード事業の系列と、さまざまなソフト事業の系列（テナントミックス計画の策定・実施、各種調査、空き店舗対策等の商店街活性化事業、各種イベントの実施、タウンマネジャーの養成・派遣など）とがある。いずれにおいても、TMOが実施する事業は、地域のまちづくりの取り組みにとって中心となる事業であることや、効果が広く及ぶことが期待される事業であることが求められた。

　こうしたことから、まちづくりの取り組みレベルという観点からみたとき、TMOの課業領域は、地理的な設定範囲という意味でも、課題設定の階層的な次元という意味でも、商店街組織をはじめとする他のまちづくり関連組織よりも、空間的に広く、階層的に高い次元を対象とすることが期待されていた。そのため、TMOが設立された地域においては、まちづくり関連組織は、TMOが描く全体的なまちづくりの戦略に基づきながら、TMOの活動や事業と連携して、あるいはその一翼を担って、まちづくりの取り組みを進めていく必要があった。

　しかし、そうした連携や役割分担がうまくいかないケースが目立った。その原因として、本章ではTMOの企画調整機能の問題に注目するのだが、その検討に入る前に、TMOの制度的枠組みについて確認を続けよう。

2　TMOの設立・事業実施プロセス

　TMOがどのような機関で、どういった事業に取り組むかは、市町村の基本計画によって決定されることになっていた。TMOの母体にはだれでもがなれるというわけではなく、国の制度としては、商工会議所・商工会、第三セクター特定会社（大企業の出資比率が2分の1などの条件）、第三セクター公益法人（同上の条件を満たす財団法人）、NPO法人（特定非営利活動法人）、社団法人が想定されていた（最後の二者については中活法施行令改正により2005年4月1日から）。

　TMOは、法制度上、中小小売商業高度化事業構想の認定構想推進事業者と

位置づけられていた。そのため、TMOの手法を用いようとする場合には、市町村等の基本計画の中に商業の活性化のための事業に関する事項の一つとして、中小小売商業高度化事業を盛り込み、その事業構想をTMOになろうとする機関が策定する必要があった。この事業構想が一般にTMO構想と呼ばれ、市町村等の認定を受けて同機関は正式なTMOとなった。

だが、これだけではTMOの事業は国の支援策の対象とはならない。そうなるためにはさらに、TMO構想を具体的な事業計画（内容、目標、実施時期、資金計画など）にまで落とし込んだTMO計画を策定する必要がある。そして、このTMO計画について経済産業大臣の認定を受けることによってはじめて、補助金、高度化融資、信用保証などの支援が行われた。

例えば、2002年度の経済産業省関係の事業として中心的に位置づけられていたのは、次の通りである。

(1) ハード（施設）整備のための支援：中核的集積関連施設整備出資事業、商業・サービス業集積関連施設整備事業
(2) ハードとソフトの総合支援：中心市街地商業等活性化総合支援事業、中心市街地等商店街リノベーション補助金
(3) 地域密着型商店街活性化のための支援：コミュニティ施設活用商店街活性化事業
(4) ビジネス・インキュベータの整備のための支援：起業家育成施設等の整備に対する補助、都市型新事業の立地促進のための施設整備に対する補助

このようなプロセスを整理したのが図4-1である。ここから、TMOを設立し事業を実施していくにあたって、地域の関係者が乗り越えなければならない3つのハードルが設定されていたことがわかる。第1のハードルは、基本計画の策定であり、策定作業それ自体がまちづくりに向けた地域の関係者の結束や学習の場として機能したといえる。これに次ぐ第2、第3のハードルは、基本計画からTMO構想へ、およびTMO構想からTMO計画へというプロセスであった。

3 TMOの組織類型と機能——理念と現実

本章冒頭で述べたように、中心市街地活性化の基本計画をまとめた683地区、624市町村等のうち、TMO構想をまとめ市町村等に認定されたTMOは405

第 4 章　タウンマネジメント機関（TMO）の組織と機能

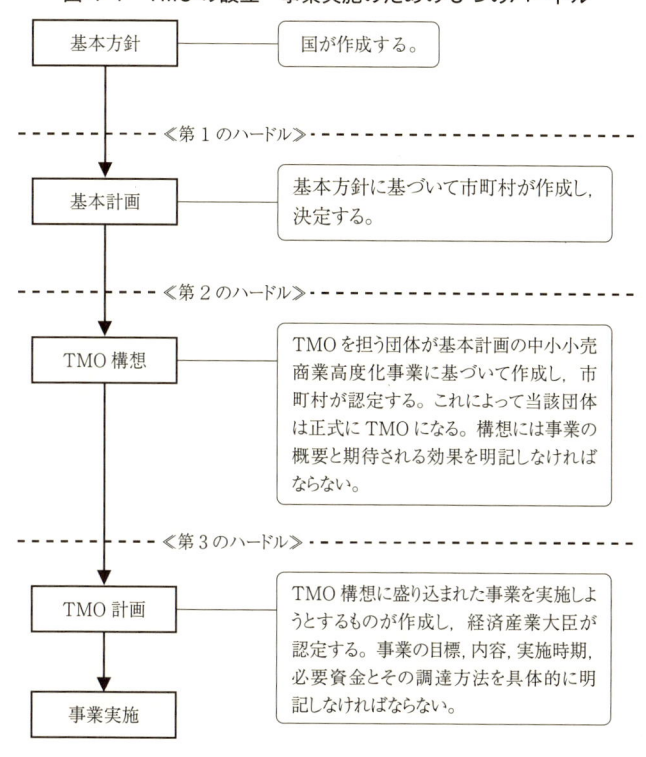

図 4-1　TMO の設立・事業実施のための 3 つのハードル

```
┌──────────┐
│  基本方針  │──────→ 国が作成する。
└──────────┘
     │
     │ - - - - ≪第 1 のハードル≫ - - - -
     ↓
┌──────────┐
│  基本計画  │──────→ 基本方針に基づいて市町村が作成し，
└──────────┘        決定する。
     │
     │ - - - - ≪第 2 のハードル≫ - - - -
     ↓
┌──────────┐        TMO を担う団体が基本計画の中小小売
│  TMO 構想  │──────→ 商業高度化事業に基づいて作成し，市
└──────────┘        町村が認定する。これによって当該団体
                    は正式に TMO になる。構想には事業の
                    概要と期待される効果を明記しなければ
                    ならない。
     │
     │ - - - - ≪第 3 のハードル≫ - - - -
     ↓
┌──────────┐        TMO 構想に盛り込まれた事業を実施しよ
│  TMO 計画  │──────→ うとするものが作成し，経済産業大臣が
└──────────┘        認定する。事業の目標，内容，実施時期，
                    必要資金とその調達方法を具体的に明
                    記しなければならない。
     ↓
┌──────────┐
│  事業実施  │
└──────────┘
```

カ所，経済産業大臣の認定を受けた TMO 計画は 225 であった（2006 年 2 月 15 日現在）。つまり，基本計画を策定した地域のうち TMO 構想にまで進めない，つまり第 2 のハードルを越えられない地域が約 3 分の 1，TMO 構想は策定したものの TMO 計画に進めない，つまり第 3 のハードルを越えられない地域が約 2 分の 1 存在したということである。

　もちろん基本計画を策定したすべての地域が一直線に TMO 構想，TMO 計画へと進む必要があったわけではない。むしろ TMO 構想や TMO 計画の策定には，資金とリスクの分担など，より現実的な問題がからむため，基本計画の策定以上に，地域の十分な合意形成や厳密なフィージビリティ・スタディが必要であったことから，時間がかかることそれ自体が問題なわけではない。だが，各地の関係者からのヒヤリング等によれば，そうした合意形成やフィージビリティ・スタディをじっくりやるという，いわば「前向きな理由」以外に，さま

図4-2 TMOのタイプの理念型

(1) 企画調整型

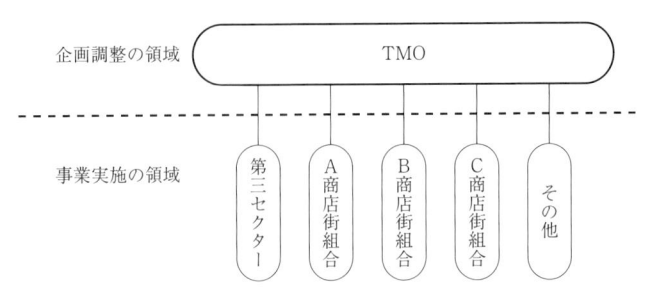

企画調整の領域　　TMO

事業実施の領域　　第三セクター　A商店街組合　B商店街組合　C商店街組合　その他

(2) 企画調整・事業実施型

企画調整の領域　　TMO

事業実施の領域　　第三セクター　A商店街組合　B商店街組合　その他

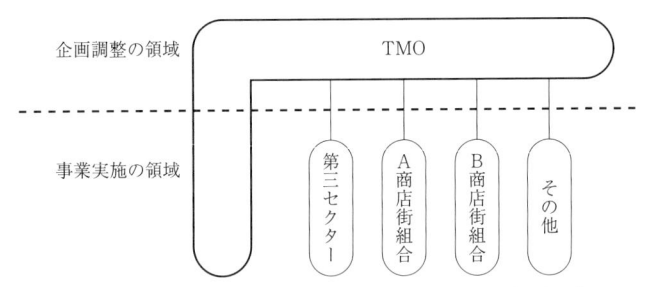

［出所］　タウンマネジメント協議会「タウンマネジメントのすすめ」（同協議会のウェブサイトhttp://www.life-page.co.jp/TMO/frame02.htmに掲載）による。

ざまな要因が進捗を滞らせたことが少なくない。

　その中身の検討はひとまずおいて，ここでTMOの組織類型について整理しておこう。設立されたTMOの内容を一覧してみると，その理念的な性格は大きく分けて，図4-2に示すように，(1)企画調整型と(2)企画調整・事業実施型という2つのタイプに分けることができた。

　このうち企画調整型は，先に述べた企画調整の役割に専念し，いわばまちづくりのプロデューサーに徹するタイプである。この場合，TMOの母体には商工会議所・商工会がなることが多く，実際の事業は第三セクターや商店街組合，その他が担当することになった。

　これに対して企画調整・事業実施型は，TMOが企画調整の役割とともに，実際の事業の一部を担うタイプである。その他の事業については内容に応じて，第三セクター，商店街組合，その他が引き受け，全体としての分担関係が形成

されることになる。この場合，TMOの母体は，商工会議所・商工会では事業実施のリスクを担いきれないことから，第三セクターとなることが多かった。

ここで問題となったのは，いずれの組織類型をめざすにしても，企画調整はTMOにとって共通して欠くことのできない重要な機能であったにもかかわらず，それを十分果たせなかったTMOが存在したことである。すなわち，TMO構想の段階では，理念的な組織類型のいずれかをめざすことが掲げられていたにもかかわらず，実際にTMOが設立され，TMO計画の策定段階や事業実施段階に入って以降，企画調整の役割が機能不全に陥り，理念型からの乖離が生じてしまうというパターンである。そうなってしまっては，TMOと商店街組織との間の，あるいは商店街組織とその他のまちづくり関連の組織との間の連携・役割分担はうまくいかない。

こうした現実のTMOのあり方の理念的な組織類型からの乖離は，前述したハードルのうち，とりわけ第2，第3のハードルの乗り越え方の問題と密接に関係している。そこで以下では，TMOにおける企画調整機能の欠如という問題を3つのハードルに沿って検討していくことにする。

2　企画調整機能を欠如したTMOの問題

1　基本計画からTMO構想へのハードル

　基本計画からTMO構想へと進められない理由の一つとして，多くの地域から頻繁に指摘されたのは，TMOの運営にかかわる費用，とりわけ人件費が，国による支援の対象とされていない点である。そのため，TMOの運営・維持の目処が立たず，TMO構想の作成に踏み切れないというのである。この点は，そもそも基本計画を策定する段階で議論が滞ってしまう理由の一つになっていた。

　多くの地域から，TMOの運営費用を国による支援対象に含めてほしいという要望が出された。しかし，TMOの運営費用を国が丸抱えか，それに近いかたちで支援をする状況になった場合，TMOの自助努力が不要となることから，逆にその活力を削ぐことになるのではないかという懸念があった。そのため，TMOの運営費用を国が直接的な支援対象とすることは避けられた。この問題は，まずは基本計画の議論に立ち返り，TMOがいかなる事業を行うことによ

って運営費用を捻出するかについて，地域側で知恵を出し合い合意形成を図っていくことが求められた。

　そのうえで，TMOの運営費用を独自財源で賄えないものの，まちづくりのためにはTMOの企画調整機能が必要であるという判断が地域で形成された場合には，石原（2000a）でも指摘されているように，まずは商工会議所・商工会を母体にTMOを立ち上げるという選択肢をとるべきであり，そうした方策をとった地域も少なくなかった。しかし，安易にそうした方法がとられたとき，次に述べるような問題が発生した。

2　TMO構想からTMO計画へのハードル
―― 企画調整型TMOにかかわる問題

　商工会議所・商工会を母体にしてTMOを立ち上げるというパターンは，すでにみたように，TMO構想の策定段階で，TMOの運営費用を独自財源によって捻出できそうにないと判断した地域においてとられることが多い。この場合，商工会議所・商工会はその組織の性格上，リスクのある事業実施に取り組みづらいことから，企画調整型のTMOとなることがほとんどである。

　もちろん，商工会議所・商工会はTMOの母体として当初から制度上予定されていたわけであり，TMOの役割を企画調整に特化させることについても，もともとの想定の範囲内といえる[3]。そうした場合であっても，事業実施主体をTMOの傘下に組織化できれば，何ら問題があるわけではない。

　例えば，中活法制定後の初期に商工会議所・商工会を母体にTMOを立ち上げた地域の多くでは（遠野市，長浜市，彦根市，松江市など），商工会議所・商工会が中活法制定以前から実質的に企画調整型TMOのような役割を果たしており，まちづくりの経験と能力を蓄積していた。そのため，TMOになった段階においても，企画調整という全体的なとりまとめの役割を果たしていくことができたわけである。

　しかも，そうした経験や能力は組織の共有資源として蓄積されるというよりも，担当者レベルで属人的に蓄積される傾向が強い。このことは，まちづくりの経験や能力を蓄積し，それに情熱をもって取り組む人的資源を有し，その人物を継続的に担当者として活用する余裕があることが，商工会議所・商工会がTMOの母体として有効に機能する条件となることを意味する。

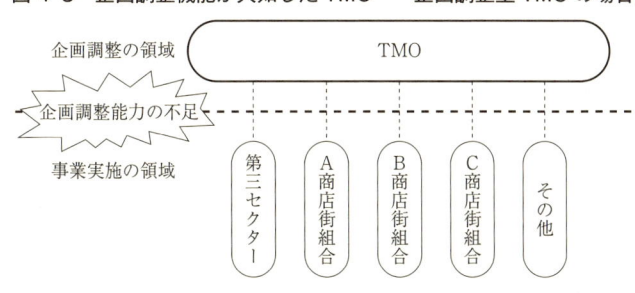

第4章 タウンマネジメント機関（TMO）の組織と機能

図4-3 企画調整機能が欠如したTMO──企画調整型TMOの場合

企画調整の領域／TMO／企画調整能力の不足／事業実施の領域／第三セクター／A商店街組合／B商店街組合／C商店街組合／その他

　しかし，他にTMO運営を引き受ける組織が見当たらないといった安易な消去法で，まちづくりの経験と能力を十分蓄積できていない商工会議所・商工会が，TMOの母体として選択された場合，企画調整の役割を実質的に果たせるはずがない。そのためTMO構想を何とか策定し，企画調整型TMOとしての形式を整えることはできたとしても，TMO計画の策定段階になって，誰がどのように事業リスクを担うのかといった点で合意形成に手間取るなどして，事業実施主体をTMOの傘下にうまく組織化できないことになってしまう。これは，TMOが現実場面では図4-3に示すような，理念的な組織類型と乖離した状態になることを意味する。

　また，商工会議所・商工会がTMOの母体になった場合に生じるもう一つの問題として，次の点も指摘できる。それはTMOの組織としての意思決定が行われるレベルに関連している。TMOの意思決定は，日常的な課題に関してであれば商工会議所・商工会の担当部門の判断で済むのであろうが，戦略的課題に関しては商工会議所・商工会としての機関決定が必要になる。そうした場合，意思決定に至るプロセスに時間がかかり，手続きが繁雑になる。

　それだけでなく，そもそも商工会議所・商工会はTMOの対象としている中心市街地以外の郊外部に利害関係をもつ会員を含む組織であるということが問題となる。つまり，地域内における中心部と郊外部との利害対立が，TMOの意思決定に影響を及ぼすという問題である。もともと，その都市における中心部の役割の重要性や，中心部に優先的に資源を振り向けていくこと，あるいはそれによって結果として郊外部を含めた都市全体の活性化につながるという見通しについての合意は，商工会議所・商工会がTMOの母体を引き受ける段階でなされていたはずである。にもかかわらず，実際に事業が動き出す段階にな

って，そうした利害対立が顕在化してくるケースがあったわけである。

3 TMO構想からTMO計画へのハードル
――企画調整・事業実施型TMOにかかわる問題

　企画調整・事業実施型をめざすTMOが陥りやすい最大の問題は，施設整備さえ行えば活性化が図れるといった，安易な「箱モノ」優先の発想であった。そうした発想は，基本計画の段階で，まちづくりの総合的な見取り図を十分練らずに，特定の施設整備を進めるための手段としてTMOに対する行政的支援のしくみを利用しようとするケースで多くみられた。

　そうした場合，TMOの母体には既存の第三セクターの街づくり会社などがなることが多かった。もともと街づくり会社は，**第2章**でみたように，1983年に提唱されたコミュニティ・マート構想をきっかけに生まれた制度で，すでに設立されたものの多くは，商店街の周辺にコミュニティ施設として設置された公民館や駐車場などを管理・運営することを目的にしている。そうした既存の事業実施主体をTMOの母体とすることによって，新たな施設等の開発から管理・運営までの事業を担わせるとともに，まちづくりの企画調整の役割も期待するというのが，このパターンであった。

　街づくり会社というと，いかにもまちづくりの経験や能力を蓄積している組織のようにみえるかもしれない。しかし実際には，この組織はまちづくりの事業主体の一つではあるが，全体的な視点からまちづくりをコーディネートするというような役割を担ってきたわけではないことがほとんどであった。また，TMOを立ち上げる側の期待も，新たな事業実施という側面に集中し，まちづくりの全体的なとりまとめという役割に対しては副次的・形式的な位置づけ以上でないことが多かった。そのため，形式的には企画調整・事業実施型TMOを標榜しながらも，実質的には**図4-4**に示すような企画調整機能が欠如した事業実施特化型のTMOになってしまったわけである。

　しかも，TMOによる事業の場合，国の支援事業として実施されるため，補助金・融資等が手厚くつくことから，TMOが負うべきリスクは低くなった。そのため，どうしてもリスク管理が甘くならざるをえないという状況となった。そうした中で，全国に先駆けてTMO計画を実施した地域の中から，資金繰りの悪化によって経営難に陥ったり，実際に破綻してしまうケースが出てきた。

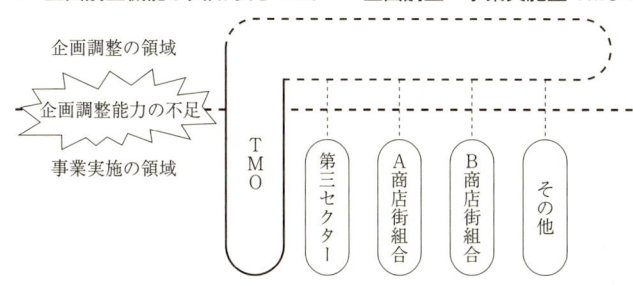

第4章　タウンマネジメント機関（TMO）の組織と機能

図4-4　企画調整機能が欠如したTMO——企画調整・事業実施型TMOの場合

　その代表的事例として，企画調整能力を欠いたTMOの下でリスク管理の甘い事業が実施され，最終的に自己破産に至った（2001年8月），まちづくり佐賀（佐賀市）について簡単に紹介しよう。

　まちづくり佐賀は，もともとまちづくりに経験豊富な人材が中心になって立ち上げたTMOで，タウンマネジメント業務を本来業務として自ら位置づけていた。しかし，全国に先駆けてTMO計画を実施する中で，諸般の事情から，自らが立案したわけでもない再開発ビル，エスプラッツの負債返済を含む管理運営という事業実施主体としての役割を背負わされることになった。このエスプラッツは，中活法制定以前から計画されていたもので，従来からの商業中心地に立地し，上層を住宅とし，下層にスーパーマーケットを核とする商業系テナントが入居するという施設であった。

　この事業は客観的にみて採算性を度外視したリスクの高いものであったが，TMOの事業全体に占めるその事業のウエイトが「本来業務」以上に肥大化し，実質的に事業実施特化型TMOのようになってしまった。極端にいえば，周囲の関係者のTMOに対する期待は，リスクの高い事業でも補助金等を引き出すことによって何とかしてくれる「打ち出の小槌」機能にあったのであり，まちづくりの企画調整機能に対する期待は低く，そのための権限や責任も与えられていなかったということになる。

　しかも，管理・運営業務の開始直後に，当初入居したスーパーマーケットが業績不振で撤退したため，至急代わりの核店舗を探さなければならないという事態に陥ったり，商業地区として新興のJR駅前の再開発計画がもちあがるといった「混乱」も生じた。JR駅前地区は，従来の商業中心地から数キロメートル離れているが，いずれも基本計画上の中心市街地の範囲に含まれていた。

101

さらに複数の郊外型ショッピングセンターの開発や，近接する福岡市中心部の商業集積のいっそうの充実といった事態も追い討ちをかけた。

まさに，こうしたときほどTMOの企画調整能力が求められるはずである。しかしまちづくり佐賀は，これまで述べてきたような理由から企画調整機能を発揮できないまま，再開発ビルに関する借入金の返済が滞り，自己破産してしまったのである。

4　他のまちづくり組織への影響

ここまで，企画調整というTMOにとって不可欠な役割の欠如という問題を，2つの組織類型に関連づけてみてきた。こうした事態が，他のまちづくりをめざす組織の取り組みに影響を及ぼしたことはいうまでもない。その要点を整理すると，次のようになる。

TMOが設立されれば，TMOそのものや，その傘下の組織に国等の支援がなされやすい態勢が整うことになった。とくに企画調整・事業実施型TMOの場合には，商店街組織などのまちづくりの取り組みに加えて，TMOの事業が加わったわけであるから，それを他の組織と調整しながら，まちづくりの全体像の中に位置づけることが決定的に重要であったはずである。にもかかわらず，TMOが図4-4のような状態になってしまっては，TMOの事業と既存のまちづくりの取り組みが互いに悪影響を及ぼし合うことさえありえた。

また，企画調整型のTMOが図4-3のようになった場合には，TMOは存在しても実質的には機能しない状態であるから，TMO設立以前の状態と同様で，実際の影響は少なかったようにもみえる。しかし，TMO傘下の組織間の調整がないまま，ある組織が国等の支援を受けて新たな事業に取り組むことになれば，それが別の組織の取り組みに悪影響を及ぼすような事態が発生することは十分ありえたことである。

こうしたことから，それぞれの地域におけるまちづくりを成功に導くためにも，また公的資金の無駄遣いを防ぐという意味でも，TMOの企画調整機能がいかに重要で，それが欠如することがいかに問題であったかについて，あらためて確認しておきたい。

3 TMOをめぐる政策過程と政策評価

1 政策過程にかかわる問題

　これまでみてきたように，TMOは，中活法によって，商店街組織をはじめとしたさまざまな組織との連携や役割分担を通じて，まちづくりを推進する機関として導入された。しかし，そうした仕組みは期待通りに機能しなかった。本章では，その要因としてTMOの企画調整能力の欠如という問題に注目してきたが，そうした問題が発生したそもそもの要因は中活法の制定経緯にあると考えられる。

　すでに述べたように，中活法は「まちづくり3法」の一つとして，1998年5月に制定され，同年7月に施行された（同法の運用に必要な「基本方針」も同月施行）。同法の成立にあたっては，まちづくりが，当時政府が最も力を注いだ政策領域の一つであったこともあって，通商産業省や建設省など関係11省庁（当時）という異例なほど多数の省庁による共同管轄という態勢がとられた。既存制度との調整など複雑な作業や手続きなどを必要としたにもかかわらず，政策課題が具体的に提起されてから立法手続きが終了し，実際に運用が開始されるまで，1年余りというきわめて短期間しかかけられなかった。

　中活法制定に至る政治プロセスにおいては，地域の「現場」から強い要請があることや，期待される政策効果が高いことなどが主張された。そのため，いったん中活法が施行され予算措置が講じられると，地域の関係者や政治家（国会議員および地方議員）などから，一刻も早く予算を消化することと，具体的な成果をあげることへのプレッシャーが国レベルの行政機関にかかり，それがさらに自治体や関係機関の担当者に対するプロジェクト開始のプレッシャーへと転化していった。

　その結果，地域の側では，別の制度の利用を想定してすでに動き始めていたプロジェクトを中活法関連のプロジェクトに切り替えたり，押っ取り刀で基本計画の策定やTMOの立ち上げに走るところが相次いだ。もちろん，そうした地域の側の行動はプレッシャーによって受動的になされただけというわけではなく，中活法の仕組みが既存の支援策に比べてより魅力的な条件を提示していたことに起因している面があったことは否定できない。

いずれにしても，こうして中活法は華々しくスタートを切ることになったわけだが，政策課題の提起から制度運用の開始までのスピードと成果に対する期待は，多くの地域にとってあまりに早くかつ高かった。そのため，TMO は同法の下でキープレイヤーの一つとなることが予定されていたにもかかわらず，その受け皿自身が十分成熟する前に政策が発動・実施されてしまった。その結果，企画調整能力を欠いた TMO が，すでにさまざまな組織がそれぞれの方法でまちづくりをめざしているという状況の中に，いわば「接ぎ木」されるという事態が生じてしまったわけである。

2　政策の窓モデル

それではどうして中活法は，こうした政策過程をたどることになったのであろうか。この点は，Kingdon (1995) の「政策の窓モデル」(policy window model) によって分析するとわかりやすい。これは，**第1章3**で述べたように，ステークホルダーや政党・政治家などの影響が大きく，合理性や効率性といった判断基準だけで意思決定がなされているとはいえない現実の政策過程を説明する考え方である。

政策決定のモデルには，「合理性モデル」や「公共選択モデル」などさまざまなタイプのものがある。そのうち，この政策の窓モデルは，合理性モデルの対極に位置するもので，政府ないし政策過程を組織化された無秩序とみるゴミ箱モデル（garbage can model）から出発するものである（宮川 2002）。その特徴は，政策過程を次の3つのフローから考えるところにある。

(1) 問題：多くの問題から特定の問題が政策アジェンダとして設定される過程
(2) 政策案：多くの政策代替案の中から特定の政策案が選択される過程
(3) 政治：議会，政党，国民のムード，官僚などが政策決定に及ぼす影響

これら3つは，通常別々の流れを形成しているが，あるときこれらが合流して大きな流れを形成することがある。その決定的時期のことを政策の窓の開放と呼び，これを政策主体がとらえることができれば，一気に政策決定にまで至るというのである。

ここで中活法の制定過程の特徴について，ごく簡単に確認しておこう。

まず「問題」については，商店街をはじめとする都市中心部の衰退によって

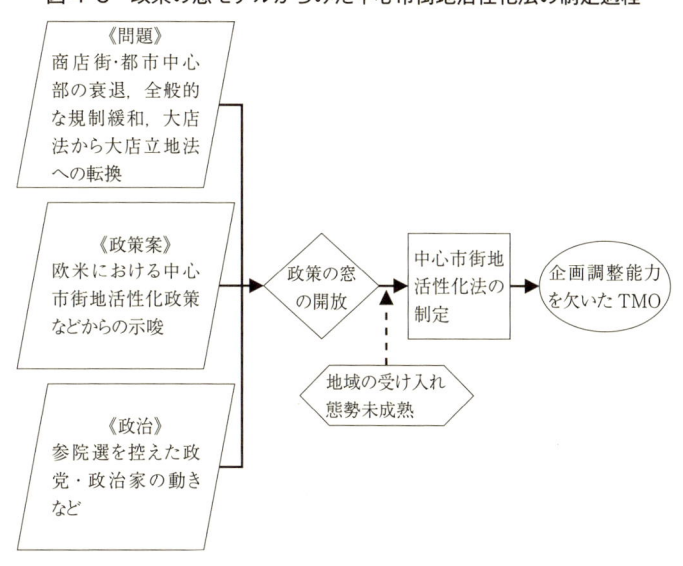

第4章 タウンマネジメント機関(TMO)の組織と機能

図4-5 政策の窓モデルからみた中心市街地活性化法の制定過程

```
《問題》
商店街・都市中心
部の衰退、全般的
な規制緩和、大店
法から大店立地法
への転換
                    ┐
《政策案》            │    ┌─────────┐    ┌─────────┐    ┌─────────┐
欧米における中心     ├──→│政策の窓  │──→│中心市街地│──→│企画調整能力│
市街地活性化政策     │    │の開放    │    │活性化法の│    │を欠いた TMO│
などからの示唆       │    └─────────┘    │制定      │    └─────────┘
                    │         ↑          └─────────┘
                    │    ┌─────────┐
《政治》             │    │地域の受け入れ│
参院選を控えた政    ┘    │態勢未成熟    │
党・政治家の動き          └─────────┘
など
```

　地域経済の危機的状況が全国的にますます深化し、さらなる支援策の必要性が叫ばれるようになるとともに、規制緩和の全般的な流れの中で大型店の出店を制限してきた大店法の廃止が決定的となったことが挙げられる。また「政策案」については、この時期、アメリカやヨーロッパの都市計画・建築の分野において、スプロール的(無秩序)な開発に反対の立場をとるニュー・アーバニズムなどの考え方が台頭してくる一方で[4]、アメリカにおける BID (Business Improvement District) やメインストリート・プログラム、ヨーロッパにおけるタウンセンター・マネジメントなどの中心市街地活性化策に関する研究が進展したことが挙げられる(**第4章補論を参照**)。最後に、「政治」については、1998年の参議院選挙をひかえた各政党の動き、とりわけ地元に公的支援を呼び込もうとする政治家の動向が重要な要素となった。

　こうした要因が複合的に作用し合って、地域の側の政策の受け入れ態勢が整っていないにもかかわらず、中活法制定、TMO 制度の導入に向けた「政策の窓」が開いたというわけである。その結果、企画調整能力を欠いた TMO の出現を招いたといえるのではなかろうか。この流れを整理したのが**図4-5**である。

3 政策評価の必要性と困難性

このような問題含みの政策過程を経て，制定・導入された中活法と TMO 制度は，その後，どのように運用されたのか。次の課題は，これらの評価をどのように行うかである。しかし，政策評価を実行することは，政策の効果をどのように測定するかが制度的に明確化されていないと，実際には難しい。

しかし，こうした基準が確認されたところで，それを具体的に適用して評価を行う段階になると困難に直面することが多い。その困難は，主として政策の効果測定の難しさに起因している[5]。すなわち，政策は一般に複数の目的を担っており，それぞれの目的に対する具体的目標を測定可能な表現で定義することが難しい。しかも，政策を実施した結果，誰かが利益を得，誰かが損失を被ることが普通であることから，誰もが合意する指標を目標として設定することは困難であり，評価は政治的色彩を帯びやすくなる。

本章が対象としている中活法と TMO について考えてみると，それは経済的目的と社会的目的を同時に担う制度であり，その効果を測定することは容易ではない。例えば，来街者数や小売販売額，人口（昼間人口と夜間人口），住宅の着工数，交通機関の整備状況やその利用者数といった，経済的に成長したかどうかに関する定量的尺度だけが政策効果の指標となるわけではなく，住民の暮らしやすさや生き甲斐，伝統文化の維持・継承状況といった社会的ないし文化的指標も重要である。しかも，定量的に把握可能な指標についても，その評価は難しい。というのは，これらに関する定量的なデータが得られたにしても，それに対する絶対的な評価基準があるわけではないし，相対的に評価するにしても，比較の対象をどのように設定するのかという問題があるからである。

また，同法はいわゆる「まちづくり 3 法」の一翼を担っていることに示されるように，3 つの法制度が互いに補完し合いながら，まちづくりという政策目的を実現することが企図されているわけであるから，そうした制度間の相互補完的関係が狙い通り機能しているのかどうかも評価の対象になろう（**第 3 章**および**第 5 章**参照）。

こうした評価作業は，すでにこれまでの諸章でもみてきたように，政策評価法の施行（2002 年 4 月）以前の政策評価制度の未整備期においては，行政サイドではほとんど手がつけられておらず，学術サイドでも限られた成果しかなかった。そのような中で，当時の TMO の実態に関する調査研究として，熊野

(2005) が挙げられる。そこでは，TMO の全国的な調査に基づいて，次のような問題点が明らかにされている[6]。

(1) TMO の運営スタッフは少人数で，チーフスタッフすら兼任が9割以上。
(2) TMO の運営資金は国・県・市町村からの補助金に依存。
(3) 企画調整型の商工会・商工会議所は収益事業に消極的な傾向。
(4) ほとんどの TMO がコンセンサス形成を委員会や協議会で行っており，地域住民等を広く巻き込んだ活動になっていない。

　これらは，これまで本章で述べてきた内容とほぼ一致する問題といえる。政策評価法の施行後は，このような実態把握を積み重ねながら，効果測定の多面的な指標を開発し，政策評価を行うことが現実的に求められるようになる。

結　び

　本章では，TMO が抱えていたさまざまな問題の中から，組織と機能をめぐる問題に焦点を合わせ，何がまちづくりの阻害要因となっているのかを，政策の窓モデルを適用して検討してきた。問題点については，すでに本論の中で繰り返し指摘してきたので，ここであらためて整理することは避け，その後の政策課題として問われたことを指摘し，結びとしたい。

　その一つは，TMO の不振がマスメディアなどを通じて喧伝される中で，TMO の取り組みが成功するかどうかに関する先行きの不安と不信が，地域レベルで広がったことから，そうした空気にどう対処すべきかという課題であった。そうした不安や不信は，過去の商店街活性化策で効果があがらなかった苦い経験の積み重ねを背景にしつつ，直接的には TMO の成功事例が皆無とはいわないまでも，かなり限られていることに起因することはいうまでもない。

　当然，TMO を成功に導くための特効薬のようなものはあるはずがないので，課題解決のためには，具体的な成功事例や失敗事例から教訓を学ぶことが必要であった。例えば，基本計画，TMO 構想，TMO 計画の策定，および事業開始後のそれぞれのプロセスにおいて，どのようなことが行われ，いかなる成果があがったのか，それぞれのプロセスにおいてどのような問題が生じ，どう解決されたのか（あるいはされなかったのか），まちづくりをめざす他の組織との連携や役割分担はどのように行われているのか，といった点について具体的に明らかにしていくべきであったのであろう。そして，それらをふまえての TMO

に対する支援策の内容的な見直し，いいかえれば，単なる支援対象の拡大や支援金額の積み増しといったバラマキ型の見直しではない実質的なそれが必要であった。

しかし，そうした課題に着手する前に，「まちづくり3法」全体の見直し作業が始まり，地域における活性化の推進組織そのものの再編成が行われることとなった。その間の経緯については，**第5章**であらためて検討する。

―― 注 ――
1) 2002年8月時点の日本経済新聞社の調査によれば，TMOを設立したものの，その活動によっても「(まちの状態に) 変化はない」という回答が50%近くを占め，TMOの活動が十分かどうかには96%が「不十分」と回答していた (『日本経済新聞』2002年8月26日)。
2) 筆者は，本事業の内容や方向を討議するために組織された委員会の委員として参加した。
3) 注1で示した日本経済新聞社の調査によれば，商工会議所・商工会を母体とするTMOは全体の7割を占めているという。
4) 例えば，ニュー・アーバニズムの代表的研究成果としてKelbaugh (1997), Duany, Plater-Zyberk and Speck (2000), Calthorpe (1993), Marshall (2000) などが挙げられる。
5) Rossi, Freeman and Lipsey (1999), Weimer, Vining and Vining (1998), Weiss (1997), Wholey, Hatry and Newcomer (1994) による。
6) 調査対象TMO243団体中110団体が回答，回収率45.3%

補論
アメリカにおけるダウンタウン再活性化と小売商業振興
自治体とまちづくり組織を軸にした協働的取り組み

はじめに

　1980年代中頃から90年代にかけて，アメリカやヨーロッパの多くの都市において，都市中心部の活性化をめざすまちづくりの取り組みが活発化した。同時期に，わが国においても中心市街地活性化施策をはじめとする商業まちづくりの取り組みに注力されるようになり，アメリカやヨーロッパにおけるまちづくりの展開への関心が高まり，調査研究が盛んに行われた。そこで本補論では，わが国の商業まちづくり政策が参照した，アメリカにおけるまちづくりの取り組みであるダウンタウン再活性化（downtown revitalization）について，小売商業振興の側面に焦点を合わせて1990年代の状況を中心にみていくことにする[1]。

　以下では，アメリカにおけるダウンタウン再活性化への取り組みの契機を確認したうえで，取り組み主体の施策や体制，活動内容，および取り組み主体間の協働関係について検討していく。

1　ダウンタウン再活性化策の展開

1　ダウンタウンの衰退

　都市構造の郊外化，すなわち住宅や商業，オフィスなどの郊外におけるスプロール的（無秩序な）開発の進展にともなう，都市中心部の衰退傾向は，アメリカやヨーロッパ諸国の多くに共通する現象となっている。とりわけアメリカでは，第二次世界大戦後からダウンタウン（中心市街地）の衰退傾向が顕著になりはじめ，1960年代以降，広範かつ急速に進展した[2]。しかも，かつてはダウンタウンと郊外部は，それぞれの都市機能を補い合いながら一体的な大都市圏を形成していたが，1970年代頃から，そうしたダウンタウンとの相互依

存的関係を切断して自律的に発展する新しい郊外都市——edge city, urban-village, technoburb, post-suburbia など多様な名称で呼ばれる——が出現し，ダウンタウンの衰退傾向にいっそうの拍車がかかった[3]。

このようなダウンタウンの衰退現象は，中心市街地の小売商業（中心部商業）だけにとっての問題ではなく，社会全体のあり方にかかわる問題といえる。というのは，ダウンタウンの全般的な活力の低下が中心部商業の衰退をもたらすと同時に，中心部商業の低迷がダウンタウン全体のいっそうの活力の低下をもたらすというように，両者のスパイラル的な衰退がもたらされるからである。

行政側も，こうした事態を看過してきたわけではない。活気ある小売業やレストラン等の飲食業，個人向けサービス業——ここでは便宜的にこれらを一括して小売商業と呼ぶ[4]——の存在は，ダウンタウンの活力にとって必要不可欠なものであるという認識に基づいて，さまざまな施策がとられてきているのである。その際，主要な政策主体となっているのは連邦政府ではなく，自治体（local government ないし municipality）である。

2　規制的政策と振興的政策

アメリカにおいても，大型店やショッピングセンターなどの小売施設の出店・開発は，政府の規制から自由ではなく，土地利用・開発規制の一環として規制されている。小売施設の出店・開発にかかわる規制的な政策手段は多種多様であるが，その中心となっているのが，州政府から権限（police power）を委譲された自治体が，条例に基づいて実施するゾーニングである。このゾーニングに，さらにその他の規制的政策手段を組み合わせることによって，場合によってはわが国の大規模小売店舗法（大店法）以上の，かなり厳しい出店・開発規制を政策主体が追求することも可能であるという[5]。

また，いくつかの州政府，自治体においては，過度な開発を抑止し都市の成長をコントロールすることを目的に，ゾーニングをはじめとする規制的政策とその他の政策をパッケージ化した成長管理（growth management）と呼ばれる政策を導入しているところもある。その多くは「持続可能な成長」ないし「賢明な成長」をめざして都市成長境界線を設定し，その枠内でオフィスや住宅の開発規制・誘導や，低所得者向け住宅（affordable housing）の供給促進を図ることを主たる狙いとしたものであるが，小売施設の開発規制に焦点の一つを当

第 4 章　タウンマネジメント機関（TMO）の組織と機能

て，その開発のあり方に多大な影響を及ぼしているケースもある。その代表的な事例として，ヴァーモント州における Act 250 が挙げられる[6]。

　こうした規制的政策は，半面で特定の小売業にとって振興的政策としての効果を有する場合がある。そのような側面に焦点を合わせ，中心部商業の振興策として実施されている制度の一つがリテイル・ゾーニングである。これは中心部商業の連たん性を保持し，ダウンタウンの活力を維持・発展させるために，特定の街区についてゾーニングによって建物1階部分の一定割合以上の用途をリテイルとすることを義務づける制度である[7]。さらに，この仕組みを発展させて，ダウンタウン内の特定街区・街路内の業種別店舗数制限——業種ごとに許可される店舗の数や面積等を制限する制度——などを導入している都市もある[8]。

　また，特別（目的）地区（special〈purpose〉district）を設けることによって，中心部商業の振興が図られることもある。この制度は，ゾーニングの一環として特定の地区を自治体が指定し，その地区の歴史的・文化的特徴の保持・発展や，再開発・再利用の促進を図ることを目的に，リテイル・ゾーニングも含めて，テーラーメードで多様な規制やインセンティブの網をかけるというものである。

　ニューヨーク市がこの制度の先駆者といわれ，1967年にブロードウェーを中心に指定された特別劇場地区が最も初期の試みとして有名である。商業に重点をおいたものとしては，同市の特別ミッドタウン地区（1982年指定）のサブ地区として設けられた特別五番街地区や（同時に特別劇場地区は特別ミッドタウン地区の一部として吸収），サンフランシスコ市のユニオン街近隣型商業地区（1979年指定）などが代表的である[9]。

　このような施策は，公共の福祉（public welfare）ないし公共の利益（public interest）に基づく私権制限の観点，いいかえれば社会的規制の観点から導入されているものであり，事業者間の競争を制限ないし調整することを直接の目的とした経済的規制の観点から導入されているものではない。しかし，規制の存在が結果として事業者間の競争に影響を及ぼすこと——例えば自治体がゾーニング等を活用して新規の開発案件を阻止するようなケース——は否定できない[10]。ここに社会的規制と経済的規制の関係の難しさがあるといえる。

3　ダウンタウン再活性化への取り組み

　1980年代中頃になると，このような施策をさらに発展させて，中心部商業の振興を重要な課題として含む，ダウンタウン再活性化に焦点を当てた総合的な政策が展開されるようになった[11]。都市中心部重視の考え方は，1990年代以降，ヨーロッパ主要国にも広まった[12]。わが国における中心市街地活性化施策の展開は，こうしたグローバルなコンテクストの中で理解されるべきである。

　アメリカにおける取り組みの背景には，次のような事情がある。第1に，それまで多くの自治体は，都市更新プログラムなどダウンタウンの大規模再開発向けに支出されていた莫大な連邦補助金——例えばコミュニティ開発包括補助金（Community Development Block Grant; CDBG）や都市開発活動補助金（Urban Development Action Grant; UDAG）[13]——に基づいて，スラム・クリアランス（低所得者住宅等の一掃）を軸にダウンタウンの大規模再開発を行ってきた[14]。しかし1980年代以降，レーガン政権によって連邦補助金がドラスティックに削減され，自治体の財源が枯渇したことによって，再開発計画の進展が物理的に中断せざるをえなくなったことが挙げられる[15]。

　第2に，そもそもそうした大規模プロジェクト——その典型はホテル，コンベンションセンター，ショッピングモールなどの複合大規模施設の開発——は，ダウンタウンの一角に他とは隔絶され管理された空間をつくりだすなどの理由から，必ずしも全体としてのダウンタウン再活性化には寄与しないことが明らかになった。いわば政策効果の観点から，従来の大規模プロジェクトを軸にした再開発手法に対して反省の機運が高まったわけである。例えば，スラム・クリアランスなどにより大規模再開発を行うことによって，もともとの住民や中小事業者等を排除し，その地域らしさを消し去るまちづくりをジェントリフィケーション（gentrification）と呼び，再開発による影の部分として批判的に議論された。

　これらに並行して，都市におけるダウンタウンの役割の重要性を再認識すべきという立場から，ダウンタウン再活性化の必要性をあらためて主張する議論が，この時期多様な立場から展開されるようになった。これが第3として挙げられる[16]。その代表が，都市の活力・活気にとって社会的・経済的・文化的な多様性が不可欠であり，ダウンタウンにかつてのような多様性を再生・維持すべきというJ. ジェイコブスの主張である。彼女の考え方は，ダウンタウン

再活性化の戦略として「都市の育成（urban husbandry）」を提唱したR. B. グラッツに受け継がれている。両者の主張はその後のダウンタウン再活性化の展開に思想的・哲学的な影響を広く及ぼした[17]。

これに対して、ダウンタウン再活性化プロジェクトにとっての最も現実的・経済的な論拠となったのは、P. コトラー等の「都市の改善戦略」論に典型的にみられる、都市間競争における競争手段としてのダウンタウン必要論である[18]。そこでは、良好なショッピング環境が提供可能な中心部商業は、都市が競争優位を築くための重要な競争手段となると指摘されている。また、ショッピングセンターをはじめとする郊外型施設の自然環境に対する負荷の高さを批判し、建物やインフラストラクチャーなどこれまでの投資の蓄積が存在しているダウンタウンを有効に再活用することによって、環境負荷が低い省エネルギー型の発展が可能になると主張する資源・エネルギー問題からのダウンタウン小売業維持論も近年影響力を強めている[19]。

このような諸要因によって、アメリカの多くの都市においてダウンタウン再活性化への取り組みが、1980年代中頃から90年代にかけて開始されることになった。ただし、そこで支援対象とされているのは、あくまでも中心部商業という社会的機能であり、ダウンタウンに立地する既存の小売商業者に限られないことに留意すべきである。

2　ダウンタウン再活性化の取り組み——主体と活動

1　取り組み主体の多様性

アメリカにおけるダウンタウン再活性化の主要な担い手として、わが国でも1990年代中頃から注目を集め始めたのが、BIDやDID、EIDなど（Business / Downtown / Economic Improvement District; 以下では一括してBIDと呼ぶ）と称される、ダウンタウンの不動産所有者や事業者を主体にした非営利の準政府組織である。BIDはアメリカの多くの都市において、1990年代以降、ダウンタウンの再活性化を目的とした、コミュニティ・ベースの自主的なマネジメント（ダウンタウン・マネジメント）を担う組織として多様な活動を展開することによって、多くの成果をあげてきている。

しかし、アメリカにおけるダウンタウン再活性化にかかわるプレイヤーは、

BIDに限られるわけではない。地方行政当局やダウンタウンに所在する非営利の任意団体，商工会議所，民間企業，大学・研究機関，地域住民など，さまざまな組織・機関がダウンタウン再活性化への取り組みを，それぞれの立場から行ってきている。

　これらの中には，目的意識的にダウンタウン再活性化をめざす組織——そうした組織をここでは「まちづくり組織」と呼ぶことにする——もあれば，間接的ないし結果としてダウンタウン再活性化に貢献している組織もある。そうした多様な主体が互いに協力・連携し合うことによって形成される重層的なネットワークの下で，ダウンタウン再活性化への協働的な取り組みがなされているのである。

　主要な取り組み主体の役割や活動内容の概略を以下に整理する。なおうまでもなく，以下のリストはアメリカのすべての都市に共通するものではなく，都市によっては存在しない組織や，存在はしても再活性化への取り組みを担っていない場合もある。

2　自治体による取り組み

　行政サイドの取り組み主体の代表は，すでに述べたように自治体である。アメリカにおいては，州政府は合衆国憲法で禁止されない範囲で独立しており，自治体も州法によって州政府から大幅な権限・機能を与えられている。そうした権限や機能に基づいて，自治体は都市経営の主体ないし行政サービスの提供者の立場から，都市全体の発展戦略，いいかえればいかなる都市をめざすのかに関する都市経営の基本方針を立案し，その一環としてダウンタウン再活性化のための事業を自ら遂行したり，他の組織の取り組みを行政的に支援したりする施策を展開している。その際，具体的な活動は，経済開発局（Department of Economic Development）などの自治体本体の部局や，その傘下の公社（Public Agency）などが担うことが多い。

　なお，カウンティ（郡：county）や州政府の機関，公社などが，独自にあるいは自治体と協力して，取り組みの主体となることもある。例えば，カリフォルニア州においては，州法のコミュニティ再開発法（The Community Redevelopment Law）に基づいて，州内の自治体によって設立される再開発公社（Redevelopment Agency）がダウンタウン再活性化の主体となっていた。

だが，自治体の行政サービスの対象は，当然，ダウンタウンの事業者だけでなく都市全体である。そのため，自治体がダウンタウン再活性化に重点的に取り組むためには，ダウンタウンの再生・活力向上が都市全体の発展にとって必要であるという政治的合意が得られている必要がある。ここに自治体の施策の立案（構想・計画）段階における市民・住民参加の重要性が指摘できる。例えば，中長期的なマスタープラン等の策定過程や，年度予算の編成過程に，いかに市民・住民の声を反映させながら，ダウンタウン再活性化の施策を立案するかという問題である。

さて，自治体の具体的な施策は，ハード面とソフト面の双方に及んでおり，次のように目的と対象によって階層的に構成されている。
(1) ダウンタウン全体を対象にするもの（公共施設の整備，事業者の誘致など）
(2) 特定の街区・街路等を対象にするもの（街路整備，景観や環境の維持・改善など）
(3) 個別の事業者を対象にするもの（建物の建設・改築，店舗ファサードの改修，コンサルテーションや情報提供など）

政策遂行のための資金には，自治体の独自資金に加えて，連邦政府や州政府からの補助金が充てられることがほとんどである。自治体の独自資金の財源は当然，税金，とりわけ財産税（property tax）である[20]。また，TIB（Tax Increment Bonds：将来の税収増加分を担保にした公債）などの公債発行によって，資金調達が図られることも少なくない。1990年代における補助金の代表は連邦政府からのCDBGで，人口構造や貧困層の比率，住宅水準などに応じて配分されていた。

一般に，ハード整備を主体にした再開発プロジェクトは，民間デベロッパーなどとパートナーシップを組んで遂行されることが多い。また政策資金の不足を補うために，地域内の引退したビジネスパーソンや専門家などをボランティアとして組織化し，再活性化事業に活用する仕組みを形成しているケースも少なくない。

3 地域の事業者による非営利組織——BID

①BIDの取り組みと組織　ダウンタウン再活性化に取り組む事業者による非営利のまちづくり組織の代表的存在は，すでに述べたようにBIDである。

BIDとは，一般的にいえば，一定地域の不動産所有者等（小売商業者だけではない）が，州法に基づく条例の規定に従って，ダウンタウン・マネジメントを目的に，自治体等と協力して結成する組織，つまり公共と民間とのパートナーシップ型の準政府組織を指している[21]。

　BIDの結成のためには，その領域の不動産所有者等の合意——合意成立の基準は不動産評価額ベースで絶対過半数ないし3分の2以上の賛成が必要とされるケースが多い——が必要とされる。いったんBIDが設立されると，その領域に含まれる不動産所有者等は強制的に構成員にさせられ，財産税に上乗せした特別税等の名目で強制的に負担金が課せられる。負担金は自治体が代理徴収することが一般的である。なおテナントについては，規定上，直接負担金がかからないことが多いが，テナントにもダウンタウンの諸課題を自らの問題としてとらえてもらうことを目的に，不動産所有者が賃貸料に付加するかたちでテナントに転嫁することが多い。

　構成員の負担金の額は，年間予算額——BIDの総会で決定し，自治体の議会で承認を受ける手続きが一般的——を不動産の時価評価額に応じて比例配分するという方式が多く採用されている。この負担金を原資にして——さらに場合によっては連邦政府や州政府，地方自治体の補助金，BIDが自ら行う事業収入，他の企業・組織等からの寄付金などを加えて——当該地区の再活性化のための活動を，あくまでも民間主導で展開するところに特徴がある[22]。

　ここで注意すべきは，BIDの存続は半永久的に保証されているわけではないことである。多くのBIDにおいては，構成員が受益と負担のバランスの観点から，数年に一度，組織の存続そのものを問うサンセット条項が設けられている。また，BIDの理事会のトップには構成員の代表がつくが，実質的なマネジメントは専門的教育・経験を積んだ人物に有期で委ね，ダウンタウン・マネジャーとすることがほとんどである。しかし，ダウンタウン・マネジャーが契約期間中に目標とする成果をあげられない場合には，別の専門家と交代させられることもありうる。こうしたことを通じて，いったん結成されたBIDでも，緊張感をもった運営がなされる。

　なお，BIDの多くは国際ダウンタウン協会（IDA）に加盟し，ダウンタウン・マネジメントの手法の研究や互いの経験の交流などを行っている[23]。

　②BIDの活動　　BIDの活動内容は，地域の実情に応じて計画・実行するこ

第4章 タウンマネジメント機関（TMO）の組織と機能

とを基本としているため，きわめて多様である。その初歩的な段階においては，BIDが基本的に不動産所有者の利益を代表していることを反映して，衰退・荒廃しつつあるダウンタウンの安全性や清潔性を高めることによって不動産の利用価値の上昇を図る，といった活動——例えば自警団によるパトロールや清掃事業など——を主体にすることが一般的であった。これは，自治体による行政サービスの不足分の補充ないし充実という領域に属する活動である。

また，ダウンタウン事業者の利益代表として自治体等の行政サイドに種々の要請を行うことや，他の関係機関との調整なども，BIDの重要な役割である。

それがさらに発展すると，地域商業振興を含めた都市問題全般の改善・改革を，地方自治体に依存するのではなく，自らの自助努力によって解決することを課題とするようになる。その際の活動の重点は，建物や街路などの建設や改修などのハード面の事業ではなく，次のようなソフト面の活動に置かれることがほとんどである。

(1) 地域のマーケティング（個店の売上増のためというよりも，ダウンタウン全体の来街者増を狙うイベントやプロモーションなど）
(2) 新規事業者の誘致と既存事業者の維持
(3) テナントミックスと統一的なテナント管理

これらは，ダウンタウン小売商業の振興そのものを直接の目的とする活動というよりも，地域経済の活力向上の一つの手段としてダウンタウン小売商業の振興を位置づけ，ソフト面の活動を中心に総合的な視点から都市問題にアプローチする活動といえる。なお，建物や街路などの建設・改修などのハード面の整備事業については，財政規模の大きな一部のBIDが取り組んでいる例もある。しかし，個別事業者が行政からの支援プログラムを受けて実施したり，自治体が民間デベロッパーとパートナーシップを組んで，あるいは自治体独自で遂行することが多い。

BIDのソフト面の活動の手法として一時注目されたのが，ダウンタウンにショッピングセンター型の統一的マネジメント手法を導入し，戦略策定，リース契約，テナントミックス，ビジネス・リクルートメントなどを総合的に実施するCRM (centralized retail management) であった[24]。しかしCRMは，いくつかの実験的取り組みから，BID構成員の合意形成が難しいなどの問題があることが明らかとなったため，より柔軟な手法にもとづくダウンタウン・マネ

117

ジメントの方向がめざされるようになった。

4　地域の事業者による非営利組織——メインストリート・プログラム

①メインストリート・プログラムの内容　メインストリート・プログラムは，中小規模の都市，とりわけ歴史的かつ伝統的なダウンタウンや近隣型商業地区——これらの総称がメインストリート——を擁する都市（一般的には人口5万人以下）を対象にした再活性化施策として，非政府組織（NGO）の「歴史的環境保全のための国民基金（NTHP）」が，1980年に設立したナショナル・メインストリート・センター（NMSC）によって開発されたものである。当初のプログラムは，歴史的商業建造物やコミュニティの建築環境の保全を中心的な目的としていたが，しだいに経済的発展のための有力なツールへと内容を豊富化してきた。

このプログラムを実行するために結成される組織が，ダウンタウンにおける非営利のまちづくり組織のもう一方の代表といえる。

メインストリート・プログラムは，ショッピングモールのハード面だけの模倣，例えば歩行者専用街区化や店舗ファサードのみの改修，看板の付け替えなどによるダウンタウンの外見的な「近代化」などの限界に対する認識に基づいて開発されてきたものである。そのため，このプログラムの特徴は，ソフト面にかかわる次の4つの側面の施策に重点をおいて，地域の再活性化問題にアプローチするところにある（これをメインストリート・アプローチという）。その意味で，このプログラムは日本の従来の商店街振興施策とは異なる特徴をもっている[25]。

(1) デザイン：歴史的建造物の修復や新規建築の促進，デザイン管理システムの開発，長期的プランニングなどによって商業地区の物理的外観の価値を高める。
(2) 組織：再活性化プロセスにおいて役割を果たす多くのグループや個人の間の合意や協力を形成する。
(3) プロモーション：伝統的商業地区の資産を顧客や潜在的投資家，新規事業者，地元市民，旅行者などにマーケティングする。
(4) 経済構造改革：地域の既存の経済的基盤を強化したり，新しい機会に適合させることによって経済的基盤を拡大する方向を模索する。

第4章　タウンマネジメント機関（TMO）の組織と機能

そして，これらのアプローチを成功させるためには，次の8つの原理に従わなければならないという。すなわち，計画の包括性，プロジェクトの漸次性，自助努力，公民パートナーシップ，既存資産のアイデンティティ確立と投資，質の重視，変化，行動志向である。

②**プログラムの実行組織**　実際にメインストリート・プログラムの実行組織となるのは，自治体や公社等の下部組織の場合もあれば，地域の事業者による非営利の任意団体やその他のコミュニティ組織などの場合もある。こうした組織は，先に述べたBIDを母体にした活動とは異なり，自己資金以外に独自財源をもたないことがほとんどであることから，プログラムの実行にかかわる初期投資コストだけでなく，人件費を含むランニングコストについても，自治体からの財政的支援，さらには連邦政府や州政府の補助金に依存する面が強い。そのため，メインストリート・プログラムに基づいてダウンタウン再活性化を進めている都市においては，自治体主導の色彩が強くなるという傾向があり，メインストリート・プログラムの実行組織はいわば自治体の代理人として，他の関係機関との調整を含めた各種の活動に取り組んでいる。

また，多くの自治体はメインストリート・プログラムのノウハウ等を持たないことから，NMSCでは，メンバーシップ制度を採用して，メンバーとなった自治体に対して実践的な指導等を行っている。これによって自治体はNMSCから，専門的な教育・経験のある人材を戦略立案から事業遂行までの実務を取り仕切るメインストリート・マネジャーとして斡旋してもらえるとともに（マネジャーの人件費は自治体側負担），アソシエイツと呼ばれる専門家の派遣，教育・研修プログラムの提供といったサービスを有償で受けられることになる。

ただし，メインストリート・プログラムの対象となるような規模の自治体からの支援には当然限りがあり，NMSCからは資金的支援は一切なされない。そのためNMSCでは，地域の利害関係者が自ら資金調達する有力な方法の一つにBIDの設立を位置づけ，その設立を指導している。そのため，このプログラム導入時点でBIDが未設立の地域においても，自治体と協力して新たにBIDが組織されることがある[26]。

なお，MNSCでは，プログラム全体および個別プロジェクトについての定量的および定性的な成果をウェブサイトなどで広く公表している。この点は，

わが国においても参考にすべきといえよう。

5　その他の組織による取り組み

①**ダウンタウン事業者による団体**　アメリカの多くの都市には，地域の小売商業者をはじめとした事業者が結成する組織——例えば merchant association など——が存在する。こうした組織は，単なる親睦団体に止まることもあるが，地域経済の振興を通じた事業の発展をめざして，ダウンタウン再活性化のための活動に自ら取り組んだり，それを側面的に支援したりすることもある。その意味で，都市によってはこの種の任意団体がまちづくり組織として機能しているところもある。

また，こうした任意団体の活動をさらに発展させるために，それを母体にして BID が設立されるケースもあった。

②**商工会議所**　商工会議所は，ダウンタウンの事業者だけでなく，都市全体ないしは都市圏全体の事業者のための組織であるが，ダウンタウンの活力が都市（都市圏）全体の発展にとって不可欠であるという認識に基づいて，ダウンタウン再活性化の活動に取り組むケースが多い。しかし，構成員間でそうした認識についての合意が得られない商工会議所があることも事実である。なお，商工会議所の性格上，自らダウンタウン再活性化の事業主体となることはほとんどない。

③**その他の非営利組織（NPO）**　一般にコミュニティ開発会社（Community Development Corporations; CDCs）と呼ばれる非営利の地域密着型デベロッパー（低所得者向け住宅の開発などを目的として自治体，地元企業，非営利のコミュニティ組織，市民などの共同出資によって設立されることが多い）や，歴史保存団体，女性やマイノリティなどの権利や機会の保障・拡大をめざす団体，その他のコミュニティ組織やボランティア団体などは，それぞれ独自の立場・視点から地域の問題にアプローチしているが，その活動の一部がダウンタウン再活性化と密接にリンクしていることが多い。

④**その他**　地域の大学・研究機関，あるいはコミュニティビジネス[27]を展開する民間企業なども，ダウンタウン再活性化の一翼を直接的に，あるいは間接的に担うことが多い。また一般の民間企業が，社会貢献の一環として利益の一部を地域に還元するかたちで，ダウンタウン再活性化のための事業や活動

に参加することも少なくない。

6　取り組み主体間の協働関係

アメリカにおけるダウンタウン再活性化の取り組みは、ここまででみてきたように、直接的あるいは間接的にかかわりをもつ複数の主体が重層的に組み合わさったネットワークの下で、協働的に遂行されてきたことがわかる。そして、そのネットワークの性格は、部分的には緊密なものであるが、別の部分ではかなり緩やかな性格をもつものといえる。

そうした主体間の組み合わせの形態は、それぞれの都市ごとにバラエティに富んでいる。しかし、ほとんどの都市において、ネットワークのノード（結節点）としての役割を遂行しているのが自治体である。

すでに述べたように、自治体は都市経営の立場から都市全体の発展戦略を立案し、その一環としてダウンタウン再活性化を位置づけ、自ら事業を遂行したり、他の組織の取り組みを行政的に支援するといった施策を展開してきた。さらに、自治体は別の主体に特定の役割を遂行することを要請したり、契約に基づいて委託したり、あるいは各主体間の活動の調整を行ったりすることによって、ネットワークのノードとしての役割を果たしてきた。

自治体のダウンタウン再活性化施策にとって、重要なカウンターパートとなっているのがBIDやメインストリート・プログラムの実行組織といったまちづくり組織である。自治体とまちづくり組織の間では、他の関係機関との調整を含めて、密接な協力・連携が行われてきたのである。

結　び

以上をふまえて、アメリカにおけるダウンタウン再活性化の取り組みの特徴を整理すると、次のようにまとめられる。

(1)　多様なダウンタウン再活性化への取り組み主体が存在し、そうした取り組み主体間で役割分担に基づく連携・協働が行われてきた。

(2)　ダウンタウン再活性化にとって、活気ある小売商業の存在が必要であるという認識に基づいて、小売商業振興が行われてきた。ただし小売商業振興は、ダウンタウン再活性化にとって重要ではあるけれども、必ずしも第一義的な課題としている都市ばかりではなく、いくつかの課題のうちの一

つとして位置づけている都市も少なくない。
 (3) 小売商業振興を含めたダウンタウン再活性化が、いわば地域産業振興と都市環境整備の両面から実施されてきた。また振興・支援の側面の政策と規制的側面の政策とが、表裏一体的に施行・運用されてきた。

 もちろんこれらは、ダウンタウン再活性化に取り組んできたアメリカの都市すべてに、共通した特徴というわけではない。各都市における実際の状況は、それぞれの主体的条件や経済的・社会的な環境条件、さらにはそれらをふまえた都市経営戦略などに規定されて、小売商業振興の位置づけや、地域産業振興と都市環境整備のバランスなどにおいて独自の様相を呈している。

 本補論のように海外先行事情を検討する目的は、いうまでもなくわが国における施策や組織、活動のあり方を考えるための素材を提供し、何らかの示唆を得ることにある。その際、注意すべきこととして、海外の制度や事例の研究から学ぶことの難しさや限界といったことに関連して、次のことを指摘しておきたい。すなわち、ある国の一つの制度は、それと相互補完的な関係にある他の諸制度の体系を前提にして初めて有効に機能するのであり、制度体系の中の一部を部分的に切り取ってきて、別の制度体系の中に埋め込んだ場合、その制度がもつもともとの有効性が失われるばかりか、他の諸制度との間の齟齬によって機能障害を引き起こしてしまう可能性がある。

 そのため、アメリカにおける特定の制度が、たとえそれ自体がわが国にとっていかに魅力的な制度にみえようとも、それらをそのまま日本に移植することには無理がある。本補論で対象にした制度でいえば、自治体の施策を支えるBIDやメインストリート・プログラムの実行組織などが魅力的な制度の代表である。しかし、それらは連邦制の下での連邦政府・州政府・地方政府の関係（地方分権の程度など）、土地利用等に関する公益と私益のバランスないし公益による私権制限の程度、小売商業における不動産所有と経営との分離／一体化の程度などといった問題と密接なかかわりをもっている。そのため、そうした問題を抜きにして、これらを接ぎ木的に導入しても十分な成果は期待できないのである。

 そうした理解をふまえた上で、制度面でわが国が参考にすべき点として、以下のことが挙げられる。すなわち、政策やプロジェクトの効果の測定・公表をふまえた政策の見直し機会の制度化（サンセット条項など）、地方自治体におけ

第4章　タウンマネジメント機関（TMO）の組織と機能

る横断的で責任ある行政窓口の設置（自治体行政内部での横のパートナーシップ），振興的政策と規制的政策の一体的実施，ダウンタウン・マネジャーやメインストリート・マネジャーなどの専門家養成制度の充実などである。

―― 注 ――

1) この問題に関する代表的な研究成果として，原田 (1999) が挙げられる。
2) アメリカにおいて，大都市統計地域（MSA; Metropolitan Statistical Area）や中心都市（Central City），CBD（Central Business District）といった用語は公式統計でも用いられる概念であるが，ダウンタウンという概念には公式統計上の定義は存在しない。ここでは，ある都市の主要な商業・業務地区を含む中心市街地を指す概念として理解することとする。
3) Garreau (1991), Downs (1994), Bingham et al. (1997), Teaford (1997), Evans (1997) を参照されたい。
4) "retailer" には，物販業者（狭義の小売業者）だけでなく，飲食業者や個人向けサービス業者を含めることが一般的である。
5) 原田 (1999) による。さらに，福川 (1997) も参照。
6) さらに，矢作・大野 (1990)，大野＝ハベ・エバンス (1992)，大野 (1997)，原田 (1999)，渡辺 (1994) を参照。
7) リテール・ゾーニングについては Lassar (1989)，原田 (1997) を参照されたい。なお，リテール用途に割り当てられる比率は，アメリカの諸都市では 50％ から 75％ 程度が多い。カナダのバンクーバー市やヴィクトリア市では，中心的な街区について「100％義務づけ」という極端な事例がみられたが，それでは逆にオーバーストア状況が招来されるため，25％にまで引き下げた街区もあったという。
8) 代表的都市としては，バークレイ市（カリフォルニア州）が挙げられる。また，同趣旨の規制をより緩やかに導入している都市もある。例えば，サヴァナ市（ジョージア州）では，特定街路をいくつかのクラスターに分け，それぞれに立地可能な業種を指定する制度として，クラスター別業種制限が導入されている。
9) 同制度の詳細は Babcock and Larsen (1990) が，またタイムズスクエアを中心としたミッドタウンの再開発・再活性化の歴史については Reichl (1999) が詳しい。なお，ここでいうゾーニングの一環として指定される特別（目的）地区と類似する用語に，下水道管理や港湾管理など特定の行政目的で組織され，準政府組織の一種として位置づけられる特別行政区（Special District Government）や，その派生形であり後述する BID の前身といわれる特別課税地区（SAD; Special Assessment District）があるが，両者は異なる概念である。
10) ただし，そうしたケースにおいても自治体は競争制限的な目的を正面から掲げるのではなく，交通・環境問題などを大義名分に掲げて公益性を主張することがほとんどである。
11) 当時のアメリカの自治体における取り組みについては，秋本 (1997)，原田 (1999)，渡辺 (2000)，渡辺・中小企業総合研究機構 (2000)，福川・矢作・岡部 (2005)，畢 (2014) を参照されたい。
12) イギリス，ドイツ，フランスなどについても，当時，多数の研究成果が公表された。ここでは，イギリスに関する最新動向を紹介している足立 (2013) のみを挙げておく。
13) UDAG プログラムは，1977 年にカーター政権が住宅コミュニティ開発法によって地方自治体の経済的再生プロジェクトの支援などを目的に創設したものであり，78 年からスタートした。連邦議会は，78-80 年の 3 年間について年間 4 億ドルの予算を承認した。資金の 4 分の 3 は人口 5 万人以上の都市に，残りはそれ以下の人口の都市に供与された。しかしレーガン政権は，81 年以降，支援対象や資金規模の縮小を行い，結局 87 年に廃止が提案され，

88年に連邦議会によって廃止が承認された。詳細については，Morgan and England (1999)，秋本 (1997) などを参照されたい。

14) この点は Morgan and England (1999) に詳しい。なお，Futterman (1961) では，アメリカにおける第二次世界大戦前から 1950 年代までの無秩序な郊外開発（スプロール化，第 5 章 3 参照）の歴史と，都市更新（Urban Renewal）の取り組み（17 の大都市圏に関する事例分析）が紹介されており，参考になる。

15) 前項で述べた特別（目的）地区は，1980 年代初頭まで大規模再開発を含めた開発促進のインセンティブを提供することを目的に制定されることが少なくなかったが（特別ミッドタウン地区も当初そうした側面をもっていた），こうした事情から徐々にその性格を変えていった。

16) 原田 (1997) は，ダウンタウン再活性化の必要性に関する多様な主張を「ダウンタウン擁護思想」と一括し，①都市における多様性の維持・確保論，②民主主義維持のための公共空間必要論，③都市間競争における競争手段としての必要論，④資源・エネルギー問題からのダウンタウン小売業維持論，⑤車社会の経済的限界からのダウンタウン小売業見直し論，⑥郊外型施設のサンクコスト化とダウンタウンにおける集積メリット論，という 6 つの潮流に整理している。

17) J. ジェイコブスの主張は Jacobs (1961); (1969) を，R. B. グラッツの主張は Gratz (1989), Gratz and Mintz (1998) を参照。なお，日本建築学会 (2004) では，次のように指摘されている (p.12)。「(前略) 1960 年代初頭から，近代都市計画に対するさまざまな批判がなされ，特にジェーン・ジェイコブスの著書『アメリカ大都市の死と生』は衝撃的な問題提起となった。(中略) 特に，欧米のスラムクリアランスの政策にこのことは典型的に現れた。近代的なアパートメントに再開発された地域が，住民の幸福につながらず，かえって地域社会の自立性を失い，バンダリズムと言われる地域社会内部での破壊行為が深刻な社会問題となった。そして，地域社会を否定することから始まるスラムクリアランス政策から，既存の地域社会の潜在力に立脚して再生させるリハビリテーション（修復）やインプルーブメント（改善）という方法に転換してゆくのである」。さらに，ジェイコブスと当時の再開発派のニューヨーク市長モーゼスとの闘いを描いた，フリント (2011) も参考になる。

18) Kotler, Haider and Rein (1993) による。

19) 例えば Collins, Waters and Dotson. (1991) を参照。

20) U.S. Department of Commerce の資料によれば，1996 年時点のアメリカの地方政府（自治体だけでなくカウンティ，学校区，特別行政区などを含む）の歳入総額（一般会計）に占める自主財源の比率は，平均すると 61.9% で，そのうち 61.7% が各種の税金からの収入で，そのうちの 73.7% が財産税からの収入であった。

21) 1998 年の「まちづくり 3 法」制定に向けた検討過程の 90 年代後半，日本に BID のような制度を導入できないかという議論が盛んに行われたが，結局，誰が何のために資金を徴収・支出するのかという根本的な問題をクリアできず，導入案は排された。近年，一部の自治体で BID の導入を検討する動きや，一部の論者から導入に前向きな発言が聞かれるが，かつての議論の総括をふまえた慎重な検討が必要と考える。なお，BID の歴史的起源は保井 (1998); (1999)，事例は日本開発銀行ニューヨーク駐在員事務所 (1999a); (1999b) が参考になる。また，公共部門と民間部門とのパートナーシップによる都市問題への対応に関するアメリカ，ヨーロッパ主要国の動向については，Pierre (1997) が参考になる。

22) こうしたことから，矢作 (2011) は BID が新自由主義的都市経営としての性格をもつものとして批判的に検討しており興味深い。

23) カナダにおいては，いくつかの都市で 1970 年代初頭から BID に類似する BIA (Business Improvement Area) という組織が結成されダウンタウン再活性化への取り組みが行われている（例えば，オンタリオ州においては 1971 年の州法によって BIA が制度化されてい

る)。ただし BID に比して，州政府や自治体への財政的依存が強く，補助金等が削減された段階で，多くの BIA の活動が停滞するか事実上の活動停止状態にあるという。

24) CRM の詳細については Cloar, Stabler and Devito (1990), Bradley (1992a); (1992b), Segal (1997) を参照されたい。

25) 安達・鈴木・中野 (2006) では，次のように指摘されている (pp. 18-19)。「もう一つ，誤解のないよう断っておくべきこととして，日本でメインストリートプログラムを考える際に，単なる『商店街振興策』と矮小化して理解してはならないということである。(中略) このプログラムは，後述するように，住民生活，市民文化などトータルな観点から，ダウンタウンのコミュニティの再生を目指すものである。」

26) 1988 年に NMSC とアーバン研究所が実施した調査によれば，主として地元から資金調達したプログラムのほうが，州政府や連邦政府からの補助金等に依存したそれよりも，高い成果が得られているという (http://www.mainst.org/ による)。ここに NMSC が BID の設立を指導することになった要因の一つが確認できる。

27) NPO 法人コミュニティビジネスサポートセンターのウェブサイトによると，コミュニティビジネスとは「市民が主体となって，地域が抱える課題をビジネスの手法により解決し，またコミュニティの再生を通じて，その活動の利益を地域に還元するという事業のことの総称」を指す。

商業まちづくり政策の転換をめぐる政策過程と政策理念
政策の窓モデルの視点

第 5 章

はじめに

　2006年の「まちづくり3法」抜本見直しによって，コンパクトシティの理念に基づいて，郊外における大規模商業施設の立地規制強化と，都市機能の集約化・強化をめざす政策転換が実現された（全面的な法改正が行われたのは3法のうち2法であるため「抜本見直し」と表記）。本章は，この政策転換が実現されるまでの政策過程のダイナミクスに注目する。

　政策決定に至るプロセスの分析には，いくつかのモデルが提起されている。ここでは**第4章**同様に，政府を組織化された無秩序とみなし，政策過程を問題，政策案，政治という3つの要素の流れとしてとらえるKingdon (1995)の「政策の窓モデル」(policy window model)に基づいて議論を進めていく。「まちづくり3法」抜本見直しの政策過程は，多様なステークホルダーの対立・拮抗が近年まれなほど顕在化し，合理的な意思決定のみでは片付けられないプロセスであった。その意味で，政策の窓モデルを適用するのにふさわしい事案ということができる。

　以下では「まちづくり3法」抜本見直しの政策決定がいかにして行われたのかを，主として公表資料に基づいて分析するとともに，そこでどのような政策理念の実現がめざされ，いかなる制度改正が行われたのか，そしてそれはどのような影響を及ぼすことになったかについて検討していく。

1 「まちづくり3法」見直し──問題の設定

1　3法に内在する矛盾

①**厳しい政策評価**　流通政策と都市政策とを連動させた商業まちづくり政策を推進するために，1998年，いわゆる「まちづくり3法」が策定された。あらためていうまでもなく，3法とは，中心市街地活性化法（1998年7月施行，中活法），改正都市計画法（1998年11月施行），大規模小売店舗立地法（2000年6月施行，大店立地法）から成る。

これら3法は運用開始後の実施過程において，さまざまな問題が指摘されるようになった。とりわけ，中活法については，振興政策として多額の公的補助金が支出されたこともあって，政策効果の観点から，厳しくチェックされた。

その最たる例が2004年9月に発表された，総務省の「中心市街地の活性化に関する行政監察・監視結果に基づく勧告」である（総務省, 2004）。そこでは，2000年度以前に基本計画を作成した市町村の中から抽出された121市町のうち，71市町（58.7%）が，中心市街地は「活性化していない」と回答していること等が指摘されている。

そして，次のような包括的な勧告がなされた。

(1)　基本計画の的確な作成：数値目標設定の有効性や中心市街地の区域設定にあたっての要件について具体的内容を明示すること。
(2)　事業の着実な実施：民間連携のための体制整備やTMO構想の速やかな策定の有効性について具体的内容を明示すること。
(3)　基本計画の見直し：事業の進捗状況等の定期的把握や基本計画の見直しの必要性について具体的内容を明示すること。
(4)　基本計画の的確な評価：優れた基本計画に対し重点的な支援を行うため，基本計画の内容を的確に評価すること。

また，中活法の運用に関する会計検査院による評価も，同様に厳しいものであった（「平成15年度 検査報告の概要・特定検査対象に関する検査状況　タウンマネジメント機関〈TMO〉による中心市街地の商業活性化対策について」）。なお，会計検査院は，中活法改正後の2006年11月，参議院からの要請に応えて，1998年から2004年にかけての中心市街地活性化プロジェクトに関する会計検査を報

告しており,そこでも多くの事業で効果があがっていないと指摘している。

さらに,後述する中活法見直しに関する討議が,産業構造審議会流通部会と中小企業政策審議会経営支援分科会商業部会との合同会議(以下,合同会議)において行われた際に,そこに提出された資料においても,中活法の基本計画を策定した155都市(東京23区および政令指定都市を除く)のうち,中心市街地の人口が減少した都市が125に達したこと等が報告されている[1]。

こうした結果がもたらされた要因はさまざま指摘できるが,とりわけ3法が政策効果という点から,もともと矛盾ないし不整合を内在的にもっていたことが重要である。

②3法間の矛盾　　まず大店立地法は,駐車場の設置台数をはじめとした出店等の審査基準の関係から,大型店の出店等に要するコスト面や用地確保の容易さ等を考えると,中心部は郊外部に比べて格段に出店しにくくなる。その結果,中心部での出店を減少させ,郊外部での出店を促進してきた。また,既存店の改修・増床等においても,駐車場の整備状況等について,あらためて審査手続きがとられることになっていることが影響して,既存の大型店の中心部からの撤退を促してしまった側面も指摘できる。

同様に都市計画法も,都市中心部よりも郊外において,大型店の出店が容易な制度体系になっていたことが指摘できる。たしかに,2000年改正によって,都市計画区域外において準都市計画区域の制度が導入されるとともに,非線引き都市計画区域(用途地域なしのいわゆる白地地域)および準都市計画区域において特定用途制限地域の制度が導入され,一定規模の大型店の立地を制限することが可能になり,郊外部の規制強化が実施されたものの,その効果はまだそれほどあがっていない。

これに対して中活法は,いうまでもなく都市中心部における商業等の集積性を高め,活動を活発にすることに狙いがある。しかし,せっかく同法に基づいて,都市中心部に対してさまざまな政策的支援が行われても,先に述べたように他の2法が大型店の郊外出店を後押ししたのでは,その政策効果は大幅に減殺されてしまうこととなった。

ここでみてきたことは,「まちづくり3法」として一括される3つの法制度が,相互補完的な関係にあるというよりは,実は互いに矛盾し合う政策効果を有していたことを意味している。

なお，1998年「まちづくり3法」の評価を定量的に試みている数少ない研究成果として挙げられる足立（2010）では，中心市街地活性化基本計画が認定された自治体における地価，観光客数，居住人口などの簡単なデータ分析に基づいて，「3法」がプラスの効果とマイナスの効果を及ぼしている地域に分かれることを明らかにしている。また，TMOの事業担当者に対するアンケート調査によって，どのような事業が効果（人を集める集客効果と売上等に貢献する経済効果）があるかを実証的に検討している。

　さらに，松浦・元橋（2006）においては，商業統計，事業所企業統計，国勢調査等のメッシュデータを用いた計量経済学的手法によって，中心市街地活性化政策の効果に関連する分析が行われている。その結果，大規模小売店舗の参入（退出）は，当該地域の「商業の活性化」に対して正（負）の影響があること，および病院や公務事業所などの公共施設の存在も中小小売店の売上に正の影響がわかり，「まちづくり3法」の存在意義を一般論的なレベルではあるが，確認することができた。

2　全面見直しまでの経緯

　こうした矛盾を内包したまま法運用が行われる中で，大店立地法の「指針」の見直し時期がきた。この指針は，出店審査の基準として大規模小売店舗を設置する主体が配慮すべき事項等を定めるもので，もともと施行後5年以内に見直すこととされていた。その審議が，合同会議において，2004年9月から始まったのである。

　当初，合同会議を所管している経済産業省サイドは，審議の対象を指針見直しに限定しようとした。しかし，合同会議の場で，委員や自治体等からのヒヤリングと，その内容に関する討議を重ねた結果，議論を指針見直しに限るべきではないという機運が高まった。こうした流れをいっそう加速させたのが，中小企業4団体（日本商工会議所，全国商工会連合会，全国中小企業団体中央会，全国商店街振興組合連合会）をはじめとする全国各地の関係組織からの「意見書」の提出や，政府・与党に対する各方面からの陳情であった。それらで共通して主張されたのは，まちづくり3法そのものが矛盾や限界を抱えていることから，合同会議においては，大店立地法の指針見直しに限らず，商業まちづくり政策全般について幅広く審議していくべきであるという内容であった。

例えば，東京商工会議所では，まちづくり委員会（当時）の下に設けられた大店立地法専門委員会（当時）において議論を行い，指針および大店立地法そのものについての詳細意見，および「まちづくり3法」の抜本的な見直しを求める見解を，2004年11月，東京商工会議所としての「意見書」としてとりまとめ，国の関係機関に提出した[2]。

　もちろん，経済産業省サイド以外からも，議論を指針見直しに限定することを望む声があり，両者のせめぎ合いが繰り広げられた。その結果，合同会議が指針の改定案を提示する際，論点整理のためにまとめた「大規模小売店舗立地法第4条の指針改訂案の策定に当たって（案）」（2004年12月22日付）において，「まちづくりに関連する法令や支援施策などとの整合性を踏まえた検討が必要である。……（中略）……指針見直しにあたって提起されたまちづくり施策全般と関わりの深い問題についても引き続き検討を進めることとしたい」と述べられるに至った。

　この文書および指針見直し案は，同年12月28日付でパブリックコメントに付されたわけだが，皮肉なことに当該箇所に対して集中的に意見が出された（合計194件の意見のうち約115件が関連）[3]。そのほとんどは，3法の全面見直しを含め，まちづくりのあり方を総合的かつ包括的に検討すべきという趣旨のものであったことから，同文書の最終案（2005年2月23日付）では，まちづくり施策全般に関する検討の期日を限り，同年の「夏までには方向性についてとりまとめることとしたい」と明記されることになった。

3　独自色強めた自治体

　3法見直しの期限を「夏まで」とする案は，当時の合同会議内部の状況を考慮すると，かなり厳しいスケジューリングといえた。しかし，経済産業省サイドとしては，総務省の行政監察等で批判的に取り上げられたことも大きく影響して，総合的かつ包括的な検討の方向に進んでいかざるをえなかったと推察される。

　こうして中央官庁および合同会議レベルで，商業まちづくり政策全般の見直しの議論が進んだのと並行して，あたかもそれを待っていたかのように，自治体レベルで独自の政策展開を図る動きが活発化した。まちづくり3法制定以降の自治体による独自ルールの先行例としては，ゾーニング的手法に基づく大型

店等の商業施設の立地誘導をめざした京都市と金沢市の条例がよく知られているが[4]，当時の動きは，より広範囲に及んだ。やや先回りになるものもあるが，主要な事例を紹介しておこう。

　①福島県　　当時の自治体の動きの嚆矢となったのが福島県である。同県内では，郊外部において大規模ショッピングセンター（以下では「SC」）開発が相次ぐ一方で，中心部経済の疲弊が深刻になっていく，という地方都市に共通する状況が顕著にみられた。

　こうした状況にいち早く対処するために，2005年5月13日に「商業まちづくりの推進に関する条例」を県議会で可決するに至った（施行は2006年10月1日）。この条例は，床面積6000 m² 以上の店舗を対象に，大店立地法の手続き前に，計画段階での届け出を義務化し，市街地の空洞化などまちづくりへの悪影響がないか等を県の有識者会議が審議し，問題があれば店舗面積の縮小などを勧告するというものである。また，大型店の出店者に対しては「地域貢献活動計画」の提出を義務づけている（撤退時の対策など12項目の具体例を盛り込んだガイドラインを策定済み）。

　県という比較的広い範囲をベースに調整を行うという，いわゆる「広域調整」の視点をもつとともに，従来かなり自由化されていた郊外開発を規制するという意図を明確にしているところに，本条例の特徴があり，マスメディアでは「福島大店法」などという煽情的な呼称が用いられたりもした。

　これによって，例えば県北部の伊達町（2006年から「市」）の国道沿い約20万 m² の農地における SC のイオンモールの開発構想（敷地面積約16万 m²，店舗面積約2万 m²）が，県との調整がつかないまま宙に浮いた状態になってしまった。県は，近隣の商工団体の反対の声が強まる中で，周辺自治体の同意が得られていないことなどを理由に反対を表明した（出店予定地が市街化調整区域に指定されているため，出店のためには県による指定の変更が必要）。しかし，この構想は，もともと伊達町が税収増や雇用拡大を期待して誘致したものであり，8年前から農地転用を含む出店交渉が行われてきたものであった。そのため，伊達市サイドは，市議会で早期誘致を決議（2006年7月）するなど，あくまでも誘致実現をめざしたが，実現には至らなかった。

　また，同じくイオンモールが検討している会津若松市郊外の湯川村における SC 開発計画も，同様の事態に陥ってしまった。

本条例は，税収増と雇用拡大を目的にSC誘致に動いた自治体からの反発はあるものの，県内のおおかたの自治体からは支持を得ているといわれる。しかし，すでに福島市などでは，高速バスで県境を越えて仙台まで買い物に行く消費行動はめずらしくなくなっていることから，郊外規制が県の「商業力」そのものの地盤低下を引き起こすリスクを懸念する声が当時あった（ただし，東日本大震災によって状況は一変してしまった）。

②**熊本県**　福島県の条例に次ぐ都道府県レベルの動きとして注目を集めたのが，2005年12月に策定された熊本県の「大型店の立地に関するガイドライン」である。

その背景にも県内郊外部で増加したSC開発計画があった。2005年10月には，熊本市近郊にある嘉島町にジャスコを核店舗とするダイヤモンドシティ・クレア（店舗面積5万m^2超）が開業したのに続いて，熊本市東部でイオンモールが九州最大級（店舗面積7万3000m^2）のSC開発として計画されていた。また，総合スーパーのイズミがすでにSC・ゆめタウン（店舗面積3万m^2規模）を市内に2店出店していた。

こうした郊外開発の動きに県内の商工団体が反発し，何らかの規制の導入を県に求めた。その結果，このガイドラインが策定されることになったのである。このガイドラインでは，店舗面積1万m^2以上の大型商業施設を対象に，出店計画の届け出（大店立地法届け出の6カ月前），事前説明会の開催，「地域貢献計画書」の提出を求めている。

このうち地域貢献計画書に盛り込む貢献策の内容としては，地域の祭りなどへの参加といった地域づくりの取り組みへの協力，商店街イベントへの参加といった地元と連携した経済活性化策，県産品の販売促進・需要拡大への協力など51項目が例示されている。ただし，ガイドラインはあくまで要請レベルのルールであり，罰則等による拘束力はない。そのため，提出された地域貢献計画書をホームページで公開する等によって，実効性を確保していくという。

なお，上述の熊本市内のイオンモールの開発計画に対して，2006年5月，市は「市街化調整区域の土地利用と市のマスタープランとの整合性がとれない」という理由で開発を不許可にした。また，県も同計画に対して，ガイドラインに基づく事前協議などの手続き中止をイオンモールに通告した（2006年6月）。

これに対してイオンモール側は，6月中に店舗面積削減などの修正を行い市に協議申請するなどした。しかし，再び同じ理由で開発不許可とするとともに，協議申請にも不同意・不協議とし，イオンモールの要請を全面的に却下した（2006年9月）。

　当時，九州一帯で大型SC開発の動きが活発化した。そのため，熊本県のこうした抑制的な政策が地域の商業にいかなる影響を及ぼすかが，広域調整という観点から注目された。そうした中で，九州・沖縄および山口の9県が九州地方中心市街地再生協議会を設立し，2006年6月，隣接県同士で大型店出店について県間調整を行う方針で合意した。広域調整のモデルケースとして，その後の動向が注目されたが，目立った動きはみられていない。

　③その他の動向　　都道府県レベルでの大型店規制に関する，その他の主な動きとして以下が挙げられる[5]。

　北海道：2006年7月，床面積1万m^2以上を対象に「大規模集客施設の立地に関するガイドライン」を実施した。大店立地法の手続き開始3カ月前までに出店計画書を，開業の3カ月前までに地域貢献計画を提出させる。また，市町村には特別用途地区などの活用を要請する。

　山形県：2006年4月から「市町村土地利用計画の広域調整要綱」を実施した。床面積1万m^2以上の大型商業施設の出店を対象とし，立地する市町村が都市計画法に基づく土地利用計画を変更する場合，当該市町村と周辺市町村から意見を聴取する調整会議を開催する。

　福井県：2007年3月，大型店の郊外出店を規制する「コンパクトで個性豊かなまちづくりの推進に関する基本的な方針」を決定した。大型店の出店計画が明らかになった段階で，県と関係市町が協議機関を設置して広域調整を行う。また，床面積1万m^2超の大規模集客施設について，準工業地域や都市計画区域外への立地を規制する。県内の市町に対しては，大型店の郊外出店を抑制する条例や都市計画づくりを働きかける。

　京都府：2007年3月，都市計画（ゾーニング的手法）により，大型店を誘導・抑制する「地域商業ガイドライン」を策定。政令指定都市の京都市を除く府内を7ブロックに分け，ブロックごとに市町村の意見を調整する中心市街地活性化協議会を設置し，大型店を誘導する区域，抑制する区域を区分する。また，床面積1万m^2以上の大型店の出店に際しては地域貢献策を求める。

表 5-1 都道府県レベルの郊外立地規制の代表例

	北海道	山形	福島	福井	京都	兵庫	福岡	熊本
地域貢献要請	○		○		○			○
広域調整制度化		○	○	○	○		※	
都市計画（ゾーニングなど）					○	○	○	

［注］ ※ 九州・沖縄・山口の9県で大型店出店について隣接県同士で県間調整を行う方針で合意。

　兵庫県：2006年9月，都市計画により，大型商業施設の出店可能地域を指定。尼崎市，姫路市など県内14市町と組み，県内の土地利用計画を明確にし，6000 m^2 以上の商業施設を対象に，床面積に応じた条件がつく4つのゾーンを設定した。なお，政令指定都市の神戸市では，改正都市計画法の規制が及ばない準工業地域について，特別用途地区制度を利用して一定以上の商業施設を規制する地区を指定している。

　福岡県：2007年6月，都市計画により，床面積1万 m^2 以上の大型商業施設が立地できる地域を指定する「大規模集客施設の立地ビジョン」を策定した。また，3000～1万 m^2 の商業施設についても，市町村に対して地域の状況に合わせて制限する都市計画づくりを要請する。

　これらの都道府県レベルの規制を総じてみると，地域貢献要請，広域調整制度化，都市計画（ゾーニングなど）という3つの切り口をもつといえる[6]。それぞれがどの切り口に該当するかを整理すると，表 5-1 のようになる。

2 　政策転換の実現

1 　政策代替案の選択

①合同会議「中間取りまとめ」をめぐって　　自治体レベルでの規制の動きが活発化する中で，国レベルでは，上述したように2005年2月に打ち出された「夏までには方向性を」という方針に基づいて，合同会議等での審議および水面下での意見の擦り合わせが精力的に行われた。その結果，2005年9月8日の合同会議で中間取りまとめ（案）「コンパクトでにぎわいのあふれるまちづくりを目指して」が合意され，9月21日から10月28日までの期間でパブ

リックコメントに付された。これによって，中活法については「選択と集中」の考え方に基づいて抜本的に見直すことと，都市計画法については大型店を中心とする大規模商業施設のゾーニング的手法に基づく立地規制を強化すること，という法改正の基本的な方向性が明確にされたわけである。

こうした方向をすっきりと打ち出すことができたことには，郵政民営化の是非を争点に国会が紛糾し，8月8日衆議院解散，9月11日総選挙へと一気に進んだ政治日程が実は大きく関係している。というのは，郵政民営化の陰に隠れて一般にはほとんど注目されなかったが，総選挙において掲げられた連立与党のマニフェスト，および自由民主党単独でのマニフェスト，さらには民主党のマニフェストのそれぞれにおいて，上記の方向に比較的近い内容で，まちづくり3法の抜本見直しが謳われていたからである。つまり，この段階ですでに3法抜本見直しは，当時の主要政党の「公約」となっていたのである。

さて，中間取りまとめ（案）に議論を戻そう。そこで論じられている抜本見直しの中身に踏み込んでみると，中心市街地活性化については，経済産業省が国土交通省などとともに取り組む政策課題として責任をもつという姿勢が感じられるものの，大規模商業施設の立地規制の側面については，国土交通省所管の法制度に「丸投げ」することとなっており，具体的方策についてはほとんどふれられていなかった。そのためもあって，これ以降の焦点は，国土交通省サイドの社会資本整備審議会都市計画・歴史的風土分科会「中心市街地再生小委員会」および建築分科会「市街地の再編に対応した建築物整備部会」における審議に移っていった。そして，前者は11月25日に，後者は12月2日に報告書（案）をとりまとめ，12月7日から翌年1月6日までパブリックコメントに付された。

なお，日本商工会議所など中小企業関係4団体では，夏前から議論を行い，中活法を発展的に改め，まちづくり3法の横串的な機能を担う「まちづくり推進法」を制定すべきであるという意見が強くなり，政府・与党等に対し精力的な働きかけを行っていた[7]。これは，中活法をいわばより上位の基本法のような地位に高める案といえる。しかし，上述の連立与党のマニフェストに若干影響を与えたようであるが，最終的に受け入れられることはなかった。また，東京商工会議所のまちづくり政策専門委員会においても，2005年9月から12月までの間，精力的に審議を行い，東京商工会議所としての意見書の提出等を行

②政治主導による法案化　こうした表舞台での審議に並走するかたちで，自由民主党の政務調査会に設けられたまちづくり3法見直し検討ワーキングチームで具体的な法案化の作業が進められた。また，公明党もまちづくり3法見直し検討プロジェクトチームを設置し，早い段階から積極的に動いていた。小泉純一郎首相の下で大都市および地方都市に政権基盤の重心を大幅に移してきたといわれるだけに，与党サイドの取り組みは強力であった[8]。

このような政治主導での法案化作業の進行を受けて，中活法改正の骨子と都市計画法改正案が，経済産業省，国土交通省，そして政府・与党によってまとめられ，それぞれ12月7日，21日に公表された。この間，パブリックコメントをふまえた合同会議の中間報告（案）がまとめられ，12月12日の合同会議の場での審議に付された。このときは主として大店立地法の対象拡大をめぐって議論が紛糾し，仕切り直しとなったが，結局，同月22日の合同会議で，「大規模小売店舗と一体として併設されているサービス施設部分」も大店立地法の対象とし，それらについて「駐車場の確保等」の観点から指針の改定を行うとする修正案が提示され，最終的に承認された。

また，国土交通省サイドの2つの審議会報告案についても，それぞれ2006年1月6日および2月1日に会議を開いて了承された。そしてついに2月6日，まちづくり3法のうち，大店立地法を除く2法の抜本改正案が閣議決定されることになったのである。

2　立地規制強化案をめぐる攻防

①立地規制の強化案　改正案で最も注目され，議論の焦点となったのは，都市計画法における，延べ床面積1万m^{2}超の大規模集客施設が立地できる用途地域を，現行の6地域から，近隣商業，商業，準工業の3地域のみに制限する（ただし3大都市圏と政令指定都市を除く地方都市の準工業地域については条件付き）という規定である。ここで大規模集客施設とは，従来から規制対象が小売店舗に限定されていることが問題となっていたことに対応して，飲食店，映画館，アミューズメント施設，展示場等も含めて定義された。

これによって，3大都市圏と政令指定都市を除いた地方圏では，大型商業施設が出店できる地域が7割強減ることになるといわれ[9]，それまでのいわば規

制緩和一辺倒路線からみれば，この規制強化は政策転換そのものといえる。その他，従来，開発許可の対象から除外されていた病院，市役所の庁舎等の公共公益施設の開発について，街なかへの立地促進により都市機能の集約を図るため，開発許可の対象に含めることとした点など注目すべき内容もある[10]。しかし，それらについてはここでは省略し，大規模集客施設の立地規制強化に関する原案が，上述のように法改正案として2006年2月6日に閣議決定されるまでの最終局面の攻防についてあらためてみていこう。

②**最終局面における攻防**　まず，2005年末の政府・与党案とりまとめのぎりぎりの段階で問題になったのは，規制される用途地域の範囲であり，とりわけ準工業地域の扱いが焦点になった。もともと準工業地域は新たな規制対象に組み入れられていたが，規制強化に反対の立場をとってきた日本チェーンストア協会——ただし大手の総合スーパーと中堅以下の食品スーパーとでは，立地規制問題で利害が180度異なり，決して一枚岩とはいえない——が，日本経済団体連合会（日本経団連）——工場跡地等の遊休地の再開発問題を抱える大手製造業を主要メンバーとしている——と連携して巻き返しを図るなどして[11]，条件付きで立地可能な地域とされるに至った。逆に同時期，上述したように，12月12日と22日に行われた2回の合同会議では，大店立地法の規制対象を拡大するという，中小企業団体サイドに配慮した規制強化寄りの対応もとられている。

さらに，政府・与党案公表直後の12月26日に，経済財政諮問会議（2005年，第31回）の場において，民間議員（正式には「有識者議員」）の本間正明・大阪大学大学院教授，奥田碩・トヨタ自動車株式会社会長／日本経団連会長，牛尾治朗・ウシオ電機会長，吉川洋・東京大学大学院教授の4人連名で，「『小さくて効率的な政府』の実現を目指し，経済活性化に向けて全力で取り組んでいる中で」，大型店の規制強化は「構造改革に逆行する」のではないか，という趣旨の見解が表明されたことも注目される[12]。この提案を受け，与党と民間議員との懇談会の開催，規制改革・民間開放推進会議での検討などが行われ，結局2006年2月1日の経済財政諮問会議（第2回）の場において，「需給調整や既得権の擁護にならないように留意していただきたいと思いますし，きちんとしたPDCAサイクルを行い，必要であればしっかりと見直していく」[13]ことを前提に，政府・与党案への了解が得られた。

また，都市計画法改正に関連して，用途地域の変更等に関する提案制度を拡

充すること等が，2月1日，社会資本整備審議会の国土交通大臣への答申として明らかにされた点も興味深い[14]。その内容は，都市計画の変更等の提案について，地権者の承認を前提に小売業者やデベロッパーなどの事業者にも認める，都市計画変更の提案に対する自治体の判断を1年以内とする，消費者代表の意見を反映させる仕組みをつくる，等からなった。今回の法改正は，事業者サイドにも配慮した内容を含んでおり，必ずしも構造改革に逆行するものではない，ということをアピールすることに狙いがあるようにみえる。

このように，日本経団連や日本チェーンストア協会に代表される産業界（製造業や流通業の大企業サイド），中小企業関係4団体に代表される中小商工業者，さらには消費者といったステークホルダー（利害関係者）の意向に配慮し，それらの賛同を得ることを基礎にして，2月6日の閣議決定が実現され，国会への上程が行われた。そして，中活法については2006年5月31日，都市計画法改正法については同年5月24日に可決され，成立した。

このような経緯を振り返ると，とくに法案化の最終局面において，政治の主導性が顕著に表れ，ステークホルダー，とりわけ規制強化に反発する産業界との間で調整，擦り合わせが図られたところに特徴があるといえる。しかもこの間，国政レベルでまさに「想定外」の緊急な問題が連続して発生した。そのうち，国土交通省所管の問題としては，いわゆる「耐震偽装問題」が挙げられる。そのため，国会が「真空状態」ともいえるような状況，すなわち重要な個別政策課題を堅実に審議・処理しにくい状況に陥ってしまった。そうした中で，まちづくり3法の抜本見直しという政策転換を成し遂げるためには，政治サイドのリーダーシップが必要だったのであろう。

3 政策転換がめざすもの

ここまでは，まちづくり3法の抜本見直しに至る政策過程についてみてきたが，ここでは転換の中身について整理しておこう。

まず確認すべきは，今回の抜本見直しを支える政策理念が，スプロール的（無秩序な）郊外開発からコンパクトシティへの転換というところにあることである。そうした政策転換をもたらした根本的な要因は，少子・超高齢社会化の下での人口減少という，日本がいまだ経験したことがない社会構造そのものの大きな変化にある。つまり，そのような変化が急速に進むことによって，従来

の人口増加を前提に郊外開発を積極的に進めていくまちづくりの方向性が，根底から見直しを迫られたのである[15]。

　従来のスプロール的な郊外開発路線の弊害は，郊外化先進地の地方都市で多くみられる。当時，地方都市では，10万人以上の中堅都市においてさえ人口減少が進んだり，269の都市圏のうち経済規模が拡大するのは東京など35のみで，残りは縮小するという予測が発表されたりと，衰退傾向が明確になっていた[16]。そうした経済規模の縮小・衰退によって，市場規模に対して供給過剰になっても慣性の法則が働いているかのように[17]，郊外開発がいっそう進んできた。しかも，それに追い討ちをかけるように，県庁や市役所等の官公庁，総合病院，大学等の教育機関など，これまで都市の核として機能し，不特定多数の人々の来街を促してきた大規模施設もまた，郊外に転出する動きが止まらなかった。さらに，郊外開発の弊害は経済問題にとどまらず，郊外化の病理ともいえるような社会問題すら惹起するようになっていた[18]。

　だが，ここで注意しなければならないのは，これまでみてきた経済的疲弊や社会問題をめぐる状況の大半が，消費者・住民の選択の結果，逆にいえば企業の合理的な市場対応行動の結果としてもたらされたものであることである。いわば「市場の論理」の帰結としての"社会的ジレンマ状況"とでもいうことができる。

　第1章で論じたように，都市とは「社会的共通資本」（宇沢2000，宇沢・前田・薄井2003）であり「ソーシャル・キャピタル（社会関係資本）」（Putnam 2000，宮川・大守2004）であるとともに，「非可逆的存在」（石原2000a）であるという立場に立つならば，そうした「都市の論理」が「市場の論理」に圧倒されてしまう状況は，とても看過できない。というのは，それは社会的共通資本としての都市が機能不全状況に陥ってしまうだけでなく，そこからの回復がほぼ不可能になる——もし回復させようとすると莫大なコストと時間がかかる——からである。これこそまさに「市場の失敗」と呼ばれる事態である。

　そのため，社会的共通資本としての都市の健全性や活力を保持するために，そうした市場の失敗を未然に防いだり，発生してしまった市場の失敗を補正することが求められる。そして，そうであるからこそ，現在，スプロール的な郊外開発による都市機能の拡散を止めることがまず必要であり，それを目標の一つとしたまちづくり3法の抜本見直しは時宜を得たものと評価できる。

3 基本理念としてのコンパクトシティ

1 スプロール的開発からコンパクトシティへ

「まちづくり3法」抜本見直しにおいて，基本理念として掲げられているのはすでに述べたように，スプロール的開発を止め，都市機能の集約によるコンパクトシティを実現することであった。これは，郊外開発規制の強化と相互補完的な関係にあるものと位置づけられる。

当時，コンパクトシティという用語がよく使われたが，それが意味する内容は論者によってさまざまであった。一般的には，成長管理（growth management）や持続可能性（sustainability）ないし持続可能な都市（sustainable city），スマートグロース（賢明な成長）といった考え方とシンクロする概念として用いられるようになったといえる[19]。例えば，海道（2001）では，「コンパクトシティは，サスティナブルな都市の空間形態として提起されたEU諸国で推進されている都市政策モデルであり，都市空間の概念である」（p.24）と定義されている。

こうした考え方の背景には，アメリカやヨーロッパにおいて，大規模なダウンタウン・モールを中心に据えた都市中心部再開発の施策が，必ずしも効果をあげられなかったという事実がある（第4章補論を参照）[20]。そして，そこでの問題点をふまえて，一方で，都市の郊外に向けたスプロール的な開発がもたらす社会的コストの大きさ，いいかえれば社会的な無駄を指摘し，都市成長境界線（urban growth boundary）を設定することなどを通じて，そうした発展方向に歯止めをかけ，他方で，都市中心部における既存の資源の有効活用や再利用を重視することによって，コンパクトな都市の実現をめざすべきであるという主張が形成されてきたのである。

この点をより理論的に整理してみよう。コンパクトシティがめざされる要因は，スプロールの社会的費用という観点から説かれることが多い。例えば，次の林（2005）の説明はきわめて明快である。

「21世紀中に日本の人口はほぼ半減する。市街地を現在の広がりのまま放置して半分の人口で維持しようとすれば，1人当たりの市街地維持費用，つまり公共投資負担率は現在の2倍となる。今後，社会保障費負担が上昇することを

考えると,この公共投資負担には耐えられないと思われる。」「にもかかわらず……(中略)……市街地は拡大の一途をたどり,破綻への道を歩み続けている。今,スプロールの社会的費用を真剣に考えるときである」。

これをより一般的にいいかえると,人口が減少する中で,市街地の広がりを維持したり,さらに郊外開発を進めるならば,それにともなう人口1人当たりの公共投資等の市街地の維持費用,いいかえればスプロールの社会的費用は,過重な負担として市民にのしかかってくるということになる[21]。

2 新しい都市像に関する潮流

このような考え方は,とりわけアメリカにおいて,21世紀のあるべき都市像を提示する,次のようないくつかの新しい潮流として結実していった。すなわち,生活や経済活動の場としての都市の社会的機能を再評価する立場に立つ「ニュー・アーバニズム(new urbanism)」,地域的(regional)な視点から都市中心部と郊外との機能的な一体性や相互依存性を重視する中で都市中心部の役割を強調する議論[22],生活の質(quality of life)や都市生活における生きがいや自己実現という側面をより重視した「生活しやすい都市(livable city)」という考え方[23],あるいはリサイクルのしくみを組み込んだ都市の実現をめざす「リサイクル都市(recycling city)」[24]などである。

これらのうち,都市論の潮流として一つの大きな流れを形成しているのが,ニュー・アーバニズムの考え方である。その主張は,都市の社会的・経済的・文化的な多様性の重要さを指摘したJacobs (1961);(1969)に源流をもち,「都市の養育(urban husbandry)」をキーコンセプトとしたGratz (1989),さらにはGratz and Mintz (1998),Whyte (1988)などに受け継がれてきた考え方の影響を強く受けている。ただし,ニュー・アーバニズムを提唱する論者の間には,それぞれ強調点や立場の相違がある。Kelbaugh (1997)の整理によれば,アメリカ東海岸のニュー・アーバニズムはどちらかといえば都市デザインや美観を重視するヨーロッパ流の考え方から発展してきたものであり,西海岸のそれは環境保護運動の影響を受けて発展してきたものだという。

例えば,東海岸系のニュー・アーバニズムの代表的論者として知られるマイアミの建築家グループの研究成果であるDuany, Plater-Zyberg and Speck (2000)は,スプロール的開発が都市に自己破壊的プロセスをもたらすことを

指摘する一方で,都市成長境界線の設定には反対し,都市デザインと地域レベルでのプラニングの重要性——"Think Globally, act locally, but plan regionally."——を強調している。

これに対して,西海岸系の代表的論者の一人であるカリフォルニアを拠点にする建築家・都市計画家のグループは,Calthorpe（1993）において,逆に都市成長境界線の設定を肯定的に評価するとともに,都市デザインよりも,都市における交通体系や広域的なダイナミクス,公共部門の役割の重要性を強調している。また,同じく西海岸系ニュー・アーバニズムの流れを汲む都市問題ジャーナリストである A.マーシャルは,Marshall（2000）において,Duany, Plater-Zyberg and Speck（2000）の過度な都市デザイン・美観重視の立場——郊外であっても都市デザイン的要素が採り入れられた開発は肯定的に評価する立場——を痛烈に批判する一方で,都市成長境界線を設定することの必要性を主張するとともに,交通体系が都市構造や都市の活力に与える影響を重視する立場をとっている。

コンパクトシティは,こうした考え方を背景にして,それらを具体的な都市形態として示したものということができる。

3　コンパクトシティの具体像

理念的および理論的にみたコンパクトシティはこのような内容であるが,具体的にはどういった都市をイメージすればよいのであろうか。欧米の都市のケースとしては,レディング（イギリス）,アーヘン（ドイツ）,ポートランドおよびシアトル（アメリカ）,ビルバオ（スペイン）,ストラスブール（フランス）などがよく取り上げられている[25]。これに対して,日本では「高齢者が歩いて暮らせるコンパクトシティ」を標榜する青森市が,先行モデルとされている。

青森市では,**第2章**でも述べたように,1970年代から一貫して青森駅前の中心商店街を軸にまちづくりに取り組んできている。そのためもあって,郊外大型店・SCの開発もそれなりに進んだが,駅を中心とした徒歩約20分圏内に,商業施設やマンション,県庁等の集積形成が図られている。その中心にあるのが生鮮市場,ファッション専門店,市立図書館などが入居する駅前の9階建て再開発ビル「アウガ」である（2001年1月開業）。中心市街地の商店街では「青森市街づくりあきんど隊」が組織され,イベント等が活発に行われている。さ

らに，その界隈にはクリニックや訪問介護ステーション等を併設した高齢者向けマンションをはじめとして，分譲マンションが建設中も含めて多く立地している。

こうした都市機能の集約化を可能にしたのが，1999年のコンパクトシティ理念を掲げた都市計画マスタープランで，市内を3ゾーンに分け，郊外開発を抑制した（店舗面積3000㎡超の商業施設が立地できるのは市中心部の約3000haのみ）。その最大の理由は豪雪にあり，除排雪が必要な道路の延長距離は現状で1150km，その経費は年10～30億円に達し，郊外化が進めば負担はいっそう膨らむ。これこそまさにスプロールの社会的費用であり，これを削減することを目的にコンパクトシティへと大きく舵が切られたわけである。

ただし，アウガの周辺で空き店舗が発生したり，アウガ自身の業績が低迷するなど，必ずしも順風満帆な部分ばかりではなく課題も少なくない[26]。ちなみに，青森市は2007年4月，味噌醸造会社「かねさ」が本社・工場跡地を売却しようとした際に，06年10月施行の郊外開発規制条例によって土地の評価価格が下がり財産権を侵害されたとして，7億円の損害賠償請求を受けた。ただし，青森地裁は2009年10月16日，条例は適法と判断し請求を棄却した[27]。土地利用規制は財産権と密接な関係があるため，今後こうした訴訟等が全国で発生する可能性がある。

また，金沢市における「歩けるまちづくりの推進に関する条例」（2003年4月施行）に基づく取り組み（中心部の竪町商店街で駐車場確保数増大とセットにして全日歩行者天国を実施など）や[28]，山口市における中心部の定住人口増による公共投資の効率化を図るための取り組み（市の委託を受けたNPO法人が中心部の空き家の持ち主に改修や賃貸を働きかける一方，郊外の住民に移住を呼びかける）をはじめとして，各地の自治体で動きが積極化しつつある[29]。

こうした取り組みは，それが都市中心部の活性化にとって有効性が高いかどうかという問題以前に，自治体の財政難への対応という点で緊急性や切実性が高いことから，3法見直しが実現することによって，他の自治体に普及していった[30]。ただし，首都圏に代表される大都市が連たんする超大都市圏においても，地方の中核都市クラスや農村部の小都市においても，まちづくりの理念はコンパクトシティだけでいいのか，都市規模等に応じた階層的な考え方で補完する必要はないのか，といった点についての議論は現在も残されており，検

討が必要である。

4　「3法」見直しの内容と評価

1　中心市街地活性化法の改正と評価

①制度改正の要点　それでは「まちづくり3法」見直しの具体的な内容についてみていこう。

まず，中活法については，抜本的な改正が行われ，2006年8月に施行された（改正にともなって法律の正式名称が「中心市街地における市街地の整備改善及び商業等の活性化の一体的推進に関する法律」から「中心市街地の活性化に関する法律」に変更された）。制度改正の要点として，以下の5つが挙げられる。

(1) 「責務規定」の新設：中心市街地の活性化について，国および自治体は施策を策定し実施する責務を有し，事業者は国や自治体の施策に協力するよう努めなければならないと明示された。

(2) 市町村の基本計画を内閣総理大臣が認定する：市町村が中心市街地活性化法による支援措置を受けるためには，国の基本方針に基づいて中心市街地活性化基本計画を策定し，内閣総理大臣による認定を受けなければならない。

(3) 内閣に中心市街地活性化本部を置く：基本方針の作成，各省庁間にまたがる支援措置の総合調整，事業実施状況のモニタリングなどを行うために，内閣総理大臣を本部長とする中心市街地活性化本部を内閣に設置する。

(4) 中心市街地活性化協議会の創設：かつては，商業活性化の取り組みの企画・調整のためにタウンマネジメント機関（TMO）が組織されていたが，まちづくり全体の総合的な企画・調整が求められるようになった。そのため，中心市街地活性化の総合的かつ一体的な推進について必要な事項を協議するために，中心市街地ごとに，中心市街地活性化協議会を組織することとなった。協議会は，商工会・商工会議所，中心市街地整備推進機構（公益施設等の整備や土地の先行取得，公共空地等の設置・管理などを行う公益法人・非営利法人），まちづくり会社等が共同で組織し，市町村や地権者など多様な担い手の参画を得て，民間事業活動をとりまとめ，地域のまちづくりを総合的にコーディネートする。

なお，既存の TMO は，多くの場合，まちづくり会社の一つとして中心市街地活性化協議会の構成メンバーに加わっている。
(5)　選択と集中の考え方に基づき支援措置を拡充する：認定基本計画に対する支援措置である市街地の整備改善，都市の福利施設の整備，街なか居住の推進，商業の活性化等，公共交通機関の利便増進などの内容を大幅に拡充する。

②基本計画の認定と事業評価のスキーム　　このように，法律の正式名称から「商業」の2文字が消えたこと，およびかつて経済産業省系の施策の中心部分に位置づけられていた TMO に関する規定が消えたことをはじめとして，全体として経済産業省の色彩が薄まり，国土交通省の色彩が強まった印象があることは否定できない。そうはいうものの，ばら撒き型となりがちだった従来の政策手法と一線を画し，「選択と集中」の考え方を原則とするスキームは前向きに評価できる。

　さて，新しい中活法の下で支援措置を受けようとする場合には，すでに旧法の下で基本計画や TMO 構想，TMO 計画を策定していた自治体であっても，新たに定められた方針等に沿って手続きを行わなければならない。そのため国は，「中心市街地の活性化を図るための基本的な方針」（2006 年 9 月 8 日閣議決定，直近の変更は 11 年 10 月 7 日），および「中心市街地活性化基本計画認定申請マニュアル」（2006 年 9 月 26 日策定，07 年 4 月 2 日改定，内閣府中心市街化活性化担当室，直近は 2013 年度版，内閣府地域活性化推進室）を策定し，自治体の基本計画の認定を進めた。さらに，後述するフォローアップ（事業評価）の実施方法については，「中心市街地活性化基本計画　フォローアップ実施マニュアル」（2013 年 3 月，内閣府地域活性化推進室）が策定されている。

　基本計画認定の第 1 弾は，自治体としてコンパクトシティの理念を掲げ，すでに事業に取り組み始めていた富山市と青森市であった（2007 年 2 月 8 日）。さらに，第 2 弾として久慈市，金沢市，岐阜市，府中市，山口市，高松市，熊本市，八代市，豊後高田市，長野市，宮崎市の 11 市が認定され（2007 年 5 月 28 日），第 3 弾として帯広市，砂川市，千葉市，浜松市，和歌山市の 5 市が認定された（2007 年 8 月 27 日）。つまり，認定開始からおよそ半年の間に合計 18 市の基本計画が認定されたことになる。その後，2014 年 1 月現在までに認定された基本計画の数は 117 市 142 計画に達する。

これらの基本計画をみると，上記の「基本的な方針」や「認定申請マニュアル」で基本計画の認定基準が明示されたこともあって，さすがに内容面までとはいわないが，構成面ではかなり類似性が高くなっていることがわかる。また，基本計画の期間については，「基本的な方針」に「基本計画に記載された具体的な取り組みの効果が発現する時期等を考慮し，おおむね5年以内を目安に，適切に設定すること」と記されていることから，基本的に5年前後の設定となっている。

　新しい中活法において特徴的なのは，中心市街地活性化の目標数値を具体的に設定しフォローアップすることである。その点について，認定第1号の富山市のケース（第1期計画期間は2007年2月〜12年3月）と，およそ半年後に認定された和歌山市のケース（第1期計画期間は2007年8月〜12年3月）を比較したのが，表5-2である。なお，基本計画は認定当初のものに何度か変更が行われることが一般的であるが，ここでは当初計画を対象にしている。

　いずれのケースにおいても，具体的な目標数値および定期的なフォローアップ（中間フォローアップ）のスケジュールが設定されており，それに基づき中間フォローアップ報告が定期的にまとめられ，公表されている。さらに，計画期間満了後には最終フォローアップが行われることとされており，2007年度に認定を受け，2012年度末に第1期基本計画が終了する自治体において，2013年6月から最終フォローアップ報告が公表されている。

　各自治体のフォローアップは，先に述べた「フォローアップ実施マニュアル」に基づいて実施されており，内容や構成等の標準化が図られている。そのため，基本計画と同様に，マニュアルが各自治体のフォローアップ内容を没個性化させる方向に作用している点に留意する必要がある。

2　都市計画法の改正と評価

①制度改正の要点　都市計画法についても，すでに述べたように，大規模集客施設の立地規制強化を中心に大幅な改正が行われ，2007年11月30日に施行された。制度改正の要点は以下の通りである。

(1) 延べ床面積1万m^2超の大規模集客施設の立地規制強化：従来は3000m^2以上の大規模商業施設については，市街化区域の中では，6つの用途地域で立地可能であった。これを，延べ床面積1万m^2超の大規模集

表 5-2　中心市街地活性化の目標数値の設定（富山市と和歌山市の事例）

富山市	和歌山市
1. 公共交通の利便性向上に関する数値目標 1) 路面電車市内線一日平均乗車人数（人） 　10,016人（2005年度）⇒13,000人（2011年度） 2) 数値目標設定の考え方 　賑わい拠点創出による集客効果とまちなか居住推進による居住者増加が同線の利用者にもたらす効果を予測。 3) 目標達成に必要な事業等の考え方 　同線の環状化等およびまちなか居住推進や賑わい拠点創出のための再開発事業等を完成させることが必要。 4) フォローアップの考え方 　2年後に賑わい拠点創出の主要な事業が完了することから，2008年度における上記乗車人数について調査し，状況に応じて改善措置を講じる。また，計画期間満了時点において再度調査を行い，効果的な推進を図る。	1. 城まち拠点の創出に関する数値目標 1) 中心市街地（ぶらくり丁周辺地域）7地点の歩行者・自転車（平日・休日平均）（人） 　22,075人（2006年度）⇒26,500人（2011年度） 2) 数値目標の設定とその考え方 　各種事業の実施による効果（7,599人増加）＋人口増加による来街者増（371人増加）＋総合的な取組みによる効果（2,208人増加）－通行量推計による減少分（5,769人減少）。 3) フォローアップ 　毎年9月に中心商業地の7地点の歩行者・自転車通行量を調査し，各種関連事業の進捗状況および数値目標への効果を分析・評価する。
2. 賑わい拠点の創出に関する数値目標 1) 中心市街地の歩行者通行量（日曜日）（人） 　24,932人（2006年度）⇒32,000人（2011年度） 2) 数値目標設定の考え方 　賑わい拠点創出による集客効果が歩行者通行量にもたらす効果を予測。 3) 目標達成に必要な事業等の考え方 　再開発事業等，まちなか居住推進，公共交通の利便性の向上等により来街者数の増加を図り，中心商業地区全体で歩行者通行量の増加を図る。 4) フォローアップの考え方 　2年後に賑わい拠点創出の主要な事業が完了することから，2008年度における上記歩行者通行量について調査し，状況に応じて改善措置を講じる。また，計画期間満了時点において再度調査を行い，効果的な推進を図る。 　さらに，2007年度から歩行者通行量について毎年複数地点で調査を実施することとする。	2. 城まち居住の促進に関する数値目標 1) 中心市街地の居住人口（人） 　11,268人（2006年度）⇒11,680人（2011年度） 2) 数値目標の設定とその考え方 　民間共同住宅整備による効果（260人増加）＋総合的な取組みによる効果（667人増加）－人口推計による減少分（511人減少） 3) フォローアップ 　毎年3月末に中心市街地の住民基本台帳を調査し，関連事業の進捗状況および数値目標への効果を分析・評価する。
3. まちなか居住の推進に関する数値目標 1) 中心市街地の居住人口（人） 　24,099人（2006年）⇒26,500人（2011年度） 2) 目標数値設定の根拠	3. 城まち回遊性の向上に関する数値目標 1) 城まちハッピーロードの歩行者・自転車通行量（休日）（人） 　9,762人（2007年度）⇒22,500人（2011年度） 2) 数値目標の設定とその考え方

第 5 章　商業まちづくり政策の転換をめぐる政策過程と政策理念

住宅供給量目標を3,000戸とする。
3) 近年の住宅供給の状況
　この1年余りで約300戸の住宅建設の実績があり，8年間で3,000戸の住宅供給の実現は十分可能。
4) 目標達成に必要な事業等の考え方
　まちなか居住推進事業，住宅供給を図る再開発事業，公共交通の利便性向上および賑わい拠点創出により，中心市街地の魅力を高め，まちなか居住を選択肢として市民に定着させる。
5) フォローアップの考え方
　2008度における上記居住人口について調査し，状況に応じて改善措置を講じる。また，計画期間満了時点において再度調査を行い，効果的な推進を図る。

各種事業による効果（8,023人増加）＋居住者による効果（3,504人増加）＋総合的な取り組みによる効果（1,153人増加）
3) フォローアップ
　毎年6月にハッピーロードの6地点の歩行者・自転車通行量を調査し，各種関連事業の進捗状況および数値目標への効果を分析・評価する。

　客施設（大規模小売店舗に加えて，広域的に都市構造に影響を及ぼす飲食店・劇場，映画館，演芸場，観覧場，遊技場，展示場，場外馬券売り場等を幅広く含む施設）が立地できる用途地域を商業地域，近隣商業地域，準工業地域の3つに限定した（**表5-3**参照）。これによって，郊外に行くほど立地規制が厳しくなる制度体系となった。

　なお，3大都市圏と政令指定都市を除く地方都市では，準工業地域における大規模集客施設の立地を抑制することが，中心市街地活性化基本計画の認定を受けるための条件となった。例えば，認定第1号の富山市と青森市では，準工業地域を1万m^2超の大規模集客施設の開発を制限する地区に指定した。

　また，白地地域（非線引き都市計画区域内の用途地域以外の地域）については，従来，制限が緩かったが，大規模集客施設の立地が原則不可能となった。

(2) 開発許可制度等の見直し：市街化調整区域については，従来，計画的大規模開発（20 ha以上）の場合，特例として大規模商業施設の立地が許可されたが，この特例が廃止され原則禁止となった。また，これまで開発許可が不要だった病院・福祉施設・学校等の公共公益施設についても，開発許可の対象とされた。国・自治体による開発行為に関しても，庁舎・官舎等の建築については開発許可権者との協議が必要となった。

表 5-3 都市計画法改正による立地規制の強化

用途地域	改正前	改正後	
	大規模商業施設	大規模商業施設	大規模集客施設
	3,000 m² 超	3,000～10,000 m²	10,000 m² 超
第一種低層住居専用	×	×	×
第二種低層住居専用	×	×	×
第一種中高層住居専用	×	×	×
第二種中高層住居専用	×	×	×
第一種住居	×	×	×
第二種住居	○	○	×
準住居	○	○	×
近隣商業	○	○	○
商業	○	○	○
準工業	○	○	△
工業	○	○	×
工業専用	×	×	×
市街化調整区域	△	×	×
非線引き白地地域	○	○	×

　　なお，農地の転用許可や公共転用についても適正かつ厳格な運用の徹底等を図ることとされた．

(3) 広域調整の仕組みの導入：市町村が用途地域の変更や，地区計画による用途制限の変更の決定を行う場合，都道府県知事との同意協議が必要であるが，この変更等によって，影響を受ける市町村の意見を求めることができることとした．

　　また，都市計画区域外で無秩序な土地利用の防止を企図する区域として設けられている準都市計画区域について，広域的観点から指定できるよう，指定権者が市町村から都道府県に変更された．これによって，指定された区域内においては，都市計画区域内とほぼ同等の用途制限を行うことが可能となった．

(4) 都市計画提案制度の拡充：大規模集客施設の立地が原則できない地域であっても，都市計画法上の用途地域の変更等の提案制度の手続きによって合意が得られれば，用途地域を変更でき，立地が可能になる（本制度は

2002年都市計画法改正により導入)。この制度を拡充し、地権者の承認を前提に小売業者やデベロッパーなどの事業者にも認める、都市計画変更の提案に対する自治体の判断を1年以内とする、消費者代表の意見を反映させる仕組みをつくる等とした。

また、今回の改正で大規模集客施設の立地が原則不可となった地域において、その立地を認めるためには、用途地域を緩和する地区計画（開発整備促進区）を指定する手続きが必要となった。

②広域調整にかかわる問題　このような制度改正のうち、最も注目されたのは、郊外における1万m²超の大規模集客施設の立地制限であるが、最も注意が必要なのは、広域調整の問題であろう。というのは、従来から日本の都市計画法における土地利用規制の問題の一つとして、広域調整という観点が欠如していることが指摘されてきたからである。

広域調整の観点の欠如とは、次のような問題を指す。すなわち、従来、例えば中心市街地活性化に熱心に取り組む市町村が、隣接する市町村が、中心市街地活性化策にマイナスの影響を及ぼすような大型店の誘致等を行ったとしても、そのことについて直接意見をいうことはできなかった。また、その市町村が所在する都道府県の知事に、両者を調整する権限はなかった。

こうした事態に抜本的に対処するためには、イギリスのように「計画なくして開発なし」という原則に基づいて、国土すべてを対象とする土地利用計画を策定する必要がある。しかし、一気にそれを実現するのは無理であるから、今回の改正では、都道府県知事に同意協議の必要性を認めることで調整権限を与えるとともに、準都市計画区域の指定権者を市町村から都道府県に変更するなどによって、広域調整の仕組みが導入された。

これによって、都道府県が市町村の意見を聞きながら調整を行う仕組みが整備されたことは評価すべきであろう。しかし現実には、大型店等を誘致しようとする市町村と、それによって悪影響を及ぼされることが予想される市町村が対立する場合、それを都道府県が調整するのは容易ではない[31]。都道府県がそうした調整で積極的な役割を果たしていくためには、まちづくりについての理念を確立し、それに基づいて土地利用計画等のまちづくり関連の条例等を制定したり、開発者に大型店開発影響調査を義務づけ[32]、事前に詳細なデータを提出させる、といった独自の取り組みが必要となろう。

3　大店立地法の見直しと評価

①**制度改定の要点**　大店立地法については，すでに述べたように法改正は行われず，「指針」の改定が2回にわたって行われた。1回目は以下の(1)～(2)に示す技術的側面を中心にした改定であり（2005年10月施行），2回目は(3)～(4)に示す実質的な影響がある改定であった（2007年7月施行）。

(1) 必要駐車場台数の算定式等について，法運用の主体である自治体が地域の実情に応じて弾力的に運用可能にする。

(2) 深夜営業の拡大にともなう対応策の強化（地域の防犯，青少年の非行防止，騒音防止等のため，駐車場への照明設置，警備員巡回などを規定）。

(3) 「複合施設」への規制の拡張：小売業とサービス業とが一体となった大規模複合施設の開発が増大していることに対応して「大規模小売店舗と一体として併設されているサービス施設部分」も大店立地法の対象とし，併設内容に応じて一定率の駐車場台数を加算する。

(4) 大型店等の社会的責任の明示：中心市街地活性化法において事業者の責務規定が創設されたのを受け，大型店等の退店時の対応等について自主的に社会的責任を果たすよう，業界ガイドラインの作成等を求める。

②**大型店等の「社会的責任」論**　大型店等の立地規制強化を焦点とする3法見直しの全過程を通じて，大型店等が地域のまちづくりに対して，どのような責任をいかに担っていくべきかという点が論点の一つとなっていた。

最初にこの問題が表面化したのは，大店立地法の指針見直し過程においてであり，2005年2月23日付の合同会議による指針改定に関する合意文書には，地域貢献の視点から大型店が果たすべき社会的責任がこと細かく書き込まれた。さらに，中活法改正に向けた合同会議においても議論の対象となり，結局，2005年12月の合意文書では，「中心市街地活性化のための『事業者の責務』に関する規定を新設するとともに，その趣旨も踏まえ，大型店は，退店時の対応等地域におけるまちづくりへの協力について，自ら社会的責任の一環として自主的に取り組むよう求めるべきである」と提言された。

これらを受けて，新・中活法においては，国・自治体および事業者の責務に関する条文が新設され（第4～6条），「事業者は，第3条の基本理念に配慮してその事業活動を行うとともに，国又は地方公共団体が実施する中心市街地の活性化のための施策の実施に必要な協力をするよう努めなければならない」（第6

条) と規定されるに至った。

　この間, 大規模小売企業サイドが主張していたのは, 大型店だけに社会的責任があるわけではないという点であり, その意味では「事業者」という一般的な表現が用いられるようになったことで, その主張が一定程度認められたといえる。だが, 実際には, この条文が想定しているのは主として大型店の撤退問題であるという理解が大勢であり, 大規模小売企業サイドでは, あらためて何らかの態度表明等を行うことが求められたわけである。

　これを受けて, 業界団体として, 日本チェーンストア協会が「地域商業者等との連携・協働のためのガイドライン」を策定 (2006年6月20日) したのを皮切りに, 日本百貨店協会 (2006年12月8日), 日本ショッピングセンター協会 (2007年1月19日) なども自主ガイドラインを策定した。また, 地域商業者・商店会等と大型店・チェーンストア関係者, および自治体サイドが地域商業・まちづくりに関して協議する場を設定する動きも出てきた (例えば, 東京商工会議所のまちづくりと地域商業活性化に向けた商店会・チェーン店関係団体協議会〈商業まちづくり協議会〉, 横浜市の地域商業活性化検討委員会, 川崎市の地域商業活性化協議会など)。

4　3法見直しの政策効果

　ここで, 3法見直しの政策効果について考えておこう。まず, 今回の見直しのそもそもの要因となった, 3法間の不整合による中活法の政策効果の相殺という問題についてみると, 次のような制度改定によって不整合がある程度解消され, 3法間の連動性が高められることとなった。

　その一つは, 規制面に関連している。先にも述べたように, 都市計画法改正によって, 床面積1万m^2超の大規模集客施設が立地可能な用途地域を商業, 近隣商業, 準工業の3地域に限定するが, 準工業地域については, 3大都市圏と政令指定都市以外の地方都市では, 特別用途地区を活用して大規模集客施設の立地を抑制することとされた。これを担保するために, 地方都市においては, 中活法に基づく自治体の基本計画の国による認定に際し, 特別用途地区制度によって立地抑制を行うことが, 条件とされるようになったのである (国の基本方針に明記)。

　もう一つは振興面に関連しており, 中活法に大店立地法の特例措置が組み込

図5-1 政策の窓モデルからみたまちづくり3法抜本見直しの政策過程

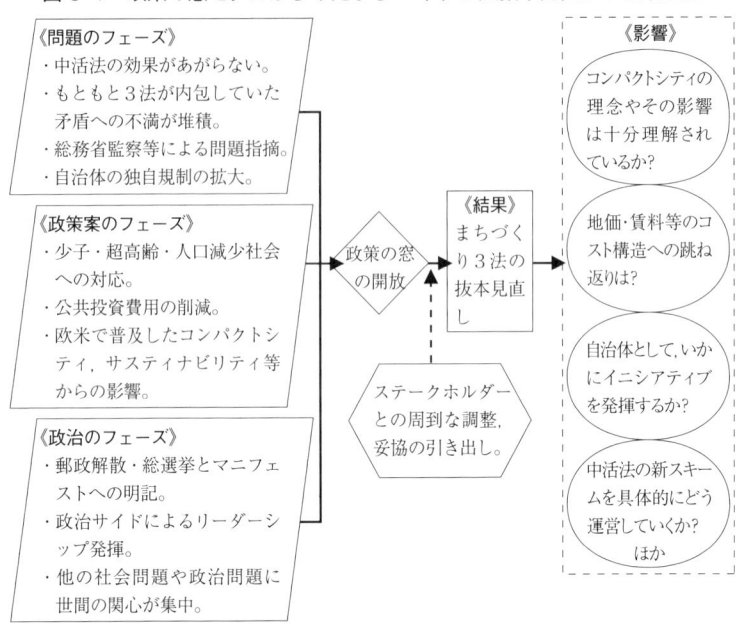

《問題のフェーズ》
・中活法の効果があがらない。
・もともと3法が内包していた矛盾への不満が堆積。
・総務省監察等による問題指摘。
・自治体の独自規制の拡大。

《政策案のフェーズ》
・少子・超高齢・人口減少社会への対応。
・公共投資費用の削減。
・欧米で普及したコンパクトシティ，サスティナビリティ等からの影響。

《政治のフェーズ》
・郵政解散・総選挙とマニフェストへの明記。
・政治サイドによるリーダーシップ発揮。
・他の社会問題や政治問題に世間の関心が集中。

政策の窓の開放

ステークホルダーとの周到な調整，妥協の引き出し。

《結果》
まちづくり3法の抜本見直し

《影響》
・コンパクトシティの理念やその影響は十分理解されているか？
・地価・賃料等のコスト構造への跳ね返りは？
・自治体として，いかにイニシアティブを発揮するか？
・中活法の新スキームを具体的にどう運営していくか？
ほか

まれることになった。すなわち，国に認定された基本計画に定められる中心市街地の区域においては，大規模小売店舗の迅速な立地を促進することにより中心市街地の活性化を図ることが必要な区域（第1種大規模小売店舗立地特例区域）を定めることができ，新設等の届出や説明会を不要とするなど，規制の実質的な撤廃が実現された。

また，全国の中心市街地において設定可能な特例区域（第2種大規模小売店舗立地特例区域）も設けられた。これによって，現在，構造改革特別区域法に基づく大店立地法特例措置によって一部地域で実現されている，手続きの一部を簡素化する規定を，全国で導入できることとなった。

このような3法の連動性を高める措置は，中活法の政策効果を高める可能性があるものとして評価できる。とはいえ，3法の連動性を高めたからといって，さらにいえばそもそも大型店の郊外立地を規制したからといって，中心市街地の活性化が自動的に実現されるわけではない。当然のことではあるが，やはり自治体が明確なビジョンとイニシアティブをもって中心市街地活性化に取り組

第5章　商業まちづくり政策の転換をめぐる政策過程と政策理念

むことが，政策効果をあげる前提になるといえよう。

結　び

　本章では，「まちづくり3法」の抜本見直しにかかわる政策過程と，それを導いた政策理念，および決定された政策の影響や評価について検討してきた。これらを冒頭に述べた「政策の窓モデル」に当てはめて整理すると，図5-1のようになる。これを簡潔に説明すると，次のようになる。

① 問題のフェーズ：政策効果があがらない等の現行制度の問題が明らかとなり，政策課題としての熟成が進んだ（見直しの必要性の認識が広がった）。
② 政策案のフェーズ：問題や目標が明確になり，政策代替案の整理と選択がスムーズに運んだ。
③ 政治のフェーズ：国会の場面等で焦点化することなく，政治サイドのリーダーシップが機能した。

　こうしたことから政策の窓が開き，利害関係者との調整等が周到に行われ，3法抜本見直しが実現したということになろう。ここまでの過程は，3法にとってある種幸運であったといえる。

　しかし，そうしたスムーズさゆえに逆に，課題も少なくなかった。例えば，国レベルでは，コンパクトシティという理念の内容をより具体化することや，その影響について分析し対応策を検討することが求められた。だが，その点については，いまだ十分なされたとはいえない状況にある。

------ 注 ------

1) 産業構造審議会流通部会・中小企業政策審議会経営支援分科会商業部会合同会議への経済産業省提出資料「人口の増減と中心市街地の小売売上高の関係」2005年11月による。
2) 東京商工会議所「大規模小売店舗立地法指針見直しに関する意見」2004年11月10日。
3) 2005年2月23日の合同会議に提出された「大規模小売店舗立地法第4条の指針改訂案策定に当たって（案）」および「大規模小売店舗を設置する者が配慮すべき事項に関する指針（改定案）に対する意見募集の結果とこれに対する意見及び対応について（案）」による。
4) 渡辺（2011），270-273頁を参照。
5) 『日本経済新聞』2005年10月14日，『日経MJ』2005年11月14日，『日経MJ』2006年4月28日による。また，根田（2004），宇野（2012）も参考になる。
6) 『日経MJ』2006年6月30日を参考にした。
7) 7月5日に経済産業大臣に正式に要望書を提出している（「会議所ニュース」第2200号，2005年7月11日）。
8) これに対して，野党第1党の民主党は，2005年9月の総選挙で大きく議席を失ったこと

が影響して，秋以降動きが鈍くなったという。
9) 『日経MJ』2006年2月8日による。
10) それまでこれらの施設の無原則な郊外立地が，都市機能拡散を促進する要因の一つとなってきただけに，この措置の意義は大きい。
11) 両者の連携状況については『繊研新聞』2005年12月19日に興味深い記事が掲載されている。また，大手小売企業サイドからの都市計画法の規制強化に対する反対論の典型として，友村（2006）が挙げられる。そこでは，コンパクトシティという考え方に対して国民的なコンセンサスが形成されていない，広域調整の名の下で市町村の主体的意思が発揮されない懸念がある，土地に対する誤った私権制限によって土地流動性と競争活力が低下する可能性があることなどが指摘されている。
12) 詳細は当日の議事録（http://www5.cao.go.jp/keizai-shimon./minutes/2005/1226/minutes_s.pdf）を参照。
13) 本間議員の発言（http://www5.cao.go.jp/keizai-shimon/minutes/2006/0201/minutes_s.pdf）。
14) 『日経MJ』2006年2月2日による。
15) 欧米等の都市における人口減少時代への対応の先駆的取り組みについては，矢作（2009），中山（2010）が参考になる。
16) 前者は，佐貫利雄・帝京大学名誉教授の分析による。後者は経済産業省「人口減少下における地域経営について――2030年の地域経済シミュレーション」による。ともに『朝日新聞』2006年5月7日から引用。
17) Burayidi（2001），pp. 231-233.
18) この点については，三浦（2004）；（2006），若林（2013）が地域の固有性の消滅，画一化，均質化をキーワードにして興味深い議論を展開している。
19) 海道（2001），佐々木（2001），細野（2000），岡部（2003），福川・矢作・岡部（2005），矢作・小泉（2005），久繁（2008），Lafferty and Meadowcroft（2001），Rome（2001）を参照。
20) 例えば，Frieden and Sagalyn（1989）を参照されたい。また，Gilman（2001）は日米2都市（福岡県大牟田市とミシガン州フリント市）の都市再生事業において，大規模再開発が「奇跡」をもたらさなかった（no miracles）過程とその問題点を詳細に検討している
21) スプロールの社会的費用については，さらにBruegmann（2005），Burchell et al.（2005），Hirschhorn（2005），Morris（2005）を参照。
22) 例えば，Lucy and Phillips（2000），Pastor et al.（2000）などがある。また，Kotler, Haider and Rein（1993）において都市間競争の観点から提起されている都市の改善戦略論や，Porter（1998）において広域的な視点から都市の戦略を考える枠組みとして提起されているクラスター論も，こうした議論との関連で参考になる。
23) Partners for Livable Communities（2000）による。
24) Weinberg, Pellow and Schraiberg（2000）による。
25) Holcombe and Staley（2001），川村・小門（1995），海道（2001），岡部（2003），宇沢國則・内山（2003）を参照。
26) 以上の青森市の事例は，『日経MJ』2006年1月4日，『日本経済新聞』2006年4月24日，「実践！ まちづくり」『別冊・石垣』2006年2月28日による。
27) 「47NEWS」（http://www.47news.jp/CN/200910/）2009年10月16日による。
28) 『日経MJ』2006年2月6日による。
29) 『日本経済新聞』2006年4月24日による。
30) 当時，コンパクトシティ化の動きに「逆行」するかのような事例もあった。例えば，群馬県太田市が郊外の田んぼを市街化区域に用途変更してイオンモールを誘致したケース

第 5 章　商業まちづくり政策の転換をめぐる政策過程と政策理念

（2003 年 12 月開業）が挙げられる。太田市においても，実は中心商店街に配慮して太田駅前に市営住宅を整備するなどの対策がとられたが，商店街の構成がもともと顧客ニーズに合っておらず，連帯もしていないこと等から，対策の効果はあがらなかったと指摘されている（「SC ほど儲かるビジネスはない！」『週刊東洋経済』2005 年 9 月 3 日，『日経 MJ』2006 年 1 月 4 日による）。

31) 例えば，福島県内における利害対立状況については『日本経済新聞』2005 年 12 月 22 日，『日経 MJ』2006 年 1 月 4 日を参照。

32) この点について，アメリカの例は矢作（2005）が，イギリスの例は England（2000）が参考になる。

地域商業・商店街の魅力再構築の方向
市場・政策・社会の3つの調整機構の視点

第 **6** 章

はじめに

　地域商業の低迷・衰退という趨勢は，まちづくり3法の見直し以降も大きな変化はなかった。とくに，大都市部以外の地方都市において，そうした傾向が強い。

　そのため，3法見直しによって，中心対郊外という大局的な観点から制度的枠組みを再整備したことをふまえて，よりミクロ・レベルを対象にした政策・制度を設計することによって，個々の地域商業・商店街の魅力再構築を図ろうという動きが出てきた。その代表が，「商店街は地域コミュニティの担い手」というかねてからいわれてきた考え方に，あらためてスポットライトを当てた地域商店街活性化法の制定（2009年）である[1]。

　そこで本章では，都市と地域商業の関係についてあらためて確認するとともに，地域商業・商店街の厳しい現状を整理する。そのうえで，地域商業・商店街がそうした状況に陥った要因について，市場的調整および政策的調整という観点から明らかにするとともに，第3の調整機構として社会的調整の必要性について議論を進める。この社会的調整は，近年よく用いられるようになっている「新しい公共（new public）」という考え方，すなわち官だけでは実行できない領域を市民・非営利組織（NPO）・企業等の民間部門と協働で担う（官民協働）仕組みや体制と共通する部分が多い概念といえるが，ここではこれ以上ふれないことにする。

そして，地域商業・商店街が直面している現状を打開し，魅力再構築を図るための方向について，地域商店街活性化法の展開と評価との関連で検討するとともに，そうした方策を推進していくために社会的調整の円滑な機能が求められることを明らかにしていく。その際，商店街は地域コミュニティの担い手という考え方が掛け声倒れに終わらないようにするには，いかなる取り組みが求められるかという問題意識に基づいて，新規参入者や外部組織と連携した取り組みについて紹介・検討していく。

　最後に，2011年3月11日の東日本大震災で被災した東北の商業者が，復興の第一歩として取り組んでいる仮設商店街・店舗について，地域コミュニティにおいて果たしている役割との関連で検討し，地域商業・商店街の存在意義についてあらためて確認する。

1　都市における地域商業の役割

1　都市にとって不可欠な地域商業

　都市は，我々の社会や生活にとって，なくてはならない基盤的な存在であるということができる。そして，地域商業は，交通・通信ネットワークや，行政，教育，文化・芸術，医療，レジャーなどの諸施設と並んで，そうした都市を構成する重要な要素と位置づけられる。

　都市の規模はさまざまであるが，基本的に，いずれにおいても多様なタイプの商業者が立地している。そうした個々の商業者や，その集積としての商店街やショッピングセンターは，実際の買い物客を吸引するだけでなく，ウインドウ・ショッピングや散策，待ち合わせなど，買い物を直接の目的としない人々をも引き付ける。そこには，人が人を呼ぶといったメカニズムが作用しており，その意味で地域商業は，不特定多数の多様な人々を集めることによって，都市ににぎわいをもたらし，地域社会の活力の源となるのである。こうした都市と地域商業の魅力については，さらに，アメリカの建築家C.アレクサンダーらによる，大都市はコミュニティにおけるサブカルチャーのモザイクであるべきという議論や[2]，石原武政による，都市は欲望創出装置であると同時に欲望充足の場であるという議論とも重なるところがある[3]。

　第1章でも述べたように，こうした関係にあるがゆえに，都市に活力があ

れば，そこに立地する商業者の経営にもプラスに作用し，地域商業の活気も高まり，さらにそれが当該都市の活力を高める。逆に，都市に活力がなければ，商業者の経営にもマイナスに作用し，地域商業の活気を低下させ，さらにそれが都市の活力を損なう。つまり，両者は相互規定的に影響し合う関係にある。

都市と地域商業との間にこうした関係が生じるのは，商業が本来的にもつ外部性から説明できる[4]。すなわち，地域商業の担い手である個々の小売店の存在や活動が，都市における街並みや商店街の集積のあり方に影響を及ぼすこと，あるいは逆に街並みや集積のあり方が個店に影響を及ぼすということである。

ここから，次のことがいえる。それぞれの小売店はもともと独自の魅力をもっているとして，それらを単に足し合わせたものが街並みや商店街の魅力となるのではなく，それらが集積することによってプラス（あるいはマイナス）アルファが生じ，「集積としての魅力」が形成されることになる。逆に，それぞれの小売店の魅力，すなわち「個店としての魅力」は，それぞれが本来もっている魅力に街並みや商店街などの集積としての魅力が付加されたものといえる。

そうであるがゆえに，地域商業の担い手たちは，まちづくりの重要な担い手となる一方で，そのための諸施策の対象にもなっているのである。

2 地域商業の役割の多様性

地域商業が，まちづくりに果たしうる役割は多方面にわたっている。まず挙げられるのは，地元の所得が地域内で循環すること等による地域経済の振興や，地域内での事業拡大や新規参入などによる雇用の創出である。あるいは，比較的低コストで起業可能な場を提供してくれるという側面も見逃せない。これによって，既存事業者にはない企業家精神やアイディア，イノベーションをもつ新規事業者の参入を可能にし，地域経済の硬直化を防ぎ柔軟性を高める方向に寄与してくれる。

こうした経済的側面だけでなく，地域の自然環境や生活環境の保持やリサイクル等の3Rの推進，生活における安全・安心の確保，地域社会の交流の場の提供，お祭りなどに代表される地域の伝統や文化の継承・発展，都市デザインや景観の維持・改善などにおいても，地域商業は重要な役割を果たすことが期待されている。また，現在のような超高齢社会（世界保健機関〈WHO〉や国連の定義によると，人口に占める65歳以上の高齢者の比率21％超の社会のこと）におい

表 6-1 立地環境特性別の小売構造変化（2007 年／2002 年）

立地環境特性地区		事業所数	年間商品販売額（百万円）	2002 年比伸び率（%）	
				事業所数	年間商品販売額
小売業計		1,137,859	134,705,448	▲12.5	▲0.3
商業集積地区		427,463	53,139,659	▲14.6	▲0.6
	駅周辺型	21,505,282	150,855	▲12.8	▲6.1
	市街地型	11,566,854	100,965	▲16.9	▲11.4
	住宅地背景型	10,632,270	122,016	▲20.0	▲12.3
	ロードサイド型	8,382,953	40,001	8.7	15.7
	その他	1,052,300	13,626	▲19.1	▲14.5
オフィス街地区		90,536	11,557,863	▲4.4	10.0
住宅地区		339,839	37,367,602	▲14.3	▲3.5
工業地区		65,438	14,870,150	▲0.6	22.2
その他地区		214,583	17,770,714	▲11.4	3.5

［注］ 2002 年調査から，立地環境特性編の調査方法が変更されたため，それ以前との比較はできない。
［出所］ 『商業統計』各年版より作成。

ては，地域のバリアフリー化や商品の宅配，高齢者世帯のケア，住民間の交流といった点でも，地域商業は地域社会に貢献しうる余地は大きい。

しかし，そうした地域商業の一方の主要な担い手である中小小売商を中心とする商店街の多くは，1970 年代以降，交通体系の変化や人口の郊外化，大型店やショッピングセンターの郊外出店といった外部要因と，消費者ニーズとのミスマッチ，後継者難などの内部要因によって，衰退傾向にある。いわゆる商店街の「歯抜け化」「シャッター通り化」の進展である。

3　地域商業・商店街の現状

そうした状況について，小売業のマクロ的な立地構造（立地環境特性別の事業所数と年間商品販売額）の変化という観点から，商業統計によってみたのが表 6-1 である。事業所数，年間商品販売額ともに減少幅が大きいのは，商業集積地区のうち市街地型，住宅地背景型，その他であり，逆に増加幅が相対的に大きい（減少幅が相対的に小さい）のは商業集積地区のうちのロードサイド型および工業地区である。ここから，既存の市街地に立地する小売業者——その多くは商店街に立地する中小小売者——が衰退する一方で，郊外立地の大型店やショッピングセンターが成長・拡大するという，小売業の立地構造変化の趨勢が

第6章 地域商業・商店街の魅力再構築の方向

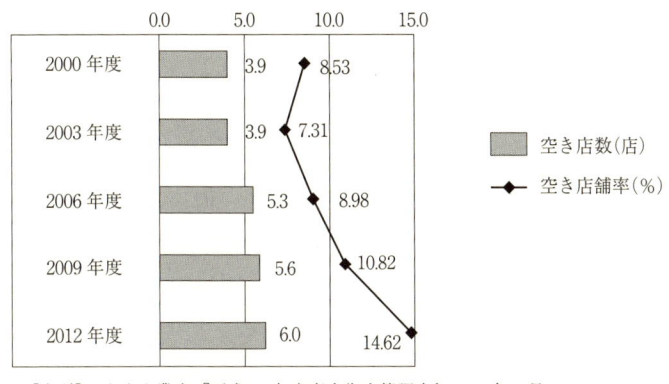

図 6-1　1 商店街当たりの空き店舗数および空き店舗率の推移

年度	空き店数（店）	空き店舗率（%）
2000 年度	3.9	8.53
2003 年度	3.9	7.31
2006 年度	5.3	8.98
2009 年度	5.6	10.82
2012 年度	6.0	14.62

［出所］　中小企業庁『平成 24 年度商店街実態調査』2013 年 3 月。

表 6-2　商店街の景況感の推移

年	繁栄している	停滞している	衰退している
1995	2.7%	43.6%	51.1%
2000	2.2%	52.8%	38.6%
03	2.3%	53.4%	43.2%

	繁栄している	停滞しているが上向きの兆し	横ばい	停滞しているが衰退する恐れ	衰退している
06	1.6%	4.8%	22.9%	37.6%	32.7%
09	1.0%	2.0%	17.9%	33.4%	44.2%
12	1.0%	2.3%	18.3%	33.0%	43.2%

［注］　2006 年調査から選択肢が 3 つから 5 つに変更されている。
［出所］中小企業庁『商店街実態調査』各年版。

みてとれる。

　こうした全般的状況の中で，商店街自身がどのような状態にあるのかを中小企業庁の商店街実態調査によってみてみよう。図 6-1 に示すように，1 商店街当たりの空き店舗数（従前は店舗であったものが現状空きスペースになっているものの数）および空き店舗率（商店街の空き店舗数の合計／商店街の全店舗数の合計）は，この間上昇傾向にあり，直近の 2012 年調査ではそれぞれ 6.0%，14.62% に達した。また，商店街の景況感（「繁栄している」から「衰退している」までの主観的判断）は表 6-2 に示す通りであり，自らについて「繁栄している」と感じている商店街は 1% にとどまり，残りは「停滞」ないし「衰退」と感じていること

がわかる。

　地域商業のもう一方の主要な担い手である市街地立地の百貨店や総合スーパー，食品スーパーをはじめとする大型店についても同様に，郊外立地の大型店やショッピングセンター，専門（量販）店との競争圧力にさらされ，厳しい経営状況にあるところが多いことは周知のところである。ただし，**第5章**でみたように，2006年のまちづくり3法の見直しの一環として行われた都市計画法改正によって，郊外開発規制が強化されたことで，大型店やショッピングセンターの立地場所の都心部回帰が進みつつあり，市街地の小売業間の競争構造は新たな様相を帯びてきていることも事実である。とはいえ，地域商業が置かれている状況は，2006年以降もいまだ大きな変化は表れてきていない。

　それはともかく，このような地域商業の担い手たちの衰退は，都市や地域社会に負の外部性として作用し，その活力・活気の低下をもたらす。そして，それがさらなる地域商業の地盤沈下につながることになる。近年，こうした悪循環が各地でみられるようになってきている。

2　地域商業の調整機構

1　市場的調整と市場の失敗

　地域商業の衰退要因の一端は，もちろん，消費者・住民の購買先や買い回り先の変化にある。その意味で，それは大型店等を展開する小売企業が市場状況の変化に合理的に対応しようとした結果もたらされたものといえよう。これは，いわば市場的な調整機構が，地域商業の担い手たちの経営に影響を及ぼすことを通じて，都市や地域社会のあり方に影響するという因果構造を示している。

　ここに，市場の失敗の発生可能性を指摘できる。近年，さまざまな機会に取り上げられる「買い物弱者」問題は，まさに市場の失敗の代表例といえる。買い物弱者とは，日常生活に必要な食品や日用品等の入手に困難をきたす人々，とりわけ高齢者のことを指し，経済産業省では，そうした人々が全国に600万人もいると推計している[5]。マスメディアなどでは，センセーショナルに「買い物難民」と表現されることもある。また，日常の買い物が困難なゆえに，食生活が悪化し低栄養などの健康被害が出ているという報告もある[6]。

　買い物弱者問題が顕在化してきた背景には，急速な少子・超高齢社会化の進

展や，独り暮らし世帯の増加といった人口構造的な要因が挙げられる。他方で，1990年代以降の出店規制緩和にも影響されて，郊外やロードサイドにおける大型店，ショッピングセンターの開発が相次いだのに対して，都市中心部や住宅地周辺の商店街等の地域商業が衰退し，身近な買い物場所が減少してきたことが関連している。また，国からの補助金・地方交付税交付金の削減，自治体の財政悪化によって，鉄道やバス路線の廃止が増加したことも関連している。こうした経済的要因によって，いわば自動車社会化の真ん中に，買い物出向の自由度が低い高齢者等が取り残されてしまったといえる。

買い物環境のあり方は，地域生活インフラの重要な構成要素の一つであり，そこに問題が生じることは我々の暮らしを支える社会的な基盤自体が弱体化していることを意味する。同じような事態はアメリカやヨーロッパでも指摘されており，フード・デザート（「食」の砂漠）問題とか，フード・アクセス（「食」への接近方法）問題などといわれている。ただし，アメリカやヨーロッパの場合，都市中心部における貧困問題，格差問題，弱者の社会的排除問題という文脈で取り上げられることが多いという点で，わが国の状況とやや異なっている。

わが国において買い物弱者問題がまず顕在化したのは，身近な買い物場所の減少とバス路線などの公共交通機関の廃止が先行的に進んだ農村部および中山間地域であった。次いで，地方都市の郊外に広がる新興住宅やニュータウンで問題化してきた。そして，いっそうの超高齢社会化と地域商業の衰退によって，さらに地方都市の中心部，大都市の郊外新興住宅・ニュータウン，大都市中心部へと，問題が広がってきている。

こうした事態を受けて，NPOや住民団体，自治体，民間企業などが，それぞれの立場からさまざまな取り組みを開始している。国も2010年度末以降，買い物弱者対策の事業を開始している。こうした動きは，市場の失敗としての傷の深さと広がりを逆に暗示しているともいえよう。

2 政策的調整の作用

都市と地域商業の変化には，このような市場的調整とは別に，自治体や国等の公共機関による政策に起因するものもある。いわば，政策的調整機構の作用である。当然，政府の能力は完全ではないから，政策の誤りや限界がある。その結果，政策的調整が地域商業に対してマイナスの影響をもたらすとき，いわ

ゆる政府の失敗が発生することになる。

　例えば，国は地方分権の流れの中で「まちづくり3法」を制定し，自治体や地域商業者の取り組みを支援している。しかし，その一方で，自治体が固定資産税の増収等の拡大を目的に，工業専用地域や市街化調整地域を商業地域へ用途変更する，あるいは農地法・農業振興地域の整備に関する法律（農振法）の指定を解除するといった方法で，郊外の土地利用規制を緩和し，大型店やショッピングセンター等を誘致しようとするといったことが行われることがある。

　こうした開発誘導政策は，アメリカでは財政ゾーニング（fiscal zoning）と称される。財政ゾーニングについては，それによって自治体全体としての収支が必ずしもプラスになるわけではなく，マイナスになることもありうることや，従来地域にとどまっていた所得が中央へ流出しかねないこと，といった問題が指摘されている[7]。

　もう一つ重要なこととして，県庁や市役所をはじめとした官公庁，総合病院，美術館等の文化施設，大学・高校等の教育機関など，これまで都市の核として機能し，不特定多数の人々の来街を促してきた公的・準公的な大規模施設が，市街地から郊外に移転するケースが少なくないことが挙げられる。

　それらの移転の意図そのものは，既存の施設の機能を拡張・高度化するといった，それ自身としてみれば，それなりの正当性があるものが多いかもしれない。しかし，移転そのものに正当性がある場合であっても，それは部分最適な正当性である可能性があり，より広い視点からみると，都市に外部経済を及ぼしてきた諸施設の消滅という負の外部性を都市にもたらす。当然，こうした諸施設の移転には，自治体や国の機関が多かれ少なかれ関与しているので，都市にとってマイナス要因となることに，政策が力を貸したことを意味する。ちなみに，第二次世界大戦後のアメリカにおける急激な郊外化についても，市場的調整よりも政策的調整の影響の方が大きいという指摘もある[8]。

　このことは，広域的な視点ないし広域的な政策調整機構を欠いたままに，地方分権を進めたためにもたらされる問題といえる。たしかに地域の進むべき方向は，地域内の当事者が決めるのが望ましいかもしれないが，それが周辺に負の外部性をもたらす可能性があることをチェックできないのでは問題である。これこそまさに，「地方分権化の罠」と呼ぶことができる。

3 第3の調整機構としての社会的調整

　このような市場的調整機構と政策的調整機構の作用の結果，都市と地域商業とが相乗効果的に活力・活気を低下させ衰退傾向に向かうといった事態が，多くの地域で進行している。これは「市場の失敗」と「政府の失敗」が複合的に発生している状態といえよう。

　こうした状態が継続，拡大するようであれば，一方で社会的な快適さや安心，安全といった生活基盤そのものが脅かされることになる。他方で都市の経済活動の停滞は，自治体の税収減につながり，住民や企業に対して必要な公共サービスを提供することもままならなくなる。ここから，地域商業の衰退は，市街地にとってだけ，あるいはそこに立地する商業者にとってだけの問題ではなく，都市全体の問題としてとらえられるべきであるといえる。

　第1章でも述べたことであるが，ここで注意すべきは次の点である。すなわち，都市の形成には長期間を要するのに対し，破壊は短期間で可能であるとともに，アメリカの大都市でみられた，いわゆるダウンタウンのスラム化に象徴されるような機能障害症状にいったん陥ると，元の順機能状態に戻すことは不可能ではないが，きわめて困難であるという特性を有する。そのため過去の投資の蓄積が短期間のうちに無価値なものになってしまうという事態すら起きかねない。こうした特性を都市の非可逆性と呼ぶ[9]。そうした特性をもつがゆえに，市場の失敗や政府の失敗によって，都市に大きなダメージが加えられ，社会的共通資本やソーシャル・キャピタル（社会関係資本）の基盤としての機能の低下・喪失がもたらされると，その回復に莫大なコストと時間がかかり，場合によっては取り返しがつかない事態が招来されてしまうのである。

　さて，市場の失敗や政府の失敗が発生する可能性を前提とすると，まちづくり等の都市の問題に対応するためには，市場的調整と政策的調整に加えて，第3の調整機構の存在が必要とされる。この点について加藤（2009）は，地域商業研究の方向を展望する中で，市場競争に代わる，あるいは補完する原理として，「地域の独自性やコミュニティを維持しながら，そこで（歴史的に形成されたものだけでなく）形成されている規範，ルール，社会価値などを前提として地域における資源配分などを市場競争以外の方法で調整していく『地域原理』が期待」されると指摘している[10]。

　こうした考え方は，ソーシャル・キャピタル論の分野でもかねてより提示さ

表6-3 経済的交換と社会的交換の合理性

要　素	経済的交換	社会的交換
交換の焦点	取　引	関　係
効用（最適化）	取引におけるコストに比した利得 （コストをかけた取引）	関係におけるコストに比した利得 （コストをかけた関係）
合理的選択	取引を選択 取引費用とその削減	関係を選択 関係上のコストとその削減
その場の見返り	貨幣（経済的信用，経済的負債）	認知（社会的信用，社会的負債）
一般的見返り	富（経済的地位）	名声（社会的地位）
説明原理	自然の法 行為者の生存 利得の最適化	人間の法 集団の生存 損失の最小化

［出所］ Lin (2001), p.198.

れているものである。すなわち，Bowles and Gintis (2002) は，市場によるガバナンスには市場の失敗が，政府によるガバナンスには政府の失敗が原則としてついてまわるという欠陥があることから，ソーシャル・キャピタルをベースにした「コミュニティによるガバナンス」によって，両者を補完することが有効であると説いている。

また，Lin (2001) がソーシャル・キャピタルの要素として，取引的合理性を追求する経済的交換に対比させるかたちで，関係的合理性を追求する社会的交換を挙げているのも，こうした趣旨に近い。経済的交換と社会的交換の特徴を対比的にまとめると，**表6-3**のようになる。

ここで，取引的合理性は「関係性を取引上の損得計算の一部とみなし」，「特定の関係を終わらせる必要があるときでも，取引の面で最適な結果をめざそうとする」ところに特徴があるのに対して，関係的合理性は「取引を関係上の費用便益計算の一部とみな」し，「たとえ取引が最適なものではないとしても関係性を維持し促進することを優先する」ところに特徴があるという。こうした両者の特徴をふまえるならば，地域社会にかかわる問題は，市場原理型の取引的合理性だけでなく，関係的合理性をも考慮して判断し，処理すべきということになろう。

さらに，Ostrom (1990) が新制度主義的な立場によりながら提示する，共有資源（コモンズ）の管理問題へのアプローチ方法，すなわち市場のみによる統

治でも国家のみによる統治でもない，地域によるセルフ・ガバナンスという考え方も同趣旨の主張といえよう。

周知のように，コモンズにおいては，もし人々が短期的な合理性に基づいて行動するとフリーライダー問題が生じ，ついにはいわゆる「コモンズの悲劇」[11]が発生する可能性がつねにある。これに対して，Ostrom (1990) は，共有資源が長期的に維持・管理されている事例についてケーススタディすることによって，コモンズのセルフ・ガバナンスにかかわる次の8つのデザイン原理を析出した。すなわち，①境界の明確な確定，②利用と貯蔵のルールと地域の状態との調和，③集団的選択の調整，④監視，⑤累進的な処罰，⑥紛争と解決のメカニズム，⑦組織化権限の是認の最小化，⑧（コモンズが大規模システムの一部の場合）多層的な入れ子状の企業，である。

コモンズは，牧草地や森林，灌漑などの自然的資源だけではない。地域商業もまたコモンズの一つとしてとらえられることから，その長期的な維持・管理には，上述のようなセルフ・ガバナンスの仕組みが有効ということができよう。

このようなことから，まちづくりを推進していくにあたって，市場的調整機構と政策的調整機構に加えて，それらを補完する第3の調整機構が重要であるということができる。それは地域の関係者による協調と合意に基づく調整であり，ここでは社会的調整機構と呼ぶことにする。そこで次に，地域商業の魅力の再構築の方向について，社会的調整機構と関連させながら論じていくことにしよう。

3 地域商業の魅力再構築と社会的調整機構

1 集積の魅力と個店の魅力

地域商業の担い手たちが置かれている厳しい状況を打開するために，まず求められるのは地域商業の魅力を再構築することである。地域商業の魅力は，先に外部性の議論との関連でみたように，集積としての魅力と個店としての魅力の両面から考える必要がある。

これまでの商店街自身の活性化の取り組みや，地域商業振興のための政策的支援は，どちらかというと集積としての魅力を高めることを中心に行われてきた。商店街等の地域商業は，もともと自然発生的に形成されてきたものである

ことから，そのことに起因してさまざまな問題が発生する。それらを克服するために，アーケードや駐車場といったハード面の整備から，売り出しやイベント等の共同事業の実施，さらには統一的なコンセプトや計画的な管理運営手法の導入などが行われてきたわけである。

そうした方向性自体は間違ったものではないのであろうが，現在の商店街等の衰退状況をみると，そこで取り組まれてきた内容が適切であったかどうかについて，政策効果の観点から精査することが必要であろう。例えば，計画性を強調し過ぎると，変化への対応力や自己再生能力が低下するといった問題点の指摘もある[12]。アメリカにおいても，一世を風靡したライフスタイル・センター（旧来のメインストリートを模倣して開発された新しいタイプのショッピングセンター）について，「人びとの生活が欠如したフェイク（偽物の）スモールタウン」という厳しい批判がある[13]。

それはともかく，ここで強調したいことは，地域商業の現状は外部性に当たる部分にいくらカンフル剤を打っても効果があがりにくくなっており，外部性を発揮させる基盤となっている個店そのものにメスを入れる処置を並行して進めないと，どうにもならない症状に至っているのではないかということである。

具体的にいえば，個店としての魅力を高めること，およびそれに対応できない商店の退出を促し，集積としての新陳代謝を図ること，そしてそれらを通じてそれぞれの店舗が発する外部性を高度化し，集積としての魅力を再構築することが挙げられる。こうしたことを，集積としての魅力にかかわる取り組みと並行して進めていくべきである。その際，新陳代謝の促進という方向には，既存の商業者の抵抗も予想される[14]。しかし，そうした軋轢も含めて，こうしたことを地域の関係者の協調と合意によって実行していくことが，市場的調整でも政策的調整でもない社会的調整の具体的な姿の一つといえよう。

2　地域商店街活性化法による支援策

その意味で，2009年7月15日に新たな地域商業支援策として制定（同年8月1日施行）された地域商店街活性化法は，個店支援およびそのための人材育成が中心的な課題の一つに据えられており，先に述べたような状況に対応する支援策として評価できる。その主要な内容は以下の通りである（図6-2）。

(1) 法律の目的：商店街が「地域コミュニティの担い手」として行う地域住

第6章 地域商業・商店街の魅力再構築の方向

図6-2 地域商店街活性化法の概要

商店街が「地域コミュニティの担い手」として行う地域住民の生活の利便を高める試みを支援することにより、地域と一体となったコミュニティづくりを促進し、商店街を活性化。また、商店街を担う人材対策を強化。

1. 法の趣旨
- ソフト事業も含めた商店街活動への支援を強化
  (取り組み事例)
  地域への貢献：高齢者・子育て支援、宅配サービス
  地域の魅力発信：地域イベント、商店街ブランド開発
- 地域のニーズに沿った空き店舗利用を支援
- 商店街の意欲ある人材を育成・確保
- 関係省庁・地方公共団体と連携した支援

2. 支援策の内容
《資金・税制支援を抜本的に拡充》
- ★補助金：24年度予算案 18億円 補助率最大2/3
- ★税制措置：土地等譲渡所得の1,500万円特別控除 商店街内の遊休土地の譲渡を促進（空き店舗対策）
- ★融資関連：市町村による高度化融資の新設、小規模企業設備導入無利子貸付（貸付割合1/2→2/3）

3. 認定スキーム

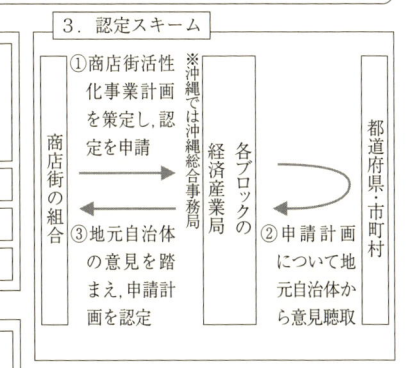

①商店街活性化事業計画を策定し、認定を申請（商店街の組合 → 各ブロックの経済産業局）
※沖縄では沖縄総合事務局
②申請計画について地元自治体から意見聴取（都道府県・市町村）
③地元自治体の意見を踏まえ、申請計画を認定

地域活性化に取り組む商店街の事例

【健軍商店街振興組合（熊本県熊本市）】
地域の高齢者率が高いことを踏まえ、福祉・健康情報の提供や健康相談等を実施するため、空き店舗を活用した街なか図書室、世代間交流のできるサロンの設置を行う。併せて、商店街ブランド創出に向けた「健康ブランド商品の開発」等による医商連携による活性化を図る。

【横手駅前商店街振興組合（秋田県横手市）】
地元農家と連携した直産販売を実施するとともに、農産物の活用による郷土料理の継承や新メニュー開発、地元で活躍するデザイナーによる子供向け教室の開催など、地域色豊かなイベント等を通年を通して実施することで賑わいを創出する。

[注] 法律の正式名称は、商店街の活性化のための地域住民の需要に応じた事業活動の促進に関する法律。
[出所] 経済産業省中小企業庁資料。

民の生活の利便を高める取り組みを支援することにより、地域と一体となったコミュニティづくりを促進し、商店街の活性化や、商店街を担う人材対策の強化を推進する。

(2) 法律の趣旨：商店街が、地域住民の生活利便の向上や住民間の交流などの地域住民のニーズをふまえて実施する、ソフト事業も含めた商店街活動（高齢者・子育て支援、宅配サービス、地域イベント、商店街ブランド開発などの取り組み）、空き店舗活用事業、意欲ある人材の育成・確保などに対して、法律の認定に基づいて、関係省庁および自治体が連携した各種支援を行う。

図 6-3　地域商店街活性化法——認定スキーム

商店街活性化事業計画	商店街活性化支援事業計画
1．計画作成主体 　商店街振興組合，商店街振興組合連合会，事業協同組合，事業協同小組合，協同組合連合会，中小企業団体の組織に関する法律第9条但し書に規定する商店街組合若しくはこれを会員とする商工組合連合会 2．商店街活性化事業の内容 　商店街の活性化のための地域住民の需要に応じた事業で，いずれにも該当するもの 　①地域住民の需要に応じて行う事業であること 　　アンケート調査や市場調査等により把握 　②商店街の活性化の効果が見込まれること 　　商店街への来訪者の増加，空き店舗数の減少等 　③他の商店街にとって参考となり得る事業であること 　　事業内容の新規性や，事業の実施方法に創意工夫が認められる等 3．実施期間　3年間程度 4．申請受付　随時	1．計画作成主体 　一般団体・一般財団法人，NPO法人 　※社員総会における議決権・表決権又は設立に際して拠出された財産の価額の二分の一以上中小企業者が有していることが必要 2．商店街活性化支援事業の内容 　商店街振興組合等に対する商店街活性化事業計画の作成に必要な情報提供，組合員に対する研修，商店街活性化事業を行う者の求めに応じて行う事業の実施についての指導・助言，その他の取組により，商店街活性化事業の円滑な実施を支援する事業で，次のいずれかに該当するもの 　①支援対象である商店街振興組合等において商店街活性化事業計画の作成を実現させること 　②支援対象である商店街振興組合等が認定商店街活性化事業計画の目標を上回る成果を実現させること　等 3．実施期間　3年間程度 4．申請受付　随時

注：申請前に早めにご相談ください　申請　　認定

経済産業局

意見聴取

注：経済産業局と同時並行で，地元自治体に事前にご相談ください

都道府県，市区町村
※商店街活性化事業計画のみ

［出所］　経済産業省中小企業庁資料。

(3)　商店街活性化事業計画等の作成・認定等：経済産業大臣が，商店街活性化事業の促進の意義や基本的な方向等を示した方針を策定する。それに基づいて，商店街組織等が商店街活性化事業計画を，また支援機関が商店街活性化支援事業計画を作成し，経済産業大臣が都道府県および市町村に意見を聴いた上で認定する。計画実施期間は，3年程度が目安とされている。認定のスキームは図 6-3 に示す通りである。

(4)　商店街活性化事業への支援策：商店街への来街者を増加させ中小商業・サービス業者の顧客増加や事業拡大を図るために，商店街振興組合等が地域住民のために行う事業のこと。経済産業大臣の認定を受けると，補助金の補助率（中小商業活力向上補助金など）を最大で2分の1から3分の2に

引き上げられるなど，商店街振興組合等やその構成員である商店主などが行う商店街活性化事業に対しさまざまな支援措置が講じられる。なお，事業の主体には商店街振興組合の他，商店街振興組合連合会，事業協同組合，事業協同小組合，協同組合連合会などを含む。

(5) 商店街活性化事業の必要条件：地域住民の需要に応じた商店街活性化のための事業で，地域住民を対象にしたアンケート調査や地域住民等からの要望書等により把握した地域住民の商店街に対するニーズを十分にふまえた事業であることが求められる。その際，商店街への来訪者の増加，空き店舗数の減少など，商店街活性化の効果が具体的な指標により定量的に見込まれることが求められる。また，事業内容の新規性や，実施体制や実施方法に創意工夫が認められることなど，他の商店街が商店街活性化事業に取り組むにあたって参考となりうる事業であることが求められる。

(6) 全国商店街支援センターの設立：中小企業関係4団体（全国商工会連合会，日本商工会議所，全国中小企業団体中央会，全国商店街振興組合連合会）が，国等の補助金・助成金を得て，株式会社全国商店街支援センターを設立し，人材研修，起業支援，支援人材派遣，商店街活性化手法・ノウハウの提供・普及に取り組む。

本法施行以降，109件（2013年12月26日現在）の事業計画が認定されている。それらのうち初年度（2010年3月31日まで）に認定された31件の概要を整理すると，**表6-4**のようになる。

なお，本法の制定過程以降，「地域コミュニティの担い手としての商店街」というフレーズがしばしば用いられるようになったが，この点については次のことを指摘したい。たしかに，商店街は地域コミュニティの担い手の一つとなりうる存在といえるが，そのことは既存の商店街がそのまま地域コミュニティの担い手として機能していることを意味するわけではない。これは，地域商業機能の支援と既存商業者の保護とは別という考え方（第1章）にも通じるものである。また，商店街の内部的なコミュニティそのものが崩壊しているところも少なくないという指摘さえ，商店街関係者から出てきているのも事実である[15]。

「地域コミュニティの担い手」のフレーズは，あえていえば，一方で政策的に商業者を激励したり説得したりすることを目的に用いられるとともに，他方

表6-4 認定商店街活性化事業計画の概要──2009年度認定案件（2009年10月-10年3月）

経産局	商店街	認定案件	自治体	認定日
東北	宮古市末広町商店街振興組合	商店街を核とした宮古地域の連携・交流促進事業	岩手県宮古市	2009年10月9日
	大館市大町商店街振興組合	大町商店街と地域住民のためのコミュニティ活性化事業	秋田県大館市	2009年10月9日
	鹿角市花輪大町商店街振興組合，鹿角市花輪新町商店街振興組合	核施設と商店街が一体化した賑わい創出事業～まちの大型空き店舗の再生と回遊性による，出逢い・ふれあい創出	秋田県鹿角市	2010年3月3日
	神明通り商店街振興組合，大町四ッ角中央商店街振興組合	戦略的中心市街地賑わい再生事業（賑わいのモール化）	福島県会津若松市	2009年10月9日
関東	ファイトマイタウンひたち協同組合	地域コミュニティ等とのコラボレーションによる商店街集客力・情報発信力強化事業～コミュニティFMで身近な話題の提供と農商工連携の促進～	茨城県日立市	2010年2月5日
	仲見世商店街振興組合	浅草仲見世商店街日除け・雨除けおよび省エネ照明具に交換して人に優しい参道造りの活性化事業	東京都台東区	2010年2月5日
	浅草すしや通り商店街振興組合	浅草の伝統を生かしたイベントと，高齢者等に優しい環境・体制創りを通じた商店街活性化事業	東京都台東区	2010年2月5日
	武蔵小山商店街振興組合	パルム独自のパイロットプロジェクトの実践による若手リーダーの育成と新しい都市型商店街の再生モデルづくり	東京都品川区	2009年10月9日
	大森柳本通り商店街振興組合	商店街を軸にした12のつながり・地域コミュニケーション基盤づくり事業	東京都大田区	2010年2月5日
	用賀商店街振興組合	商店街を中心とした地域の繋がりづくりによる商業エリアとしての魅力づくり	東京都世田谷区	2010年2月5日
	商店街振興組合原宿表参道欅会	原宿表参道の個性（緑・和・洋）を活かした「職住のバランス」の取れた地域活性化事業	東京都渋谷区	2009年10月9日
	川崎大師表参道商業協同組合	川崎大師表参道商業協同組合と地域住民のためのコミュニティ活性化事業	神奈川県川崎市	2010年2月5日

第6章　地域商業・商店街の魅力再構築の方向

	三笠ビル商店街協同組合	「地球環境に配慮した安全・安心なまちづくり」による三笠ビル商店街活性化事業	神奈川県横須賀市	2010年2月5日
	長岡市大手通商店街振興組合	長岡市大手通商店街復活に向けた夢とロマン創出事業	新潟県長岡市	2009年10月9日
	三条中央商店街振興組合	三条市の元気はつらつな女性達の感性を活かした「買い物便利」「触れ合いあふれる」商店街作り	新潟県三条市	2009年10月9日
	岩村田本町商店街振興組合	中山道　岩村田宿の歴史と文化を生かしたまちづくり活性化事業	長野県佐久市	2009年10月9日
中部・北陸	栄町商店街振興組合	広小路通栄地区活性化事業	愛知県名古屋市	2009年10月9日
	四日市諏訪商店街振興組合	四日市諏訪商店街振興組合「安心・安全・エコ」による活性化事業	三重県四日市市	2009年10月9日
近畿	御薗橋801(はちまるいち)商店街振興組合	街路の商環境整備と「やおいちゃん」事業の展開	京都府京都市	2010年2月25日
	四条繁栄会商店街振興組合	京都の伝統的文化と情報先端技術を活かした魅力ある街づくり事業	京都府京都市	2010年2月25日
	千日前道具屋筋商店街振興組合	千日前道具屋筋商店街振興組合の照明設備の高機能化による地域住民の利便性向上事業	大阪府大阪市	2009年10月9日
	泉北桃山台市連マーケット事業協同組合	～買物難民の発生防止に活路を見いだす～「地域に欠かせない市場, 変身事業！」	大阪府堺市	2010年2月25日
	池田栄町商店街振興組合	子供たちの, 笑顔あふれる商店街づくり事業	大阪府池田市	2009年10月9日
中国	岡山上之町商業協同組合	ライフスタイル・エンジョイ・モールへの転換事業	岡山県岡山市	2010年3月31日
	呉中通商店街振興組合	商店街を活用したコミュニティ空間形成事業	広島県呉市	2009年10月9日
四国	中心街事業協同組合	高知中心商店街活性化事業	高知県高知市	2009年10月9日
九州	飯塚市本町商店街振興組合	訪れるたびに楽しさが感じられる商店街づくり事業	福岡県飯塚市	2009年10月9日
	大川商店街協同組合	「藩境のまち大川」の観光拠点をめざす商店街づくり	福岡県大川市	2010年3月31日

健軍商店街振興組合	医療・福祉・子育て機関との連携（医商連携）による次世代型まちづくり事業	熊本県熊本市	2009年10月9日
協同組合人吉商連，人吉東九日町商店街振興組合，人吉市西九日町商店街振興組合	お"ひとよし"の街の「ふれあい交差点」事業	熊本県人吉市	2009年10月9日
四日市商店街振興組合	高齢者に愛され，頼られる商店街づくり事業	大分県宇佐市	2009年10月9日

［出所］　経済産業省中小企業庁ウェブサイト内の「認定商店街活性化事業計画の概要」により作成。

で財務省への予算要求や中小企業庁内での予算配分などにおいて，政策的必要性や正当性を主張するための論拠として用いられてきたと理解すべきではないだろうか。

3　新規参入と外部組織による地域商業集積の魅力再構築

　さて，地域商業の集積としての新陳代謝を図り，個店が発する外部性を高度化し，集積としての魅力を再構築するという方向にとって重要なのは，地域商業の空間に，自らのビジネスにとっての起業の場を見出して新規参入してくる人々の存在と，地域の空き店舗等に事務所などを構えるNPOやコミュニティビジネス，職人やアーティストといった組織や個人の存在である。こうした新規参入者や外部組織の担い手は相対的に若いことが多いが，そうした人々との連携が，集積としての魅力を向上できるかどうかの成否の鍵を握っているといっても過言ではない。というのも，上述のように地域商店街活性化法などを通じて「商店街は地域コミュニティの担い手」ということが盛んにいわれるようになったが，地域の商業者がコミュニティや住民のあらゆるニーズに応えられるわけではないからである。

　したがって，このような新規参入者や外部組織の活動が活発化し，彼ら／彼女らと地域商業の既存の担い手たちとの連携が進展することによって，地域商業の魅力が再構築されることが少なくない。また，地域商業のライフサイクルを考えても，商業者等の担い手の世代交代を進めるとともに，顧客層の若返りをももたらすものといえよう。

　こうした動きについて関心をもつ研究者も近年増加しつつあり，徐々に研究成果が蓄積されてきている[16]。そうした研究から，上述のような動きが活発

第6章 地域商業・商店街の魅力再構築の方向

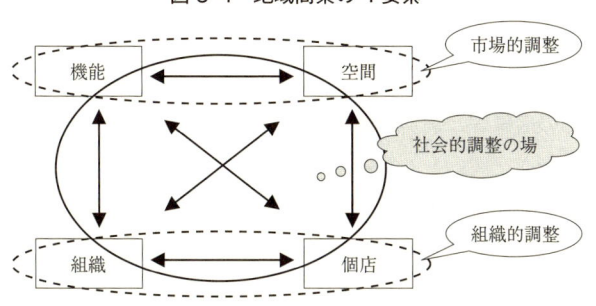

図6-4 地域商業の4要素

化した背景的要因として，不動産情報や参入希望者などについて，地域のウチとソトとをつなぐ仕組みや人的ネットワークが，フォーマルにあるいはインフォーマルに形成されてきていたことが示唆されている。それらはまさに，社会的調整機構のインフラのような役割を果たしている。

　こうした新規参入者や外部機関の相対的に若い人々の活動は，地域商業の集積としての魅力向上にとって，いわば"希望の星"のようにみえなくもない。しかし，そうした人々のほとんどが魅かれているのは，地域商業における商店街という場としての商業空間であって，商店街組織ではない。新規参入者や外部組織の人々にとって商店街という空間は，低コストで起業ができ，仲間が集まりやすいなどの理由から魅力的なのであって，商店街組織に加盟して商店街活動を主体的に担うという行動は当初から射程外であることが多いのではないだろうか。さらには，地域商業機能の一翼を担うという意識もほとんどないというのが現実であろう。

　このことは，地域商業が4つの要素でとらえられることと関連している。すなわち，4つの要素とは，都市において地域商業が果たしている社会的な機能，地域商業が実際に広がっている空間，地域商業の担い手としての個店，担い手が連携・協力するために結成する振興組合や協同組合等の組織である。これら4つの要素は，図6-4に示すように，相互に影響し合う関係にあるが，とくに機能と空間の関係においては市場的調整の論理が働き，組織と個店の関係においては組織的調整の論理が働く。そして，4つの要素が相互に関係し合う領域こそが社会的調整の場ということができる。また，政策的な支援の対象は主として機能であり，支援策の主要な受け皿は少なくとも従来までは組織であった

といえよう。

　こうした構造をふまえたうえで，もう一度，先に述べたような新規参入者や外部組織の人々の行動について考えてみよう。彼ら／彼女らの行動範囲は，4要素のうち他の店舗等と個別に関係をもつという意味で基本的に個店に限定されており，機能や空間，とりわけ組織にまで及んでいない。ここで4要素間の相互関係が社会的調整の場として円滑に機能していれば，個店の活動が地域商業全体に波及しやすくなるのであろう。同様に，政策的支援の受け皿が組織に限定されていたとしても，その効果が地域商業全般に及ぶことになるであろう。しかし，実際には必ずしもそうなっていないというのが現実ではないだろうか。

4　結束型ネットワークから接合型ネットワークへ

　それでは，どうして4要素間の相互関係が円滑に機能していないのであろうか。この点については，ソーシャル・キャピタル論における次のような考え方が参考になる。

　すなわち，すでにみたように，ソーシャル・キャピタルの重要な構成要素の一つは人と人との水平的なつながりとしての社会的ネットワークである。このネットワークについて，宮川・大守（2004）は，Putnam（2000）の議論を受けて，人々の結合の態様に注目して次の2つのタイプに分類している。すなわち，非排除的・浸透的で異質的集団の間の結び付きの橋渡しをする接合型（bridging）ネットワークと，同質的なメンバーの集まりで，外部者を排除するような性格の結束型（bonding）ネットワークとである。このような趣旨をまとめたのが，**表6-5**である。これらのうち後者，すなわち結束型ネットワークは社会全体にとってマイナスの効果をもつことが多いという[17]。

　なお，この議論は，山岸俊男らが提唱・展開している信頼と安心の相違を中心とする「信頼の解き放ち理論」とも関連している[18]。すなわち，安定し不確実性が低い社会においては安心を基盤にしたコミットメント関係が支配的になり，不確実性が高い社会においては（一般的）信頼を基盤にした開かれた社会になる。というのは，信頼（信頼される側ではなく，信頼する側の特性として定義される）には，従来指摘されてきた関係強化の側面だけでなく，「人々を固定した関係から解き放ち，新しい相手との間の自発的な関係の形成に向かわせるという，関係拡張の側面もある」からであるという[19]。そして，「安心を生み

表6-5　社会的ネットワークの2つのタイプ

結合の軸		外部者に対する態度	
		非排除的	排他的
	異質集団間	接合型（bridging）	（中間型）
	同質的集団内	（中間型）	結束型（bonding）

［注］　宮川・大守（2004），p.43に基づいて作成。

出すコミットメント型社会から，一般的信頼に基盤をおいた開かれた社会への転換」が提唱されている[20]。ここで，安心を基盤にした社会は結束型に，信頼を基盤にした社会は接合型に対応させることができそうであるが，この点のさらなる検討は別稿に譲らざるをえない。

　それはともかく，こうした考え方に基づいて，地域商業におけるネットワークの特性を考えると，個店間のネットワークはどちらかというと非排除的で異質集団間の接合型としての傾向をもつ場合が多いのに対して，商店街組織内の関係は排他的で同質集団内の結束型ネットワークとしての傾向をもつ場合が少なくないのではないかと推測される。いいかえると，地域商業の組織レベルでの人と人との関係性が，どちらかというと同質的集団による閉鎖的な関係になっており，異質的な外部者が入り込みにくい雰囲気になりがちであるということである。

　もしそうであるならば，新規参入者や外部組織の人々にとって，個店間のネットワークは溶け込みやすく，積極的にかかわっていこうというインセンティブが働きやすいのに対して，組織レベルで地域商業にかかわること，すなわち商店街組織にあえて加盟し，活動を主体的に担うというインセンティブは，なかなか生まれないであろう。また，組織レベルのネットワークがそうした傾向をもつのであれば，他の3つの要素との相互関係も限定的なものとなってしまう可能性が高い。この点は，内閣府経済社会総合研究所による研究調査においても同趣旨のことが指摘されており興味深い。すなわち，地域に危機感をもって変えていこうという思いは，結束型のソーシャル・キャピタルよりも接合型のそれが影響している可能性があるというのである[21]。

　ここから，個店の魅力によって地域商業の空間的側面でのにぎわいを高める一方で，より多くの個店が参加して商店街組織の活動を活発化させるためには，

個店間だけでなく組織内のネットワークについても，接合型に意識的に変えていく必要があるといえるのではないだろうか。つまり，組織レベルで異質的集団との関係を積極的に受け入れる開放的な雰囲気を意識的につくりあげていく必要があるということである。そうすることによって，地域商業の4つの要素をつなぐ社会的調整の場が円滑に機能するようになると考えられる。そして，それによって新規参入者や外部組織の人々が，組織を含めた4要素に溶け込み，有機的な関係を構築していくことが可能になるといえよう。

4　地域課題解決のための緩やかな連携の事例

1　近年の地域商業者の取り組み

　近年，全国各地で取り組まれている地域商業活性化のいわゆるソフト系の活動として，「まちゼミ（得するまちのゼミナール）」「まちなかバル」「100円商店街」「まち歩き（商店街ツアー）によるマップづくり」がよく挙げられる[22]。

　まちゼミは，商店主が店内で行う「買うことを前提としない」ゼミナールで，参加者に実際に店内に入ってもらうことで，店主や商品について参加者に理解してもらい，リピーターになってもらうことを狙いとしているという。まちなかバルは，チケット制（700円×5枚など）で地域の飲食店等を食べ歩き，飲み歩きしてもらうイベントで，まちのファンをつくることに狙いがあるという。100円商店街は，商店街単位で期間を限定して店頭に100円均一商品を並べることで低価格のインパクトで当日のにぎわい創出を図るイベントであるが，それだけでなく，まちや店舗のファンになってもらうためのさまざまな工夫が凝らされている。まち歩き（商店街ツアー）によるマップづくりは，地域の人々とまちを歩きながら地図をつくることによって，地域のよさを再発見する取り組みである。

　これらに共通しているのは，まず，従来の一般的なイベントが「人は集まるけれど売り上げにつながらない」という状況に陥りがちで，推進メンバーにいたずらな「イベント疲れ感」を残してしまうという現実の反省から注目されるようになった取り組みであるということにある。また，既存の商店街組織の枠組みにこだわらず，やる気のある人を中心に，新規参入者や外部組織と積極的に連携しながら推進されるところも共通している。当日限りの一過性のイベン

トに終わらず，やり方次第ではリピーターの創出につながることや，物販店だけあるいは飲食店だけの取り組みではなく，工夫次第でまち全体の取り組みになることで来街者の回遊性が高まる，といったメリットがあることから，各地で広く受け入れられているのであろう。

　これらの取り組みは，商業者にとっては自らの品揃えやサービス内容などの特徴をあらためて見直し，改善方向を考えるきっかけとなる。また，地域住民や生活者にとっては今まで知らなかったまちや店舗の魅力を発見し，周囲に発信する機会となる。そして，地域にとってはまちの回遊性を高め，全体として魅力を引き上げる契機となるといえる。いわば「三方よし」の取り組みといえる。さらに，地域における取り組みの一翼を大学生などが担うケースが増えているが，それらは学生にとって社会勉強にもなるということで，「四方よし」の取り組みということができよう。同様の効果をもちながら，地域コミュニティの担い手として社会課題の解決を正面から掲げるタイプの活動もある。

　以下では，地域の商業者が外部組織や新規参入者を巻き込んだ開かれたネットワークを形成しながら，自らの商品・サービスのあり方を見直し，地域コミュニティにとっての課題解決に向けて取り組み始めたケースを簡単に紹介する。

2　連携による地域課題解決の取り組み事例①

　第1の事例は，東急東横線新丸子駅（神奈川県川崎市）の東西に広がる4つの商店会（丸子地区商店街連合会）からなる新丸子商店街についてである。4つともに食品・日用品を中心にした都市住宅地立地の近隣型商店街で，合計約300の会員で構成されている。隣の武蔵小杉駅周辺で超高層マンションや大規模商業施設を含む再開発プロジェクトが複数進行していることから，商業的な地盤沈下，集客力の低下が懸念されている。そうした危機感を背景にしつつ，地域の子育て世代やシルバー世代が必ずしも良好な買い物環境にないことに注目し，それへの対応として，「人にやさしく地球にやさしい店づくり活動」をめざす「まるこやさしズム21」という取り組みを2009年度から開始した[23]。この活動は，川崎市および川崎商工会議所からの支援も受けている。

　第一弾の活動として，2010年4月から「ママとシニアにやさしいお店」ステッカー事業が開始された。これは，ハート型のステッカーに自店の特徴を21種類のアイコンシール――お子さま連れ向け，シニア向け，エコなど――を貼っ

て表示するものであり，地域全体でシニア世代向け，子育て世代向け，環境配慮などの接客や商品・サービス，メニュー等を開発・提供していこうというものである。その際，「まるこやさしズム21」の商店主メンバーだけでなく，生活者もモニターやレポーターとして巻き込んで，協働的に活動を推進しようとしている点が注目される。現在の参加店は100程度に達している。

さらに，近隣に住む子育てママを中心にしたモニターによる取材活動チーム「まるこ情報局」を組織し，「まるこママのお店訪問」レポートや「まるメン」（「新丸子商店街の心もイケてるメンズ・ウィメンズ」のこと）の取材，親子参加の商品開発ミーティングの開催など，近隣住民を巻き込んだ活動を積極的に展開してきた。

こうした動きに共鳴して2013年度から筆者の学部・大学院のゼミナールが全面的に協力することとなり，商店街利用者および店舗経営者を対象としたアンケート調査を実施し，「まるこやさしズム21」の取り組みの認知度や課題を把握し，それをふまえて新たな情報発信を行うこととなった。具体的には，学生目線で商店街および個々の店舗の魅力を掘り起こし，それをTwitterやFacebookなどソーシャルメディアで発信する一方で（主として子育てママ世代以下の若者層向け），紙媒体の冊子を編集・発行する（主としてシニア層向け）といった取り組みが中心となっている。そしてこうした動きを周知させるために，商店街のイベントと連動して，ソーシャルメディア活用のキャンペーン（アイコン募集イベント）を企画・実施している。

このように「まるこやさしズム21」の取り組みは，地域に開かれたネットワークの結節点としての役割を果たすことによって，地域商業を地域コミュニティの担い手として機能させつつあるといえる。

3　連携による地域課題解決の取り組み事例②

2つ目は，御田町商業会（長野県下諏訪町）の事例である[24]。本会は，JR下諏訪駅から徒歩5分ほどの御田町通りに立地する店舗数30店ほどの近隣型商店街である。御田町通りは，諏訪大社下社秋宮へと続く大社通りと国道20号の交差点から伸びる通りで，1911（明治44）年5月に開通した。その前年には，近くに製糸工場が創設されており，工場の発展とともに町内一のにぎわいをみせる通りとなった。

第6章 地域商業・商店街の魅力再構築の方向

　しかし，その後の製糸業の衰退の影響で通りを行き来する人は激減し，御田町商店街は低迷期に入りシャッターを降ろす店舗が増加し，2003年にはおよそ3分の1が空き店舗になった。そのため，2000年頃から「諏訪地方の主産業であるものづくりで長年培ってきた人材や手法を活用し，地域資産の向上を目指す」をスローガンに町内有志が結成した「匠の町しもすわ・あきないプロジェクト」が，空き店舗のリノベーションや人が集まるための場づくり，担い手づくりのワークショップなどの活動に取り組み始めた。

　その取り組みは口コミを中心に徐々に広がり出店希望者が少しずつ増えてきたが，いわゆる「新参者」の彼ら／彼女らを支えたのが商店街の「みたまちおかみさん会」などの活動である。それは，家賃交渉や生活サポート，ちょっとした話し相手など，地域では当たり前の日常の延長のような活動で，おかみさんたち自身はそれを「おせっかい」と称している。

　こうした活動の結果，ものづくり系の新規参入者の店舗によるグループ「御田町マルテ組合」が結成され，彼ら／彼女らの間の連携の仕組みも整ってきた。2011年までに，空き店舗活用の新規開店は延べ27件，町内古民家再生は延べ6件にのぼり，空き店舗はついになくなるとともに，入居希望者のウェイティングリストができるまでになった。そして，「御田町商業会青年部」も発足した。

　こうして，商店街という場において，「職人」や「アーティスト」などの若手創業者がものづくりを行うとともに，そうした新規参入者と既存の商業者とが相互交流し支え合う，まちの新しいかたちが形成されてきた。いわば，下諏訪のものづくりの伝統を受け継ぐまちとしての地域価値の再発見，再構築である。

　このような成果をさらに確実なものとするため，2011年には全国商店街支援センターの支援を受けて，観光やまちおこしに興味がある学生を「商店街留学生」として受け入れたり，首都圏における御田町ブランド発信のためのパイロット商店街（御田町スタイル）の設置（2011年は秋葉原・御徒町間の高架下に2週間出店，12年は吉祥寺にショーカフェを約10日間出店）などを行った。このように，商店街という場において既存事業者と新規事業者のネットワークが形成され，そこにさらに外部の人材を留学生として導入したり，外部に商店街ごと出ていったりする活動を通じて，接合型のネットワークが形成されることで，商店街

が地域コミュニティの担い手として機能しつつあるといえる。

5 震災復興仮設商店街・店舗と地域コミュニティ

1 仮設商店街・店舗の整備状況

　本章の最後に，地域コミュニティと商業との関係を論じるうえで，今日，きわめて重要な問題となっている，2011年3月11日の東日本大震災からの復旧・復興の取り組みにおける仮設商店街・店舗の現状と課題についてふれておきたい。

　周知のように，東日本大震災は多数の生命を奪うのみならず，被災地の地域コミュニティを地震と津波によって一瞬にして，あるいは東京電力福島第一原発事故による放射能によって真綿で締め付けるようにして，壊滅的な状態に陥れていった。それらのうち，ある地域コミュニティにおいては直前まで生き生きとした活動が営まれていたであろうし，別の場所では衰退していくコミュニティ機能を少しでも維持・回復しようとする困難な作業が取り組まれていたであろう。

　こうして失われた地域コミュニティを取り戻す第一歩として，住宅，道路・鉄道，堤防などの再構築と並んで，被災した商業者自らによる商業の復旧・復興が図られている。そうした取り組みの大きな助けとなっているのが仮設商店街・店舗であり，主として中小企業基盤整備機構（中小機構）による仮設施設整備事業の支援を受けて整備が進められてきた。これは中小機構が，被災地において市町村の要請に基づいて，想定される入居企業の業種や事業実態をふまえつつ市町村や関係者と協議し，協議が整ったところから，市町村が準備した土地に，事業の再開を希望する複数の中小企業者等が入居する仮設施設を建設するというものである。仮設施設の種類は，地域に暮らす人々の生活を支える仮設商店街・店舗，および地域の雇用を支える水産加工場などの仮設工場・事務所等からなる。

　完成した仮設施設は，市町村に無償で一括貸与し，被災した中小企業者等に無償で貸与することとなっている。また，仮設施設は原則として1年以内に市町村に無償で譲渡され，中小企業者等が事業の本格再開をめざす拠り所となる。入居期限は，当初2年間とされていたが，ほとんどの事業者が仮設に留まらざ

るをえない状況にある。

2013年3月末時点で、仮設施設は建設中のものを含め、合計で587カ所、3298区画、21万3337 m² で、地域は岩手県が最も多く、次いで宮城県、福島県の順になっている。ただし、福島県については放射能汚染の関係から、別地域に移転しての仮設施設の建設が多い。これらのうち、仮設商店街・店舗に絞って、2013年10月25日ないし11月7日現在（場所によって中小機構の確認日が異なるため）、設置されている主要な施設を整理したのが、**付表6-1** である。非常に長いリストになっているが、被災後3年近く経った時点においても、これだけ多数の仮設商店街・店舗が被災地にあることを記録しておくべきであり、多くの方に知っていただく必要があると考え（政府および政府系機関のウェブサイトの情報は事業終了後に削除されてしまうことが多いので）、あえて掲載した。

2　仮設商店街・店舗の地域コミュニティにおける役割

これらの施設は仮設として整備されたものであるが、その多くはすでに地域コミュニティの拠点、地域における人と人との交流の場、商業者同士が支え合う場として、なくてはならない施設になりつつあるといわれる。

この点について松永（2013）は、仮設商店街は本来の商店街が備えており、今は失いつつある「集積による外部経済効果」「店舗の連帯」「地域コミュニティの形成」という3つの性質をもち、「商店街の枠組みを超えて、地域全体に影響を与え、まちの復興を先導しているようにもみえる」と指摘している。その意味で、今後の被災地の都市計画・まちづくりにおいて、仮設を拠点に新たに形成されたコミュニティを急速に進みつつある超高齢社会化の中でどのように活かしていくのかが、重要な検討課題として残されている。

仮設商店街・店舗の代表例として、以下を挙げることができる[25]。

①**青葉公園商店街（岩手県釜石市）**　釜石市の中心商店街（東部地区）の青葉通りの3つの商店街には、小売店、居酒屋等の飲食店、ホテル等が集積していたが、震災による津波で他の地区と同様に、約150店舗が壊滅的な被害を受けた。そのうち34店舗が、中小機構と市が協力して青葉公園（大只越町）に整備した仮設商店街「青葉公園商店街」で2012年1月に事業を再開した。この仮設商店街は2階建て施設5棟からなり、冬でも歩き回りやすいように店前の通路まで建物と一体化されたデザインになっている。飲食店、食品・日用品店、

書店，ブティック，理容室，自転車店，生花店，学習塾，カヌースクール，アロマ・マッサージ，整骨院など多様な店舗によって構成されており，仮設住宅を含む地元住民を中心に利用されている。

また，青葉公園商店街では，NPOや関西の女子大学などと連携協力して，さまざまなイベントを仕掛けたり，建物の外壁に東京芸術大学の学生と地元の小学生によって装飾された磁性カラーシートを飾り付けたりしている。さらに，開設1周年を迎えることから，商店街のマスコットキャラクターのデザイン公募キャンペーンを実施し，隣接する「インターネットdeかだって」の来館者による投票で2012年12月，青葉公園をイメージしたキャラクター「ぐーりん」を選定した。まず，このキャラクターをデザインした「のぼり旗」やハンドタオルがつくられ，さらに個々の店舗が自店の商品等のデザインの一部に取り入れていくという。

こうした活動によって，青葉公園商店街はにぎわいのある商店街として近隣住民が集まる地域コミュニティの中心となっている。

②南三陸さんさん商店街（宮城県南三陸町）　宮城県北東部の「南三陸金華山国定公園」の中心部に位置する南三陸町は，震災の津波によって大きな被害を受けた。被害地域のうちの一つである志津川市街地において，商業者が地域の復興をめざして，いち早く商店街再興の取り組みを開始した。その結果，志津川福興名店街（南三陸さんさん商店街）が中小機構の仮設施設整備事業を活用し，他のボランティア機関の協力も得て，2012年2月にオープンした。なお南三陸町では，これに先立って歌津地区の伊里前復幸商店街が2011年12月にオープンしている。

南三陸さんさん商店街は季節の旬を活かした「南三陸キラキラ丼」を提供する複数の飲食店や，地元の新鮮な産物等を揃えた食品・日用品店，家電店，美容室，整骨院など地元の多様な事業者30店舗で構成されるとともに，商工会や観光協会も入居している。また，ほとんどの週末には特設ステージが設けられ，さまざまなイベントが開催されるとともに，南三陸町観光協会によるデスティネーション・キャンペーンも展開されている。

こうした取り組みの結果，地域の復興のシンボルとして，地元住民はもちろん，多くの観光客が訪れる場所となっている。

③おおくまステーション　おみせ屋さん（福島県会津若松市）　双葉郡大熊

町は，福島第一原子力発電所の事故の影響によって，全町域が警戒区域に指定され，全町民が他市町村へ避難することを余儀なくされた。多数の住民が避難した先として会津若松市があり，仮設住宅（大熊町松長近隣公園仮設住宅）で生活をしている。この仮設住宅の近隣には生活に必要な物品・サービスを提供する店舗がほとんどなく，冬場は積雪が多いにもかかわらず車をもたない高齢者が大半を占めることから，仮設住宅の利便性を高めるためのコミュニティ施設が必要であった。そこで，商工会の会員が中心となって中小機構に仮設施設整備を要望し，2011年10月，3区画からなる「おおくまステーション おみせ屋さん」がオープンした。本施設の運営は，小売業等の商工会員13事業者で構成する「松長近隣公園共同店舗運営協議会」によって行われている。

　この仮設商店街は，仮設住宅住民の日常生活の利便性の向上に役立つとともに，隣接する生活支援ボランティアセンター「つながっぺ！ おおくま」とも相まって，住民の憩いの場としても活用されており，避難先の新たな地域におけるコミュニティの中心として機能している。なお，大熊町のような原発事故で多くの住民が他地域に避難した自治体では，インターネットによる情報提供が活発に行われている。大熊町にも「東日本大震災・福島原発事故と生きるブログ "がんばっぺ!! 大熊！"」(http://okuma269.blog39.fc2.com/) などがあり，双葉郡の店舗の再開情報がアップされている。

結　び

　本章では，都市と地域商業の関係，および地域商業の現状を整理し，そうした状況に陥った要因について検討したうえで，地域商業・商店街の魅力再構築の方向について，地域商店街活性化法との関連で考察した。その際，中心的な問題意識は，商店街が真の意味で「地域コミュニティの担い手」としての役割を果たすにはいかなる取り組みが求められるのかという点にあった。そして，商店街の魅力向上について検討する中で，新規参入者や外部組織との連携が重要であることと，商店街が機能，空間，個店，組織という4つの要素の相互関係で成り立っていることを確認し，連携をより円滑に機能させるにあたって，ソーシャル・キャピタル論にいう接合型ネットワークが果たす役割が大きいことを指摘した。

　以上をふまえて，地域コミュニティの担い手として，地域商業・商店街が新

規参入者・外部組織と連携しながら推進している取り組み事例について，いくつか紹介・検討した。ここでとり上げた取り組みは，中心市街地活性化法に基づくハード系（施設整備など）を含む事業の規模や範囲に比べると，かなり小規模かつ限定的な範囲を対象にするものといえるが，こうしたミクロな事業の積み重ねが地域商業の魅力再構築にとって重要であると考える[26]。ただし，ここでの議論は限られた先行研究や事例に基づいて整理したものといわざるをえないことから，今後はさらに事例研究を広げながら，理論フレームを詰めていきたい。

あらためていうまでもないことであるが，まちづくりや商店街活性化は短期間で実現できるものではなく，行政的支援策も短期的に成果が出せるものではない。とはいえ，地域商店街活性化法は2014年に施行から5年を迎え，最初の見直し時期が到来することから，同法に基づく各種の事業や全国商店街支援センターの活動などの成果について，行政的政策評価の俎上に乗せられている。また，2006年に改正された中心市街地活性化法についても，再見直しのための法改正が実施される。こうした政策評価作業を形式的な手続きとすることなく，実質的なものにしていくことが求められる。

―― 注 ――

1) コミュニティ概念は，山崎（2011）；（2012）などもあって，近年，商業分野に限らず，まちづくり全般であらためて脚光を浴びている。
2) Alexander, Ishikawa and Silverstein（1977）による。
3) 石原（2009）による。
4) 石原（2000a）；（2006），石原・西村（2010）による。
5) 地域生活インフラを支える流通のあり方研究会（2010）による。
6) 岩間（2013）をはじめとする岩間信之氏（茨城キリスト教大学）らの研究グループの調査による。さらに，杉田（2008）も参考になる。
7) 詳細は矢作（2005），原田（2008）を参照。
8) 詳細はMorris（2005），原田（2008）を参照。
9) 石原（2000a）。
10) 加藤（2009），264頁。
11) G. ハーディンが1968年にScience誌に発表した論文 "The tragedy of the Commons" による。
12) ケイ（2007），石原（2006）による。
13) Morris（2005）による。また，Gruen（1973）による次のような指摘も商業開発の方向を考える上で興味深い（p.22）。「商業環境を提供する一般的目標において，2つの対照的なアプローチがある。最も直接的なアプローチは経済的な責任のみを負い，ショッピングセンターは『販売マシーン』として，客の買い物を妨げるすべてのものをできるだけ少なくする

方法である。もう一つの対照的な方法は，私はこちらを支持しているが，商業者は，自らの行為が人間的経験や都市の表現の最も広いパレットに統合されることで成功してきたし，これからも成功するだろうという考え方である。この確信は，多くの非小売都市機能をセンターの複雑性に統合し，文化的，芸術的，社会的イベントの機会を創造し，地域住民のためのアトラクションになるような環境や雰囲気をもたらす」。さらに，対象はやや異なるが，社会学的アプローチに基づく若林（2013）による次の指摘も参考になる。「〔エコロジーやナチュラルというコンセプトで構成される巨大ショッピングモールは——筆者補足〕広大な人口環境と膨大な商品世界に，『自然』という幻影と手触りを投射する。このような自然化された人工環境としての商品世界の『巨大さ』の非日常性こそ，現代の『SC のある社会』が表現し，私たちが感覚する消費のリアリティではないだろうか」(p.279)。

14) 宗田（2007），p.279。
15) 松井洋一郎氏（岡崎まちゼミの会代表，内閣府地域活性化伝道師，経済産業省タウンプロデューサー）は専修大学商学研究所主催の研究会（2013 年 5 月 21 日）で同趣旨のことを指摘しておられたが，商店街関係の会合等に参加する機会に同様のことを直接聞かされることが少なからずある。
16) 例えば，佐藤（2003），大村（2004），三田（2006），牛場（2008），小宮（2009）等が挙げられる。
17) 宮川・大守（2004），p.43 による。
18) 山岸（1998），山岸・吉開（2009）などを参照。
19) 山岸（1998），p.4。
20) 同上書，p.197。
21) 内閣府経済社会総合研究所（2005）による。
22) それぞれの具体的な内容については，経済産業省が中心市街地活性化の人材育成のために運営している「街元気 まちづくり情報サイト」(https://www.machigenki.jp/index.php)に動画コンテンツを含めて紹介されている。また，長坂（2012）でも，マップづくりを除いて，実際の推進者によって詳論されている。
23) http://marukoyasashism.jimdo.com/ および https://www.facebook.com/pages/ 新丸子商店街まるこやさしズム 21/230716973650160 を参照されたい。
24) http://mitamachi.com/ を参照されたい。
25) 中小企業基盤整備機構ウェブサイトの東日本大震災に関する中小企業支援策「仮設施設整備事業進捗状況」，およびそれぞれの地区の関連ウェブサイトによる。
26) 中心市街地活性化という枠組みでの成功事例については，細野（2007），足立（2010），久繁（2010），長坂（2011），矢部（2011）が，参考になる。

付表 6-1　東日本大震災被災地における仮設商店街・店舗の一覧
（中小企業基盤整備機構による整備分　2013 年 10 月 25 日ないし 11 月 7 日現在）

所在地	仮設商店街名	開設年月	店舗数	概　　要
岩手県宮古市	たろちゃんハウス	2011 年 9 月	22	「グリーンピア三陸みやこ」敷地内の 407 戸の仮設住宅に隣接して開設。同所内で 5 月中旬オープンの県内最初のテントによる共同仮設店舗を拡充整備。
陸前高田市	陸前高田元気会	2011 年 11 月	9	すべての店舗、施設が流失したことから、高台に位置する民有地等を借受け開設。
陸前高田市	高田大隅つどいの丘商店街	2012 年 12 月	13	飲食店店主がリーダーとなって施設入居者を募り、多数の支援機関の支援制度を組み合わせて、市内最大規模の仮設商店街として開設。
陸前高田市	栃ケ沢ベース	2012 年 3 月	7	中心商店街で営業していた被災店舗を中心に開設。
陸前高田市	陸前高田未来商店街	2013 年 2 月	6	震災後まもなく、津波により流出した商店を中心に、コンテナを利用した店舗として営業していたが、その後、仮設商店街として開設。
山田町	八幡第 I 産業復興棟	2011 年 8 月	5	震災復興の第 1 ステップとして、町民の利便を回復するために開設。
山田町	高砂通り商店街	2012 年 3 月	32	津波によって流出した中心街に賑わいをつくり、人を集め交流ができるよう、多数の地権者の協力を得て 5 棟の共同仮設店舗を整備。
普代村	太田名部仮設店舗	2012 年 2 月	2	漁港周辺で営業していた 2 つの食堂が仮設店舗で営業再開。
釜石市	復興天神 15 商店街	2011 年 9 月	15	廃校となった第一中学校校庭の仮設住宅（130 戸設置）の隣接地に開設。
釜石市	鵜！（う〜の）はまなす商店街	2011 年 10 月	9	商店等の機能を回復し地域住民の利便性を確保するために開設。
釜石市	青葉公園商店街	2012 年 1 月	34	中心市街地で被災した約 150 店舗のうち 34 店舗が、本商店街で事業再開。NPO や関西の女子大学と連携したイベント等により地域住民が集まる場所に。
釜石市	釜石はまゆり飲食店街	2011 年 12 月	48	壊滅的な被害を受けた釜石名物「呑兵衛横町」の 15 店舗を含む 48 店舗が、鈴子公園広場で大小 5 棟の仮設施設により営業再開した仮設飲食店街。
釜石市	平田パーク商店街	2011 年 12 月	22	少子高齢対策型住宅のモデルとして整備された平田公園仮設住宅団地の中心に整備。
釜石市	鵜住居神ノ沢地区仮設企業団地	2012 年 4 月	―	仮設施設 13 棟の仮設企業団地に隣接して、食品スーパー、ホームセンター等が立地しており鵜住居地区の生活の拠点として整備。
岩泉町	みらいにむけて商店街	2011 年 9 月	7	商店等の機能回復および地域復活のシンボルとして、町が小本地区仮設住宅団地に隣接した民有地を借り上げて開設。
野田村	野田第 19 地割町裏地区仮設事務所	2011 年 11 月	19	野田村役場から近く、利便性が高い場所に開設。
大槌町	わらびっこ商店街	2011 年 11 月	10	農地を転用した敷地に開設。本敷地両側に仮設住宅が建ち並んでおり居住者の買い物場となる。
大槌町	大槌北小　福幸きらり商店街	2011 年 11 月	43	大槌北小学校校庭に建設された町内最大の仮設商店街。国道 45 号に近く、約 100 台分の駐車場を有する。気仙沼復興商店街南町紫市場と連携協定を締結。

第6章　地域商業・商店街の魅力再構築の方向

市町村	名称	開設時期	店舗数	概要
洋野町	種市地区仮設店舗等施設	2011年11月	3	津波で壊滅した種市ふるさと物産館内にあった食堂と他の事業者の施設として開設。食堂は町民の集まる場所の少ない街のなかで憩いの場となる。
大船渡市	永沢21番地区仮設事業所	2011年10月	4	鮮魚出荷や包装品販売などを主な業務とする事業者が連携して開設。
大船渡市	おおふなと 夢 商店街	2011年12月	33	地域の復興の核となる中心商店街の復活へ向けて，大船渡市駅西側の茶屋前に鮮魚店や青果店など市民生活を支える店舗が入居し開設。
大船渡市	復興おおふなとプレハブ横丁	2011年12月	22	被災した飲食店主らが商店街復興のため営業再開希望者を募り，市が取りまとめ開設。隣接する大船渡屋台村とともに大船渡復興のシンボルに。
大船渡市	地ノ森八軒街	2011年12月	8	約70戸規模の地ノ森仮設住宅団地に近接しており，地域の住民に加え，仮設住宅の入居者向けに整備。
大船渡市	大船渡屋台村	2011年12月	20	大船渡飲食店組合が被災前の飲食店街の賑わいを取り戻そうと整備。敷地内にはイベント広場が設けられ，中心市街地の活性化にも寄与。
大船渡市	浦浜サイコー商店街	2011年12月	13	地域密着型の営業をしてきた店舗が集まり，新たな商業拠点として営業再開するために開設。
宮城県塩竈市	しおがま・みなと復興市場	2011年8月	12	観光船ターミナル施設「マリンゲート塩釜」前の「みなと広場」に市内被災商店等向けに開設。
石巻市	石巻立町復興ふれあい商店街	2011年12月	21	企業が所有する駐車場用地を活用し，中心市街地の核となる仮設店舗として開設。
石巻市	おがつ店こ屋街	2011年11月	14	被災した雄勝総合支所の駐車場に開設。地域唯一の商店街として復興関係の工事業者，ボランティア，ツアー客の支援・交流の場として活用。
石巻市	石巻まちなか復興マルシェ	2012年4月	6	市有地に飲食店等の事業再開および街のにぎわいをめざして開設。敷地にはボランティア事業によるトレーラーハウス3棟とイベントステージが配され中心市街地の集客拠点に。
南三陸町	伊里前福幸商店街	2011年12月	8	歌津市街地で商業者が町の復興をめざし開設。地域密着型の取り組みと全国から送られたフラッグで集客。
南三陸町	南三陸さんさん商店街	2012年2月	30	志津川市街地で商業者が町の復興をめざし開設。地元住民だけでなく，多くの観光客が来訪。
女川町	きぼうのかね商店街	2012年1月	20	中心部の県立女川高校校庭に，ほとんどの生活サービスが受けられる拠点として開設。町が整備した仮設の銀行・郵便局・交番（全5区画），商工会が整備した木造仮設店舗（全30区画）と併設。
気仙沼市	気仙沼復興商店街　南町紫市場	2011年12月	50	市が中心部の瓦礫撤去等を早期に実施できない中，商店主が中心となり建設予定地の基盤を準備し開設。
気仙沼市	復興屋台村気仙沼横丁	2011年11月	22	市中心部で被災した飲食店等事業者を中心に開設。
気仙沼市	気仙沼鹿折復幸マルシェ	2011年12月	34	飲食店等を営んでいた事業者が，買い物・交流の場ともなるよう開設。
気仙沼市	まついわ福幸マートコ コサカエル	2011年12月	14	震災後，会員が32店舗から25店舗に減少したが，当地区での事業再開をめざす事業者のため開設。
気仙沼市	グリーンアイランドおおしま	2011年12月	2	大島の浦の浜フェリー乗り場前で，物販店を営んでいた事業者等の事業再開のために開設。
気仙沼市	大島農水産物直売所島っこ市	2012年3月	1	大島・浦の浜で地産地消を進める目的で始まった朝市（島っこ市）の建物が被災し，その復活のため開設。

市町村	施設名	開設時期	戸数	概要
登米市	佐沼字小金丁地区仮設施設	2011年11月	6	地元住民の生活を支えてきた商店街の再生のため，営業再開が困難な商店等を対象に，店舗跡地に開設．
亘理町	鳥の海ふれあい市場	2011年12月	4	港湾施設跡地に「わたり温泉鳥の海」併設の直産施設「ふれあい市場」の仮設販売所を整備．
亘理町	ふるさと復興商店街	2012年1月	30	公共施設移転予定地に仮設住宅（558戸）等を建設し，その利用者のための利便施設，雇用の場として開設．
東松島市	復興仮設店舗 堺堀	2011年10月	4	仮設住宅の入居者への物品販売と，被災した事業者の事業再開の場として開設．
名取市	復興仮設店舗 閖上さいかい市場	2011年12月	31	市内の区画整理事業用地を利用して，事業再開に必要な店舗・事務所のために開設．
山元町	山元町合戦原 仮設施設	2011年12月	8	仮設住宅に入居する町民へのサービス提供と被災事業者の事業再開の場として開設．
七ヶ浜町	七の市商店街	2011年11月	6	点在する仮設住宅の中心部に位置する生涯学習センター敷地内に開設．商工会やNPO法人等から支援を受け，月1回イベントを実施し，日常生活を支えるとともに町内外から集客し，交流の場としても機能．
多賀城市	多賀城復興横丁わいわい村	2012年4月	24	生活環境の早期復旧と安定的な生活関連サービスの供給のため，被災事業者の事業再開をめざして開設．
福島県相馬郡新地町	新地町谷地小屋地区仮設店舗	2011年8月	4	商店街が甚大な被害を受け，地域の再興のため開設．
相馬市	相馬市大野台地区仮設店舗	2011年9月	10	建物が全半壊した住民と原発事故で避難した住民の応急仮設住宅（2市2町1村，1,103戸）が整備されており，入居者の利便性確保と被災事業者のため開設．
いわき市	浜風商店街	2011年8月	12	市立久之浜第一小学校の校庭南側に開設．地域の人々の集いの場ともなる．
いわき市	楢葉町・高久応急仮設商店街 くんちぇ広場	2011年10月	3	いわき市中央台の楢葉町の仮設住宅住民の利便性向上のため，商工会が中心となって開設．近隣に避難している広野町の仮設住宅住民も利用．避難長期化の中，商品の配達や御用聞きなどにも積極的に対応．
いわき市	楢葉町・上荒川応急仮設店舗 いわき楢葉村ふれあい広場	2011年12月	8	いわき市平上荒川に整備された楢葉町の仮設住宅住民の利便性向上のため，商工会が中心となって設置．近隣に商業施設のない仮設住宅の利便性向上に大きく貢献．
いわき市	ならは元気あっぷジム	2012年6月	1	避難が長期化しているため，住民の健康増進とコミュニティの維持を目的に，楢葉町が町内のJヴィレッジが運営するフィットネスジムを入居させ開設．
いわき市	ふたばふれあい処	2012年3月	1	双葉町が応急仮設住宅（259戸）に入居した避難住民の利便性の確保と，同じ町民の役に立ちたいと事業再開を強く望む入居者の意向を踏まえ開設．
三春町	葛尾村応急仮設住宅仮設店舗 さくら湖のお店屋さん	2011年11月	5	原発事故で葛尾村から三春町に避難している住民の仮設住宅の近傍に店舗がないため，村が商店等経営者に事業再開意向を確認し開設．
桑折町	お休み処桑浪笑店	2011年9月	3	桑折町が被災した中小企業に対する支援，および隣接する福島蚕糸跡地仮設住宅に避難する浪江町住民の利便機能を確保するため開設．
福島市	飯舘村，福島市松川地区仮設店舗	2011年11月	2	飯舘村が原発事故で避難した村民向けに，福島市の協力を得て松川工業団地に仮設住宅を整備し，その居住者のために農産物直売所等が入居する施設を整備．

第 6 章　地域商業・商店街の魅力再構築の方向

会津若松市	大熊町松長近隣公園仮設住宅　コミュニティ施設　おおくまステーション　おみせ屋さん	2011 年 10 月	3	大熊町から原発事故で避難した町民の仮設住宅向けに開設。隣接する「つながっぺセンター」とともに住民の憩いの場としても活用。
大玉村	富岡さくらの郷　えびすこ市・場	2012 年 4 月	3	原発事故で大玉村に避難している富岡町の仮設住宅住民の利便性向上のために，被災した商工会員 6 社が設立した「合同会社富岡さくらの郷」が運営。
会津美里町	みんなのお店　きずな	2011 年 12 月	1	原発事故で避難している楢葉町の住民を応急仮設住宅（259 戸）に迎え入れ，避難住民の利便施設として仮設店舗を整備。
長野県栄村	栄村森宮野原駅前　仮設施設	2012 年 1 月	2	住民に生鮮食品等を供給していた駅前の商店街が機能を失ったため，住民生活確保のために開設。

［出所］　中小企業基盤整備機構ウェブサイトの東日本大震災に関する中小企業支援策「仮設施設整備事業進捗状況」に基づき作成。

商業まちづくり政策における政策評価
政策目標の設定と政策効果の測定・評価の方法

――― 第 **7** 章 ―――

はじめに

　行政機関が行う政策の評価に関する法律（政策評価法）が2001年に制定（2002年4月施行）される以前は，商業まちづくり政策の分野においても他の政策分野同様，全体としての政策目標や個々の事業目標が実際にどれだけ達成されたかについて，具体的な効果を測定し評価することに踏み込んだ議論が行われることは少なかった。しかし，同法によって，国の府省が所掌する政策については，その政策効果を定期的に事後評価し公表するとともに，国民生活等に大きな影響を及ぼすものについては事前評価を実施しなければならないとされたことで，政策効果が制度的に問われるようになった。

　そこで本章では，まず，政策評価に関する一般的な関心の高まりについて確認したうえで，商業まちづくり政策の分野における政策評価の方法論を検討するために，政策評価の行政的手続きが整備・定着してきた時期における，現実の政策決定過程での政策評価にかかわる2つの事例を取り上げる。

　第1の事例は，中心市街地活性化法（中活法）の効果をめぐる問題である。それは，**第1章**で提示した政策（ポリシー）―施策（プログラム）―事業（プロジェクト）という政策執行プロセスに照らすならば，商業まちづくり政策の中軸を担う中活法という施策，およびそれに基づく各種の補助事業，つまり施策と事業という2つのレベルについて，一定期間執行されてきたものに対する事後的な評価である。中活法は，2006年の法改正前の時期と，2012年後半～

2013年前半の2回にわたって事後評価の洗礼を受けている。このうち後者に基づいて制度の再見直しのための法改正に着手され，2014年1月から国会において議論が開始された。ここでは，再見直しのための事後評価プロセスにおいて，どのようなことが指摘され，いかなる方向がめざされようとしているのかについて検討する。

　もう一つの事例は，商業まちづくり政策におけるもう一方の主役である地域商店街活性化法についてである。この施策は，従来の商店街支援制度に対して効果がみえない等の批判的評価がなされたことをふまえて新たに導入されたもので，同法の認定制度とそれに基づく支援事業について設けられた，事前段階における目標設定と測定・評価の方法を検討する。なお，本法についても，2014年が制定5年後に当たることから，2013年末から同法に基づく商店街支援事業および同法制定以前の中小商業向け支援事業に関する成果の測定・評価と，それに基づく法制定そのものの見直し作業が行政サイドにおいて開始されている。

　第1章で述べたように，2000年代中盤以降の時期は，それ以前の政策評価制度の未整備期に対して，政策評価の行政的手続きについて，事前審査から事後評価までの流れがマニュアル的に整備・標準化される定着期に当たる。しかし，その半面で政策評価の形式的手続き化が進展してしまい，政策評価の実質が失われてしまうというリスクがあることが指摘できる。いわば政策評価の「行政的手続き化の罠」である。

　本章の最後では，こうした政策評価の形式的手続き化のリスクをふまえたうえで，商業まちづくり政策の分野における政策評価の今後の方向や課題について展望する。

1　政策評価への一般的関心の高まり

1　2つの制度における政策評価の仕組み

　本章で対象としている2つの法制度には，もともと政策評価の考え方が盛り込まれている。例えば，中活法においては，施策レベルでの規定として，「政府は，この法律の施行後5年を経過した場合において，この法律による改正後の規定の実施状況，社会経済情勢の変化等を勘案し，この法律による改正後の

金融諸制度について検討を加え，必要があると認めるときは，その結果に基づいて所要の措置を講ずるものとする」(附則第40条) と規定されており，法制度そのものの時限的な見直し規定が設けられている。また事業レベルにおいては，自治体が基本計画策定時に政策目標を設定するとしたうえで，その達成度を年度ごとに測定・評価し，国に報告するフォローアップ制度が組み込まれている。

地域商店街活性化法についても，ほぼ同様の仕組みが組み込まれている。同法制定に向けた中小企業政策審議会中小企業経営支援分科会商業部会における議論の段階から，政策効果を高めるために，いわゆるPDCAサイクルを回すことの必要性等が指摘され，それに見合った制度が法令に組み込まれた[1]。

しかし，従来はこうした制度のあり方や運用の実態については，行政実務レベルの問題として，学術的研究の対象にされることはあまりなかった。いわば，PDCAサイクルが制度的に準備されても，実際に〈D→C→A〉のプロセスをどのように進めるか，あるいはそれがどのように進んでいるかについては，行政的なデュープロセスとして整えられ実行されても，そこに焦点を絞った研究はなされてこなかったといえる。

2 「事業仕分け」の実施

そうした中にあって，2009年の民主党への政権交代が事態を大きく動かし，従来の自由民主党を中心とする長期政権にはない，いくつかの「新しい風」をもたらした。その代表がいわゆる予算編成過程での「仕分け」である。仕分けは，限られた政策原資をどのように配分するかにあまりに無神経であった旧政権へのアンチテーゼとして，政治主導の名の下に開始されたもので，政治家が自ら政策評価の場でイニシアティブを発揮するとともに，そのプロセスを国民に開示したことで，当初こそ，多くの人々の拍手喝采を浴びた。

地域商業・まちづくりに関する施策や事業は，仕分けのターゲットの一つとなり，次のように大幅な見直しが求められた。

まず，民主党政権発足時の目玉施策の一つとして2009年11月に実施された，行政刷新会議の事業仕分け第一弾においては，次のような判断が下された[2]。まず，国土交通省所管のまちづくり関連事業 (まちづくり交付金を中心に予算要求額1821億円) については，事業そのものの有益性は認めつつも，国の事業と

して行うことに疑問が多く出され,「自治体に任せる」べき,と結論づけられた。また,経済産業省中小企業庁所管の商店街・中心市街地活性化事業（中小商業活性化支援事業,中小商業活力向上施設整備事業,戦略的中心市街地商業等活性化支援事業費補助金の3事業で予算要求額約80億円）については,「予算の2割縮減」と「実施主体として国と自治体どちらがいいのか」を検討すべきとされた。

さらに,2012年6月の行政事業レビュー（いわゆる省庁版事業仕分け）においては,戦略的中心市街地商業等活性化支援事業（2012年度予算額約28億円）が対象になり,外部有識者5名全員が「現行事業は『廃止』する」と評価し,「中心市街地活性化法に基づく経済産業省としての支援のあり方について,ゼロベースで検討」すべきとして,廃止となった[3]。

以上の判断は,いずれもまちづくりや商店街振興そのものを否定するものではなく,その必要性を認めつつも,従来のやり方では効果が上がっていないこと,むしろ状況が悪化さえしていることを問題にするものといえる。そのため,まちづくりや商店街活性化をどのように進めるべきかが,あらためて問われるようになったわけである。

3 「仕分け」の限界

「仕分け」という政治手法は,従前の「ライフサイクルの無い事業に対して切り込もうとした試み」として評価できる面ももちろんあるが[4],それが準備不足のままあまりに性急にことが運ばれた感があり,実施されるたびに批判的な意見が目立つようになった。とりわけ,それぞれの政策課題（予算費目）について,設定されている目標の妥当性や達成度合い等を冷静かつ客観的に評価,検証することをないがしろにしたまま,短期的で感覚的な,場合によっては恣意的な評価で切り捨てるような,ある種の「政治ショー」と化してしまったことに根本的な問題があると考えられる。そして,時間の経過とともに,当初の国民の熱気も冷めていった。

このように,仕分けの評価は功罪相半ば,というよりも「罪」の方が相対的に大きいといえるかもしれない。近い将来,その全過程を通じて各プレイヤーたちがいかに戦略的に行動したのか,あるいはしなかったのか,そしてどれがどのような帰結をもたらしたのか,などに関する政策過程分析が必要である。

それはともかく,個々の政策の効果を測定・評価し,それを次の意思決定に

活かすという考え方を，国政レベルの現実の政策決定過程において実践したことの意義は大きいといわざるをえない。曲がりなりにもそれが一度実践されたことによって，その後の政策過程において，そうした手続きを一切なしに済ませることが難しくなったといえる。こうして政策評価への国民的な関心が一挙に高まったといっても過言ではないだろう。

さらに，こうした過程とほぼ並行して，法認定や補助金などの採択に際して，学識経験者等による外部審査・認定委員会の審議にかけるという手続きもかなり一般化してきた。これによって政策過程の事前および事後における審査と評価が，少なくとも手続き上は整ってきたことになる。

2 中心市街地活性化政策の評価

1 中活法の再見直し

2012年後半に開始された中心市街地活性化政策の評価・再見直しに関する議論は，経済産業大臣の諮問機関である産業構造審議会の下に13年2月に新設された中心市街地活性化部会に受け継がれ，討議が続けられた。そして，2013年6月4日，同部会は「中心市街地の再活性化に向けて（提言）」をとりまとめ，次のような方策を提言した。

(1) 中心市街地の圏域設定を見直す。
(2) 中心市街地の3つのモデルを導入する（総合型，相互補完型，生活拠点型）。
(3) 空き店舗・未利用地の活用については固定資産税，不動産取得税など税制改正で対応する。
(4) 「特区制度」の活用による民間資本誘導，公的資金の有効活用によって生活利便施設の整備，まちなか創業の環境整備などを推進する。

行政側には，これらについて制度改定等を通じていかに施策として実現していくかが問われているわけだが，ここで注目したいのはその方向性そのものではなく，この提言に至る前段階で実施された，中活法の政策効果に関する議論である。すなわち，それは2012年11～12月に4回にわたって開催された「中心市街地活性化に向けた有識者会議（以下では有識者会議）」（事務局は経済産業省商務流通保安グループ），およびこれにやや先行して開かれた「中心市街地活性化評価・調査委員会（以下では評価・調査委員会）」（所管は内閣官房地域活性化統合

事務局）における審議内容である。

有識者会議および評価・調査委員会の事務局は，会合のたびに膨大な資料を提出しているが，それらの中に中活法の政策効果にかかわるものが多数含まれている[5]。以下では，それらを参考にしながら議論を進めていく[6]。

2 政策効果の測定・評価——基本計画

先に述べたように，中活法では，自治体が基本計画の認定を受けるにあたって，具体的な政策目標を明記し，その達成度を国に報告することとなっている。これは，旧・中活法（1998年制定）に関して政策効果があがっていないという厳しい指摘が，総務省による中活法の運用状況に関する監察・監視結果に基づく「勧告」，および会計検査院による中活法の運用に関する評価など[7]，政府部内からなされたことを受けて，政策効果を毎年度チェックするために設けられた制度といえる（**第5章**参照）。

これによって，各自治体はそれぞれの状況に応じてさまざまな政策目標が設定できるようになった。しかし，現実の法運用においては，政府が「中心市街地の活性化を図るための基本的な方針」（2006年9月8日閣議決定），および「中心市街地活性化基本計画認定申請マニュアル」（2006年9月26日内閣府中心市街地活性化担当室が策定，07年4月2日改定，08年4月1日改定）をとりまとめ，それらに基づいて自治体の基本計画認定が進められた。このように，国の文書で基本計画の認定基準が明示的に示されたことから，認定された基本計画をみると，さすがに内容面までとはいわないが，構成面では政策目標を含めてかなり類似性が高くなった。

これらのことを前提にしながら，政策効果にかかわる資料をみていこう。

有識者会議第3回資料によると，2012年度末現在で，中活法の認定を受けた基本計画は，**表7-1**に示すように118件（107市，110地域）あり，全体で322の目標が設定されている。目標をカテゴリー別に整理すると，通行量，居住人口等，施設入込数等，販売額等，公共交通機関利用，空き店舗等，その他という8つの内容に分類できる。ただし，すぐ後にみるように，実際に設定されている目標は，これらのうち3-4つに集中する傾向にある。

設定されている目標値の水準（増加率）と目標内容との関係を整理したのが，**図7-1**である。基本計画で掲げられている目標値（左側の円グラフ）は100%

第7章 商業まちづくり政策における政策評価

表 7-1　中心市街地活性化基本計画の認定状況（107 市 110 地域 118 計画）

北海道	<u>帯広市</u>，砂川市，滝川市，小樽市，岩見沢市，富良野市，稚内市，北見市，旭川市	滋賀県	大津市，守山市，長浜市
		京都府	福知山市
青森県	青森市※，三沢市，弘前市，八戸市，十和田市	大阪府	高槻市
		兵庫県	<u>宝塚市</u>，神戸市（新長田），尼崎市，伊丹市，丹波市，姫路市，川西市，明石市
岩手県	久慈市，盛岡市，遠野市		
宮城県	石巻市	奈良県	奈良市
秋田県	秋田市，大仙市	和歌山県	<u>和歌山市</u>，田辺市
山形県	鶴岡市，山形市，酒田市	鳥取県	鳥取市，米子市
福島県	白河市，福島市	島根県	松江市
新潟県	新潟市，長岡市，上越市（高田）	岡山県	倉敷市，玉野市
茨城県	石岡市	広島県	<u>府中市</u>
栃木県	大田原市，日光市	山口県	山口市，下関市
群馬県	高崎市	香川県	高松市
埼玉県	川越市	徳島県	―
千葉県	<u>千葉市</u>，柏市	愛媛県	西条市，松山市
東京都	―	高知県	四万十市
神奈川県	―	福岡県	久留米市，北九州市（小倉・黒崎），直方市，飯塚市
山梨県	甲府市		
富山県	富山市※，高岡市※	佐賀県	小城市，唐津市
石川県	金沢市※	長崎県	諫早市，大村市
福井県	福井市，越前市，大野市，敦賀市	熊本県	熊本市（熊本）※，<u>八代市</u>，山鹿市，熊本市（植木）
長野県	長野市※，飯田市，塩尻市，上田市		
岐阜県	岐阜市※，中津川市，大垣市	大分県	豊後高田市※，大分市，別府市，佐伯市
静岡県	<u>浜松市</u>，藤枝市，静岡市（静岡・清水），掛川市，沼津市		
		宮崎県	宮崎市，日向市
愛知県	豊田市，名古屋市，豊橋市，東海市	鹿児島県	鹿児島市
三重県	伊賀市	沖縄県	沖縄市

［注］　※印は 2 期計画の認定を受けた市，下線は計画期間終了の市

以下から 200％以上までさまざまであるが，100％から 130％で約 80％，100％から 110％で約 50％を占めている。100％から 110％を掲げている目標の具体的な内容をみると（右側の円グラフ），約 60％が通行量と居住人口等が占めるという傾向にある。また，設定されている目標のほとんどが定量的なもの

図 7-1 戦略補助金（ソフト事業）の効果——設定された目標との関係

【基本計画の目標値増加率】

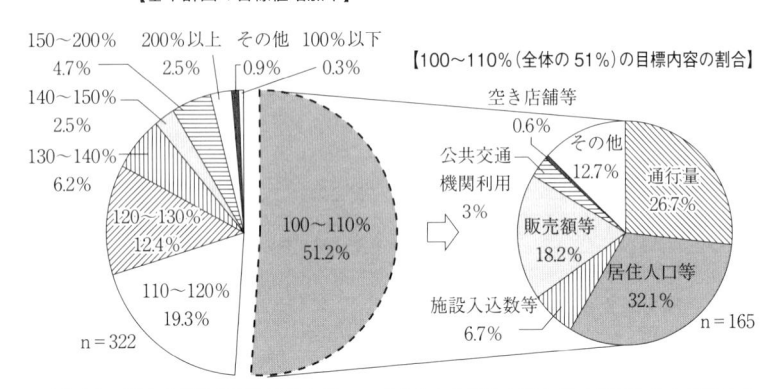

- 150～200% 4.7%
- 200%以上 2.5%
- その他 0.9%
- 100%以下 0.3%
- 140～150% 2.5%
- 130～140% 6.2%
- 120～130% 12.4%
- 110～120% 19.3%
- 100～110% 51.2%
- n=322

【100～110%（全体の51%）の目標内容の割合】

- 空き店舗等 0.6%
- その他 12.7%
- 公共交通機関利用 3%
- 通行量 26.7%
- 販売額等 18.2%
- 居住人口等 32.1%
- 施設入込数等 6.7%
- n=165

[出所] 経済産業省商務流通保安グループ「中心市街地を取り巻く状況とその支援の在り方」平成24年12月。

表 7-2 人口規模と産業特性別の認定中心市街地活性化基本計画の目標達成度と基準値改善度

	商業都市		観光都市		農工業都市	
	目標達成度	基準値改善度	目標達成度	基準値改善度	目標達成度	基準値改善度
大都市	19.2% (16地域, 10/52目標)	48.1% (16地域, 25/52目標)	20.0% (10地域, 6/30目標)	43.3% (10地域, 13/30目標)	23.4% (19地域, 15/64目標)	53.1% (19地域, 34/64目標)
10～30万人都市	9.1% (4地域, 1/11目標)	36.4% (4地域, 4/11目標)	23.8% (7地域, 5/21目標)	38.1% (7地域, 8/21目標)	23.6% (20地域, 13/55目標)	52.7% (20地域, 29/55目標)
10万人以下の都市	6.3% (7地域, 1/16目標)	43.8% (7地域, 7/16目標)	16.7% (6地域, 3/18目標)	33.3% (6地域, 6/18目標)	27.3% (21地域, 15/55目標)	49.1% (21地域, 27/55目標)

[注] ※ 目標達成度：基本計画で設定した目標数のうち，直近のフォローアップ数値が目標達成した数の割合を表したもの。
※ 基準値改善度：基本計画で設定した目標数のうち，直近のフォローアップ数値が計画当初より改善した数の割合を表したもの。

[出所] 経済産業省商務流通保安グループ「中心市街地を取り巻く状況とその役割」2012年11月。

であり，定性的なもの（たとえば「商業の質」）はごくわずかにとどまるということも特徴として指摘できるという。

次に，このように設定された目標が実際にどの程度達成されたのかについて

みてみよう。全政策目標の達成度と基準値改善度を，人口規模と産業特性別に整理すると表7-2のようになる。ここから，全体的にみて，目標達成した割合は10％未満からせいぜい20％台後半で，基準値が改善したとする割合は30％台から50％台前半と低い水準にとどまっていることがわかる。また，商業都市と観光都市においては，人口規模が小さくなるほど，どちらの指標もおおむね悪化していることがみてとれる。

3　政策効果の測定・評価——戦略補助金

中心市街地活性化政策において，従来中核的に用いられてきた補助金である戦略的中心市街地商業等活性化支援事業費補助金，いわゆる戦略補助金の効果についてみてみよう。なお，戦略補助金は経済産業省内のいわゆる政策仕分けによって2012年度をもって廃止されたが，2012年12月の自公連立政権発足後に編成された12年度補正予算および13年度予算から，新たに中心市街地魅力発掘・創造支援事業費補助金がスタートしている。

表7-3は，戦略補助金のうちハード事業について，上述した政策目標の8カテゴリーごとに達成率等を整理したものであり，上段は戦略補助金申請時の目標との関係，下段は基本計画策定時の目標との関係でまとめられている。設定されている目標についてみると，上段は通行量，施設入込数等，販売額等への，下段はそれらに加えて居住人口等への集中度が高くなっていることがわかる。また，基準値改善率については，多くの目標カテゴリーで改善がなされているが，目標達成率でみると10～30％台がほとんどで，やはり低水準にあることがわかる。とくに，居住人口等，販売額等，空き店舗等の達成率の低さが注目される。

同様に戦略補助金を用いたソフト事業の効果について整理したのが，表7-4である。設定されている目標は，空き店舗率等が加わる以外，ハード事業とほぼ同様の項目に集中している。目標達成率や基準改善率の水準は，意外にもハード事業よりやや高いものの，おしなべて低水準にあることがわかる。

4　見直しの方向

このような検討をふまえて，有識者会議の報告書「中心市街地活性化政策の見直しの方向性」（2012年12月21日）ではおおむね次のように課題をまとめて

表 7-3 戦略補助金（ハード事業）の効果——設定された目標との関係

	通行量	居住人口等	施設入込数等	販売額等	公共交通機関利用	空き店舗等	その他	計
【戦略補助金（ハード事業）目標分類】								
設定数	81	2	40	35	4	11	26	199
目標値達成数	19	0	15	6	2	2	13	57
目標値達成率(%)	23.5	0.0	37.5	17.1	50.0	18.2	50.0	28.6
基準値改善数	45	1	37	19	3	5	18	128
基準値改善率(%)	55.6	50.0	92.5	54.3	75.0	45.5	69.2	64.3
【戦略補助金（ハード事業）実施基本計画目標分類】								
設定数	46	23	21	21	5	8	17	141
目標値達成数	8	2	8	3	2	0	7	30
目標値達成率(%)	17.4	8.7	38.1	14.3	40.0	0.0	41.2	21.3
基準値改善数	24	8	16	3	2	3	11	67
基準値改善率(%)	52.2	34.8	76.2	14.3	40.0	37.5	64.7	47.5

［注］　※　上段は戦略補助金申請時に設定した目標で，補助事業実施効果報告書の直近数値から評価。
　　　　※　下段は基本計画作成時に設定した目標で，各市が実施するフォローアップの直近数値から評価。
　　　　※　目標値達成：戦略補助金申請時，基本計画作成時に設定した目標値を直近値が上回っている場合を達成とした。
　　　　※　基準値改善度：戦略補助金申請時，基本計画作成時の値（基準値）を直近値が上回っている場合を達成とした。
［出所］　経済産業省商務流通保安グループ「中心市街地を取り巻く状況とその支援の在り方」2012年12月。

いる。

　従来の中心市街地活性化の目標の多くは，通行量，居住人口，販売額など画一的で，必ずしも地域の実情に合った目標となっていなかった。また，中心市街地の活性化には，経済的側面とともに，コミュニティ機能維持など社会的側面がある。経済的側面については，施設利用者数など直接効果のみが目標とし

第7章　商業まちづくり政策における政策評価

表7-4　戦略補助金（ソフト事業）の効果——設定された目標との関係

	通行量	居住人口等	施設入込数等	販売額等	公共交通機関利用	空き店舗等	その他	計
【戦略補助金（ソフト事業）目標分類】								
設定数	40	3	29	11	1	11	53	148
目標値達成数	11	1	4	1	1	4	16	38
目標値達成率(%)	27.5	33.3	13.8	9.1	100.0	36.4	30.2	25.7
基準値改善数	22	1	11	2	1	6	31	74
基準値改善率(%)	55.0	33.3	37.9	18.2	100.0	54.5	58.5	50.0
【戦略補助金（ソフト事業）実施基本計画目標分類】								
設定数	30	22	12	9	5	10	9	97
目標値達成数	7	2	7	0	3	2	4	25
目標値達成率(%)	23.3	9.1	58.3	0.0	60.0	20.0	44.4	25.8
基準値改善数	16	10	10	0	4	9	7	56
基準値改善率(%)	53.3	45.5	83.3	0.0	80.0	90.0	77.8	57.7

[注]　※　上段は戦略補助金申請時に設定した目標で，補助事業実施効果報告書の直近数値から評価。
　　　※　下段は基本計画作成時に設定した目標で，各市が実施するフォローアップの直近数値から評価。
　　　※　目標値達成：戦略補助金申請時，基本計画作成時に設定した目標値を直近値が上回っている場合を達成とした。
　　　※　基準値改善度：戦略補助金申請時，基本計画作成時の値（基準値）を直近値が上回っている場合を達成とした。
[出所]　経済産業省商務流通保安グループ「中心市街地を取り巻く状況とその支援の在り方」2012年12月。

て設定され，税収増等の地域への波及効果についての目標は設定されておらず，社会的側面については，「住まい手」の生活環境改善といった目標が設定されるケースはほとんどなかった。そのため，各地域が，地域の個性をふまえた多様な目標を設定するとともに，経済的波及効果や定性的かつ社会的効果についても目標を設定し，住まい手が主体的に評価できるような形で効果を把握する

仕組みを構築することが必要である。

　ここまでの論点整理そのものは，至極まっとうなものということができる。むしろ問題は，こうした問題提起を中活法そのものや運用にどう反映させるかにあるといえよう。

3　地域商店街活性化政策の評価

1　目標設定と測定・評価の方法

　もう一つの事例として取り上げるのは，2009年施行の地域商店街活性化法（正式には「商店街の活性化のための地域住民の需要に応じた事業活動の促進に関する法律」）を中心とする商店街活性化政策についてである。そこでは，従来の商店街支援政策に対する批判的な評価をふまえて，新たに施策を決定するに際して，事前に政策目標の設定と測定・評価の方法が詳細に検討された。

　地域商店街活性化法は，商店街が「地域コミュニティの担い手」として行う地域住民の生活の利便を高める試みとして，商店街等が行う商店街活性化事業および支援機関が行う商店街活性化支援事業を認定し支援することにより，商店街を活性化させることを目的とするものである（**第6章**参照）。2013年12月末時点で認定数は109件に達している。

　政策目標の設定と測定・評価の方法については，商店街活性化事業の認定要件として，「商店街活性化事業の促進に関する基本方針」（2009年8月14日施行）において，次のように示されている。すなわち，アンケート調査や市場調査等に基づいて地域住民の需要に応じて行う事業であることを示す必要があるとともに，商店街活性化の効果が具体的な指標として定量的に見込まれることが必要であるとされ，具体的な指標の例として，来訪者の増加や商店街構成員の総売上高増加（ないし減少幅縮小），営業店舗数の増加や空き店舗数の減少，地域住民の買い物頻度向上などが挙げられている。さらに，こうした定量的な効果は，達成時期を明確にする必要があるとともに，進捗状況を検証することが求められるとされた。

2　定量的指標による目標設定

　ここで注目すべきは，認定にあたって，定量的な効果の指標として実際何が

用いられてきているかである。実は，2011年度までに認定された案件については，主として来街者（通行者）の増加や空き店舗，商店街組合員数の増加といった指標が用いられており，商店街売上高（販売額）関連の指標は任意であった。しかし，2012年度から商店街売上高が必須要件として用いられるようになった。しかも，売上高の目標を設定する方法について，文書で詳細に示された（中小企業庁経営支援部商業課「地域商店街活性化法　よくある質問とその回答」2012年7月）[8]。例えば，目標設定の前提となる売上の現状把握の方法については，次のように記されている。

>「商店街全体の売上を把握するため，少なくとも半数以上の店舗から把握してください。（中略）商店街役員等が経営する店舗のみを対象としたものでは不可で，一義的には商店街の全ての店舗の売り上げを把握することが最も望ましいこととなります。また，通年の売上の把握をお願い致します。」

　これは商店街側からすると，認定のハードルを上げる劇的な変化として受け止められ，現場の一部から強い反発を受けたともいわれる。それでは，なぜこうした変更がなされたのか。その直接的な要因は，中小企業庁の政策スタンスが変化したことによるというよりも，次のような事情によるというべきであろう。

　すなわち，地域商店街活性化法の認定を受けると補助率が最大3分の2となるというかたちで，同法に関連が深い補助金に中小商業活力向上事業（2011年度開始15年度終了予定）がある。その前身が中小商業活性化支援事業（2006年度開始10年度終了）であり，本章第2節で述べたように，2009年11月の事業仕分けの対象とされ，次年度予算について2割縮減するとともに地方自治体の意見をよく聞くべき等と判断された。これを受け，目標設定について活性化を直接検証できる指標である通行量もしくは売上高を必須とする一方で，達成状況の検証について応募時に具体的な検証方法を記載させるなどの制度見直しが行われることになった。

　さらに，2011年度から開始された中小商業活力向上事業についても，11年11月の提言型政策仕分けにおいて，施策の効果がみえないうえに，効果を測る指標自体が「通行量もしくは売上高」という曖昧な表現になっていると指摘された。また，2012年度以降の採択案件から売上高の目標指標の提出と5年間の追跡調査を義務づけるとともに，応募時に事業終了後5年間の明確な売上

高の数値目標を提出させることとなった[9]。

　中小企業庁のウェブサイト内の「認定商店街活性化事業計画の概要」に，認定された全事業計画の概要が定量的目標を含めて掲載されている。そこから2011年以前に認定された事業計画と，12年以降に認定された事業計画から経産局別にピックアップして，それぞれの目標を対比させるかたちで整理すると，**表7-5**のようになる。2011年以前の計画においても売上数値を目標に掲げている計画もあるが，多くは歩行者増など売上数値以外となっている。それに対して，2012年以降は商店街全体の売上を把握し，売上数値を目標として設定することが必須条件となったことから，すべての計画に何らかの表現で盛り込まれていることがわかる。

　こうした仕分けという「公開の場」を含む政策評価を通じた，補助金の採択要件強化（売上高指標の必須化など）が，地域商業活性化法の認定に直接影響することとなったわけである。さらに，その後の地域商業再生事業（2012年度開始16年度終了予定）の採択においても，ほぼ同様の要件が用いられることになった。

3　定量的指標採用の影響

　このような認定・採択のハードルの引き上げは何をもたらしたのであろうか。直接的な影響は応募・採択件数の変化として表れる可能性がある。採択案件については公開されていることから，2012年以前と以後でどのような変化があったのかをみることができる。例えば，中小商業活力向上事業についてみてみると，2011年は一次募集採択52件（うち地域商店街活性化法認定事業39件），2次募集採択31件（同11件）の合計83件（同50件）であったのに対して，12年度は一次募集採択87件（うち地域商店街活性化法認定事業71件），2次募集採択14件（同3件），3次募集採択3件（同0件）の合計104件（同74件）であった。募集時ごとの採択件数は減少傾向にあるものの，年度を通じた採択件数でみると，要件が厳しくなった2011年度から12年度にかけて，むしろ増加しており，その限りでは直接的な影響は見受けられないといえる。

　なお，2012年12月に発足した自公連立政権下で編成された2012年度補正予算において，地域商業関連で目玉政策として，地域商店街活性化事業（にぎわい創出補助金）として100億円の基金が，商店街まちづくり事業（まちづくり

補助金）として200億円の基金が積まれることとなった。この基金は，2013年度に入って順次募集・採択されているが（一部は2012年度中に先行採択），要件については従来と異なっている（詳細については現在進行形のため割愛）。

このように，地域商店街活性化政策関連の領域では，事前に政策目標の設定および効果の測定・評価の方法について詳細な定めがなされた。そして，そうした基準に従って法認定や補助金採択といった政策執行がなされてきた。こうした政策手法の有効性や政策効果の高さについて検証が必要であるが，残念ながらまだそのプロセスは始まったばかりであり，今後の議論にゆだねなければならない。

結　び

本章では，現実の政策決定過程における政策評価にかかわる2つの事例を取り上げた。その一つは，事後的な評価として行われてきている中活法による施策および事業の効果をめぐる問題であり，もう一つは，従来の制度への批判的評価をふまえ，新たに導入された地域商店街活性化法関連の施策および事業についての事前の政策目標の設定と測定・評価の方法に関連する事例である。

これらを通じて指摘できる従来の政策評価の問題と課題を整理し，この章を結びたい。

第1に，事前の目標設定の側面からいえば，目標とされている指標がいくつかに類型化され，画一的となっていることが挙げられる。もともとの趣旨からいえば，自治体や商店街組織等がそれぞれ置かれている環境条件や課題をふまえ，創意工夫して独自の目標を設定するべきものであるはずだ。しかし，国が基本方針やマニュアル等を整備し，一定の方向性を類型として明示すると，自治体や商店街等の側でもマニュアル等に沿って認定ないし採択された他の計画を模倣しようとする傾向が強まるため，目標の類型化，さらには画一化がもたらされてしまうのであろう。政策執行の効率性という観点からは，ある程度のマニュアル化による誘導は必要かもしれないが，それぞれの独自性をなくすほどの類型化は過剰な誘導というべきであろう。こうした，目標設定の類型性と独自性のバランスをどこでとるかの検討はこれからの課題といえよう。

第2に，目標設定に用いられる指標の内容についていえば，図7-2に示すように，経済的か社会的かと，定量的か定性的かのマトリックスに整理できる。

表 7-5　認定商店街活性化事業計画における目標の比較——2011 年以前と 12 年以後の事例

経産局	認定日	商店街	自治体	目標
東北	2009 年 10 月 9 日	神明通り商店街振興組合，大町四ッ角中央商店街振興組合	福島県 会津若松市	神明通り：歩行者通行量 2007 年比 +8%〜10% 以上＝平日 8800 人・休日 7,600 人以上（空き店舗率 0%），大町四ッ角中央：同 +8%〜10% 以上＝平日 1,900 人・休日 1,600 人以上（空き店舗率 6%）
東北	2013 年 8 月 12 日	鶴岡銀座商店街振興組合	山形県 鶴岡市	月平均来街者数を実施計画終了時に 2012 年度と比較して 3% 増をめざす（12 年度歩行者 27,000 人→15 年度歩行者 27,810 人）。商店街 38 店舗の年間売上高を実施計画終了時に 2012 年と比較して 1% 増をめざす（12 年度 30 億円→15 年度 30 億 3000 万円）。
関東	2009 年 10 月 9 日	武蔵小山商店街振興組合	東京都 品川区	2012 年の商店街販売額を 2007 年の 192 億円から 219 億円に，27 億円高める（2 万人/日×3 千円/人×365 日＝219 億円）。その他，まちづくりを担う中核的な人材の育成，業態開発ノウハウの伝播による店舗改革の促進（意識改革の促進），パルムに対する顧客意識の変革と商店街のコミュニティ機能の回復を図る。
関東	2012 年 4 月 13 日	宇都宮オリオン通り商店街振興組合	栃木県 宇都宮市	ギャラリー・カフェへの年間来場者 11,580 人，新規イベントへの延べ参加者 1,900 人，2015 年度の歩行者通行量調査では，同店舗前通行量を 12 年度比 3.9% 増をめざす。商店街販売額については，15 年度に 09 年度比 4% の増をめざす。
中部・北陸	2009 年 10 月 9 日	四日市諏訪商店街振興組合	三重県 四日市市	歩行者流量：2008 年度平日 3,982 人・休日 3,242 人から 2013 年度平日 4,029 人・休日 3,275 人へ増加。駐車場売上：08 年度から 13 年度 10% 増加。組合員加入者数：08 年度から 13 年度 5% 増加。
中部・北陸	2012 年 4 月 12 日	氷見市比美町商店街振興組合，氷見市中央町商店街振興組合	富山県 氷見市	商店街の歩行者数を，実施計画終了時に，2009 年度と比較して 6% 増をめざす（09 年度平日 78 名/時→14 年度　平日 86 名/時）。商店街の売上額を，実施計画終了時に，11 年度と比較して 5% 増をめざす。

第7章　商業まちづくり政策における政策評価

近畿	2009年10月9日	千日前道具屋筋商店街振興組合	大阪府大阪市	来街者数 16,000人/日の5％増加。照明電気使用量の60％削減。地域における防犯・環境問題の啓発効果。
	2012年11月19日	大映通り商店街振興組合	大阪府池田市	商店街の来街者数を，2012年度と比較して，14年度には3％以上の増加をめざす（12年度平日3,139人→14年度平日3,233人）。商店街全体の販売額は現状維持をめざす（12年度の販売額20.5億円）。
中国	2009年10月9日	呉中通商店街振興組合	広島県呉市	商店街の休日通行量の増加：前回調査時に比較して約2.9％増加（2005年度39,072人→13年度約40,200）。商店街全体の販売額の増加：07年度水準の維持（07年販売額106億円→13年販売額106億円）。
四国	2009年10月9日	中心街事業協同組合	高知県高知市	商店街全体の来街者数：計画終了時，約860人/日の増。商店街全体の販売額：何もしない場合と比較して，16.3ポイント（25.6％減→9.3％減）の減少幅の改善をめざす。
	2012年4月13日	内子まちづくり商店街協同組合	愛媛県内子町	来訪者の増加：5％増（歩行者通行量2011年715人/日→2014年750人/日）。商店街売上高：5％増。店舗数の増加：3軒増。
九州	2009年10月9日	飯塚市本町商店街振興組合	福岡県飯塚市	2009年の歩行者通行量が10,717人，年々減少傾向にあり，12年には9,190人まで減少すると予想される中，減少率に歯止めをかけ，前年比1％の増加をめざす（12年で9,780人）。
	2012年4月13日	本町一丁目商店街振興組合，本町二丁目商店街振興組合，本町三丁目商店街振興組合，通町商店街振興組合	熊本県八代市	商店街の通行量を2011年度を基準に16年度までに5％アップさせる（11年度14,787人→16年度15,500人）。健康づくり拠点推進事業への登録者を300名にする。商店街の売上：11年度を基準に16年度までに3％アップさせる。

［出所］　経済産業省中小企業庁ウェブサイト内の「認定商店街活性化事業計画の概要」により作成。

図 7-2　目標設定に用いられる指標の内容（例）

	定量的	定性的
経済的	○通行量，販売額，空き店舗など	△商業の質，まちのブランド力など
社会的	△公共施設の数など	△暮らしやすさ，生活者満足など

［注］　○は現在用いられることが多い指標を示し，△はあまり用いられていない指標を示す。

　上述したように，現在設定されている目標はいくつかに類型化されるが，それらは基本的に経済的／定量的のセルに含まれる。逆にいえばこれは，まちづくり政策や商店街活性化政策の効果について，経済的で定量的な側面しかとらえられていないことを意味しよう。それらの実際の効果は，経済的で定性的なもの，社会的で定量的なもの，社会的で定性的なものもあろう。そうした効果に注目し，多面的で総合的な目標の指標を開発・設定することが，これからの課題となる。

　なお，地域商店街活性化法関連の認定や補助金採択において，売上高という上記マトリックスでいえば経済的で定量的な指標の典型のような目標の設定が必須条件とされたことについては，先に述べたように，認定・採択のハードルを上げるものとして一部の商店街組織等から異論が出されたといわれる。これについては，商店街組織等が自らの構成員の売上の現状を把握し，目標設定について議論すること自体が，従来にない意義深いことだとする指摘が，商店街組織自身も含めてなされていることに留意が必要である。

　第3に，目標達成率の測定・評価の側面についていえば，そもそも目標として設定する水準（○○％増など）の妥当性や合理性に関する客観的な判断基準がないことが問題として指摘できる。わかりやすくいえば，高い目標水準は「意欲的」と肯定的にとらえることもできるし，「非現実的」と否定的にとらえることもできる。逆に，低い目標水準は「現実的」と肯定的にもとらえられるが，「リスク回避的」と否定的にもとらえられるという問題である。

　このことに関連して第4に，測定・評価の方法の妥当性や客観性をどう担保するかが必ずしも明確でないことが指摘できる。第3，第4の問題については，商店街関連の補助事業で，目標水準の妥当性を申請商店街の過去の売上動向や類似商店街との比較などによって厳格に判断していたことがヒントになる。こうして設定された目標水準が妥当であったかどうか，あるいは測定・評価を客

観的な方法で実施できるかどうかについて，補助事業の効果を検証する段階で明確にしていく必要がある。そして，このような効果検証を積み重ねることで，測定・評価にかかわる問題を順次クリアしていくべきであろう。

　また第5に，近年，補助事業メニューが多様化・複雑化する傾向にあるが，それにともなって事業を申請する地域の側にとっての不確実性が高まっていることに関連する問題が指摘できる。すなわち，補助事業メニューが多様化・複雑化する一方で，事業メニューごとに求められる目標設定の内容が異なり，あるものには高いハードルが設定され，あるものには低いハードルが設定されるといった事態が発生している。しかも，地域側には事業メニューごとの審査基準や厳格さは事前に把握できない。これらは地域の側にとっての不確実性を高める要因といえる。

　もともと，どの事業メニューが自らの課題や実力にふさわしいのかを判断し，それを申請書等に文章で表現することは，一般的に地域の商業者にとって困難な課題であることが多く，そうしたことを自治体や商工会・商工会議所，その他が支援する必要があった。これらを地域の事業申請力というとすれば，事業申請力の大小は地域によってばらつきが大きかった。そうした事業申請力の差が，申請にあたっての不確実性の高まりによって，さらに拡大してきている。こうした状況への対応，すなわち不確実性を下げる工夫を行うこと，および地域の側の事業申請力を引き上げることが求められる。

　本章では，政策評価の行政的手続きが整備・標準化された定着期の状況をみてきたが，このような問題や課題が発生していることがわかった。いいかえれば，これらが「行政的手続き化の罠」である。こうした政策評価の形式的手続き化のリスクを避け，いかに政策評価の実質化を図るかが，これからの重要な課題といえる。

―― 注 ――

1) この議論は，中小企業政策審議会中小企業経営支援分科会商業部会報告書「『地域コミュニティの担い手』としての商店街を目指して」2009年1月30日としてとりまとめられている。
2) 事業仕分けに提出された資料や評価コメント等は，内閣府行政刷新会議のウェブサイト内で公開されている（http://www.cao.go.jp/sasshin/oshirase/shiryo.html）。
3) http://www.cao.go.jp/gyouseisasshin/contents/02/review.html
4) 山谷（2012），p. 49。

5) 2006年の中活法改正の前段階に行われた産業構造審議会流通部会・中小企業政策審議会経営支援分科会商業部会合同会議などにおける議論においても，政策効果に関する資料は提出されているが，ここまで包括的で充実したものではなかった。
6) これら資料は，それぞれの事務局のウェブサイトからダウンロードできるようになっている。
7) 総務省（2004）および会計検査院（2004）による。
8) http://www.chusho.meti.go.jp/shogyo/shogyo/download/0411ShoutengaiLowQandA.pdf による。
9) 以上については，2012年省内の政策仕分けシート（平成24年 行政事業レビューシート）である http://www.meti.go.jp/information_2/publicoffer/review2012/pdf/h23_0219.pdf を参照されたい。

商業まちづくり施策の評価に関する実証的検討
青森県における 1990 年代以降の政策実施過程

――― 第 **8** 章 ―――

はじめに

　第7章では，商業まちづくり政策の分野における政策評価をめぐる問題について，目標設定や効果測定・評価の方法に焦点を合わせて論じてきた。それをふまえて本章では，長期的な視点から，商業まちづくり施策の展開が，地域商業に対してどのような影響を及ぼしてきたのかについて実証的に検討する。

　その際，議論の対象期間は，1990年代初頭から現在までの約20年間とする。この期間は，わが国の流通政策全般の転換期に当たっていることから，**第1章**でも述べたように，どのような法制度や施策の下で，いかなる事業が実施されてきたのかについては，さまざまな資料に整理されているし，研究も多様に行われている。しかし，現状では，その施策や事業が具体的にどの地域でどのように執行されたのか，そしてその成果はどうだったのかについては，必ずしも十分明らかにされていないというのが実態である。

　こうした状況をふまえ，本章では事業の実施主体側に焦点を絞り，その対象として青森県内の主要市町およびその周辺地域を選定した。青森県内には商業まちづくり施策に対して，全国的にみてもかなり積極的な姿勢で国の施策に基づく事業や自主事業に取り組んできた自治体と，その取り組みに消極的であった自治体とがあり，比較・対照しながら議論を進めるのにふさわしいと考えられるためである。また，本州の北端に位置するという地理的特性から，他県の都市と商圏があまり重ならないことも重要な選定理由の一つとなっている[1]。

なお，ここで商業まちづくり政策ではなく，施策という用語を用いたのは次の理由による。第1章3で理論モデルを提示した際に述べたように，本書では，全般的な政策目標に基づいて策定された政策を，具体的な法制度等として制度的にまとめたものを施策と理解している。そして，それぞれの施策を実際的な目標にブレークダウンし，それを実現する手段として設定するのが事業である。つまり，本章では個別の施策，およびそれらの下で実施される事業に注目する。

　ただし，本章では施策や事業と成果との間の因果関係について詳細に分析するというよりも，長期的な傾向を把握することにとどめざるをえない。というのは，商業まちづくりに関連する施策は，国レベルでも本章で主要な対象とする経済産業省系の事業だけでなく，国土交通省系や総務省系などの多様な事業が存在するからである。また，県や市町の独自事業も少なくないため，ある変化がどの施策・事業の影響によるものかを識別することは現実的にかなり難しいからである。

　以下では，まず，青森県内の主要市町における商業まちづくり施策への取り組み状況を整理したうえで（3つのタイプに分類），それらと小売商業構造変化の関連について，中心商店街の動向と大型小売店舗の立地状況に焦点を絞って検討していくこととする。

1　青森県における商業まちづくり事業の実施状況と小売商業構造の変化

1　青森県の商業の長期的な立地構造変化

　まず，青森県全体の小売商業の長期的な立地構造変化の趨勢について確認していこう。

　図8-1は，県内の事業所数，年間商品販売額，売場面積の変化を立地特性別にみたものである（統計データの制約から1997年から2007年まで）。立地特性を示した分類のうち，まちの中心部に当たるのは駅周辺型商業集積地区，市街地型商業集積地区，オフィス街地区の3つといえよう。そこで，中心部とその他（郊外など）とを対比させて，それぞれの趨勢をみると，事業所数と年間商品販売額については，いずれにおいても減少傾向にあるのに対して，売場面積については中心部では減少しているものの，その他（郊外など）では逆に増加傾向

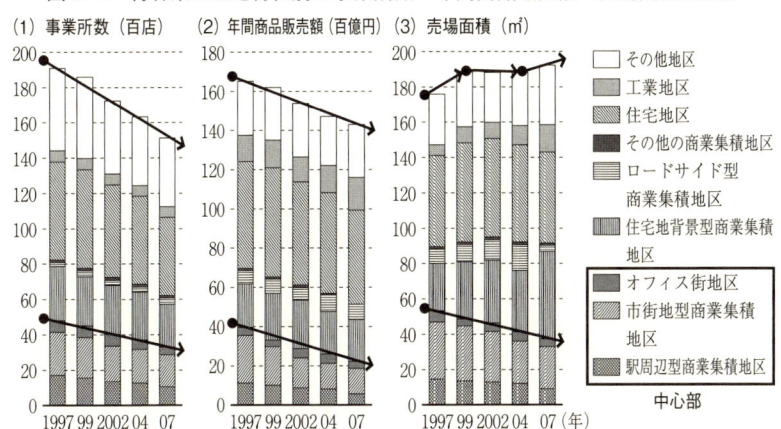

第8章　商業まちづくり施策の評価に関する実証的検討

図8-1　青森県の立地特性別の事業所数・年間商品販売額・売場面積の推移

(1) 事業所数（百店）　(2) 年間商品販売額（百億円）　(3) 売場面積（㎡）

凡例：
その他地区／工業地区／住宅地区／その他の商業集積地区／ロードサイド型商業集積地区／住宅地背景型商業集積地区／オフィス街地区／市街地型商業集積地区／駅周辺型商業集積地区（中心部）

［出所］「商業統計」各年版より作成。

図8-2　青森県の立地特性別の大規模小売店舗（1000㎡以上）内の事業所数・年間商品販売額・売場面積の推移

(1) 事業所数（百店）　(2) 年間商品販売額（百億円）　(3) 売場面積（㎡）

凡例：
その他地区／工業地区／住宅地区／その他の商業集積地区／ロードサイド型商業集積地区／住宅地背景型商業集積地区／オフィス街地区／市街地型商業集積地区／駅周辺型商業集積地区（中心部）

［出所］「商業統計」各年版より作成。

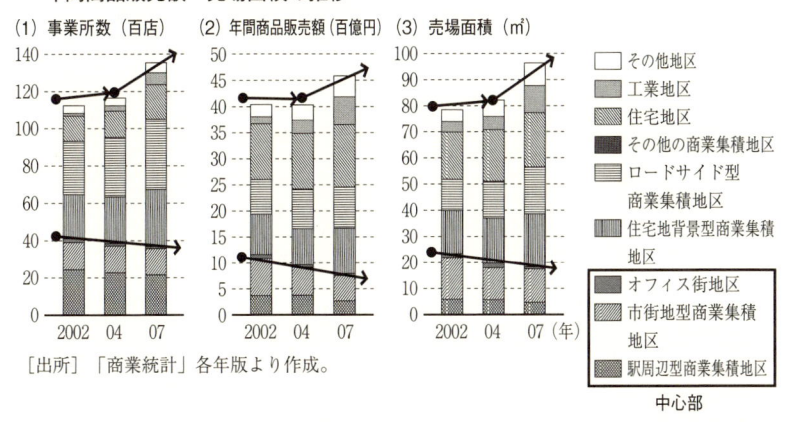

にあることがわかる。ここから，青森県の小売商業は中心部で全般的な縮小傾向がみられる一方で，その他（郊外など）では縮小傾向の中で競争激化の傾向が進展しているということができる。

このような趨勢の内実をより明確化するために，図8-2によって大規模小売店舗内の事業所数，年間商品販売額，売場面積の変化を立地特性別にみてみよう（統計データの制約から2002年から07年まで）。ここでも同様に，中心部とその他（郊外など）とを対比させて，それぞれの趨勢をみると，中心部ではい

217

図8-3 青森県の市町村（合併新旧一覧）

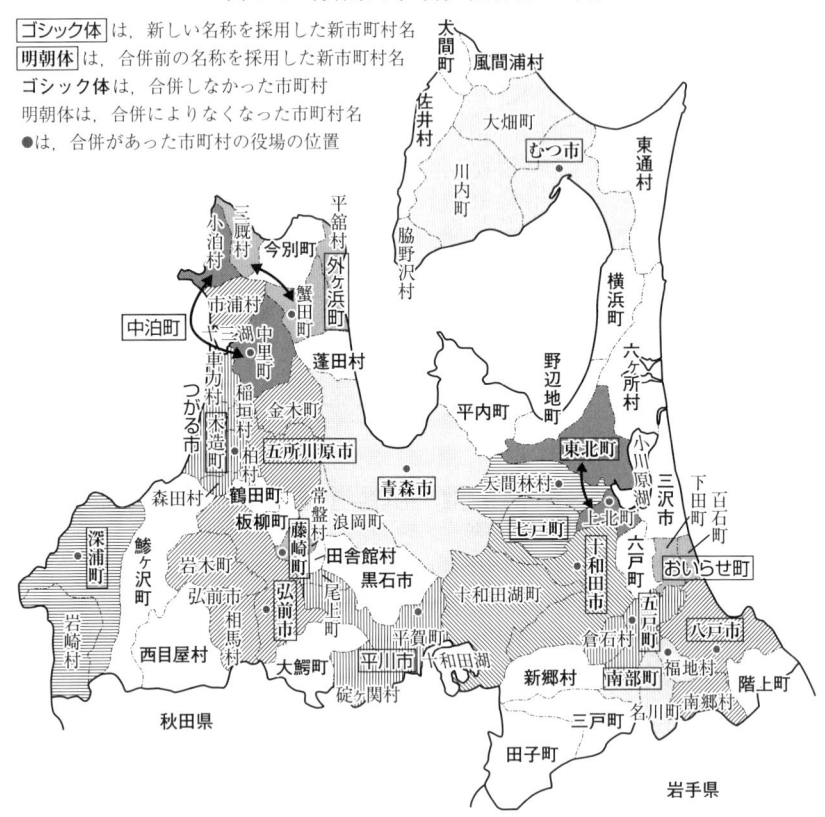

ゴシック体 は，新しい名称を採用した新市町村名
明朝体 は，合併前の名称を採用した新市町村名
ゴシック体は，合併しなかった市町村
明朝体は，合併によりなくなった市町村名
●は，合併があった市町村の役場の位置

［出所］ 国土地理院のウェブサイト内の地図（http://www.gsi.go.jp/common/000049738.pdf）を基に作成。

ずれも減少傾向にあるのに対して，その他（郊外など）は逆にいずれも増加傾向にあることがわかる。

　これらから，青森県の小売商業は全体としてみると縮小傾向にあるものの，その他（郊外など）における大規模小売店舗内の事業所数，年間販売額，売場面積については拡大傾向にあることが確認できる。

2　主要市町の商圏，中心商店街およびまちづくり施策

　前項で述べた青森県全体における小売立地構造変化の趨勢をふまえて，主要

表 8-1 青森県内の主要市町の商圏と中心商店街

市　　町	商　　圏	中心商店街
青森市	平内町を含めて「青森商圏」を形成。 ＊2005年に浪岡町と合併。	新町商店街
弘前市	黒石市，藤崎町，平川市（2006年に尾上町，平賀町，碇ヶ関村が合併して誕生）を含めて「弘前商圏」を形成。	下／中／上土手町商店街
八戸市	三戸町，南部町，階上町を含めて「八戸商圏」を形成。	三日町／十三日町／十六日町商店街
五所川原市	鶴田町を含めて「五所川原商圏」を形成。 ＊2005年に金木町・市浦村と合併。	大町商店街
十和田市	単独で「十和田商圏」を形成。	中央商店街
むつ市	単独で「むつ商圏」を形成。	田名部駅前通り商店街
おいらせ町＊	単独で「おいらせ商圏」を形成。 ＊2006年に下田町，百石町が合併して誕生。	本町商店街
つがる市＊	単独で「つがる商圏」を形成。 ＊2005年木造町，森田村，柏村，稲垣村，車力村が合併して誕生。	有楽町／千代町商店街
※三沢市	地元吸引率50％未満	大町／銀座通り／大通り商店街

［注］ 2012年現在の市町。商圏は，2006年時点で第一次商圏（地元吸引率50％以上）を形成する自治体。
　　　＊は「平成の大合併」時の合併等を示す。
［出所］ 青森県・青森県商工会議所連合会・青森県商工会連合会（2006）『消費者購買動向による商圏調査報告書（平成18年）』に基づき作成。

市町の動向についてみていこう。青森県内の市町村の配置は図 8-3 に示す通りである。

それらのうち，主要市町が近隣の市町を含めて，あるいは単独で形成している商圏（青森県・青森県商工会議所連合会・青森県商工会連合会〈2006〉における地元吸引率50％以上の第一次商圏）と，それぞれの中心商店街をまとめたのが，表 8-1 である。

青森市，弘前市，八戸市，五所川原市は他の市町を含めた広域の商圏を形成する商業の中心性の高い都市であるのに対して，十和田市，むつ市，おいらせ

町,つがる市は単独の商圏となっており,三沢市は地元吸引率50%未満と商業の中心性が低く,周辺への流出が大きい都市であることがわかる。なお,いわゆる「平成の大合併」期間中の2005～06年に,青森市と五所川原市は近隣の市町との合併を経験しており,おいらせ町とつがる市は複数の町村が合併して誕生した。

　これらの都市で,商業まちづくり施策に基づく事業,および都市計画系の関連事業がどれだけ実施されてきたかを整理したのが,**表8-2**である[2]。

　商業の中心性が高い4つの市（青森,弘前,八戸,五所川原）をみると,1980年代中頃以前を含めて,この間,多様な事業を実施していることが確認できる。中でも青森市は,いわばほぼフルセットで事業を実施してきたといえる[3]。

　その他の市町の中で十和田市については,上記4市と遜色ない程度に事業を実施しているが,むつ市と三沢市は2000年前後から取り組みを活発化している。また,おいらせ町とつがる市については,積極的な取り組みはみられなかったといえそうである。

　以下では,これらの市町のうち,事業への取り組み方が異なる3つのタイプの6市町を中心に検討していく。

　タイプⅠは,①特定商業集積整備法（地域商業活性化型）,②旧・中心市街地活性化法,③現・中心市街地活性化法に基づいて,一貫して中心商店街を核にした事業に取り組んできた青森市,弘前市,十和田市の3市からなる（青森市のみ⓪コミュニティ・マート構想に基づく事業を実施）。

　タイプⅡは,④特定商業集積整備法（高度商業集積型）に基づいて郊外ショッピングセンターの開発に取り組んだ後,②旧・中心市街地活性化法に基づいて中心商店街を核とした事業に取り組んだ五所川原市である。

　タイプⅢは,④特定商業集積整備法（高度商業集積型）に基づいて,イオン（当時・ジャスコ）により大規模な郊外ショッピングセンター開発が行われた旧・下田町を含む合併市町のおいらせ町（**第2章3**参照）,および五所川原市の特定商業集積整備法（高度商業集積型）のショッピングセンターに先だって開発されたショッピングセンターが立地する旧・柏村を含む合併市町のつがる市の2市からなる[4]。

第8章 商業まちづくり施策の評価に関する実証的検討

表8-2 青森県内の主要市町における商業まちづくり関連事業の実施状況

市町	主要な事業	取り組みタイプ
青森市	1971年 青森市商業近代化地域計画（青森商工会議所） 91年 コミュニティ・マート構想：柳町通り商店街モデル事業地域として指定「シンボルロード整備事業」…⓪ 94年 特定商業集積整備法（地域商業活性化型）基本計画承認…① 98年 旧・中心市街地活性化法 認定…② 99年 都市計画マスタープラン（コンパクトシティの理念） 2006年 現・中心市街地活性化法 認定…③ 12年 地域商店街活性化法 認定	タイプⅠ
弘前市	1981年 弘前地域商業近代化地域計画（弘前市商工会議所） 93年 特定商業集積整備法（地域商業活性化型）基本計画承認…① 2000年 旧・中心市街地活性化法 認定…② 08年 現・中心市街地活性化法 認定…③ 14年中に，都市計画マスタープラン策定をめざす	タイプⅠ
八戸市	1976年 八戸市商業近代化地域計画（八戸商工会議所） 2000年 旧・中心市街地活性化法 認定…② 04年 都市計画マスタープラン 策定 08年 現・中心市街地活性化法 認定…③	―
五所川原市	1985年 五所川原地域商業近代化地域計画（五所川原商工会議所） 96年 特定商業集積整備法（高度商業集積型）基本計画承認，97年開業（エルムの街SC）…④ 2000年 旧・中心市街地活性化法 認定…② 11-12年 都市計画マスタープラン全体構想策定中	タイプⅡ
十和田市	1983年 十和田地域商業近代化地域計画（十和田商工会議所） 93年 特定商業集積整備法（地域商業活性化型）基本計画承認…① 2000年 旧・中心市街地活性化法 認定…② 11年 都市計画マスタープラン 策定 09年 現・中心市街地活性化法 認定…③	タイプⅠ
むつ市	2001年 旧・中心市街地活性化法 認定…② 10年 都市計画マスタープラン 策定 11年 地域商店街活性化法 認定	―
おいらせ町	1994年 旧下田町 特定商業集積整備法（高度商業集積型）基本計画承認，1995年開業（イオン下田SC）…④	タイプⅢ
つがる市	（旧柏村 五所川原市の特定商業集積整備法高度商業集積型SCに先だって1992年に開発されたイオンモールが立地）	タイプⅢ
三沢市	1999年 旧・中心市街地活性化法 認定…② 2007年 現・中心市街地活性化法 認定…③	―

［注］ コミュニティ・マート構想指定を⓪，特定商業集積整備法（地域商業活性化型）承認を①，旧・中心市街地活性化法認定を②，現・中心市街地活性化法認定を③，特定商業集積整備法（高度商業集積型）承認を④とした。
［出所］ 各種資料より作成。

図8-4 対象6市町の小売商業と中心商店街のウエイト

(1) タイプⅠ：青森市と中心商店街（新町）

(2) タイプⅠ：弘前市と中心商店街（下・中・上土手町）

(3) タイプⅠ：十和田市と中心商店街（中央）

(4) タイプⅡ：五所川原市と中心商店街（大町）

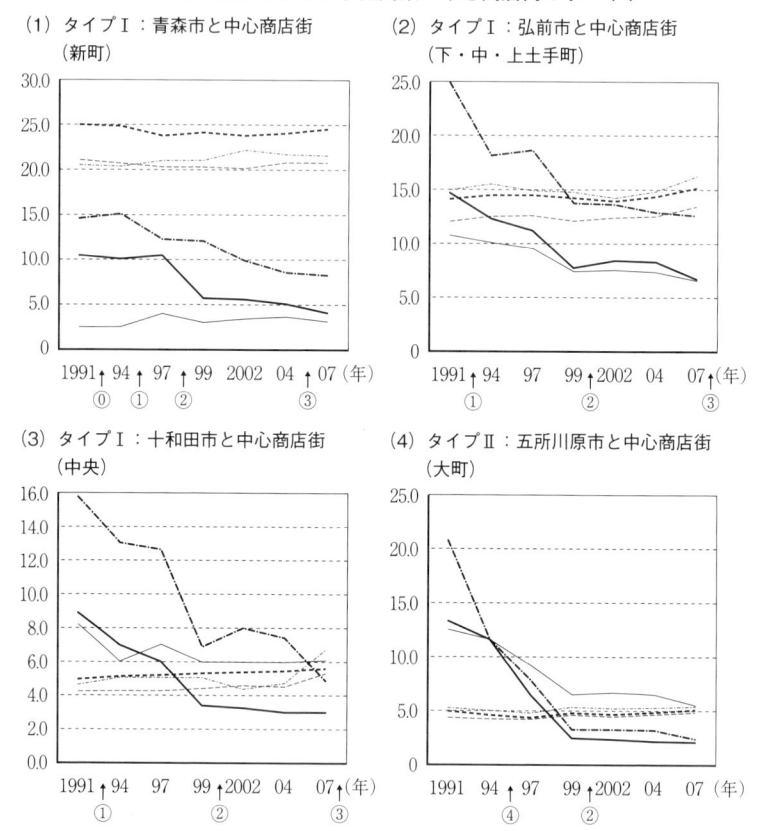

3 対象6市町の小売商業と中心商店街

図8-4は，3つのタイプに分類される対象6市町の小売商業構造の変化の趨勢を表すものである。具体的には，1990年代初頭から2000年代末までの期間で，事業所数，年間商品販売額，売場面積について，県全体に占める当該市町のウエイトと，当該市町に占める中心商店街のウエイトがどのように変化してきたかを示している。

6市町を通じていえることは，県全体に占める対象市町のウエイトはほぼ微増ないし横這いの傾向にあるのに対して，当該市町に占める中心商店街のウエイトはいずれも減少ないし大幅減少という傾向がみられることである。

6市町のタイプ別の特徴をより明確にするために，1991年から2007年のウ

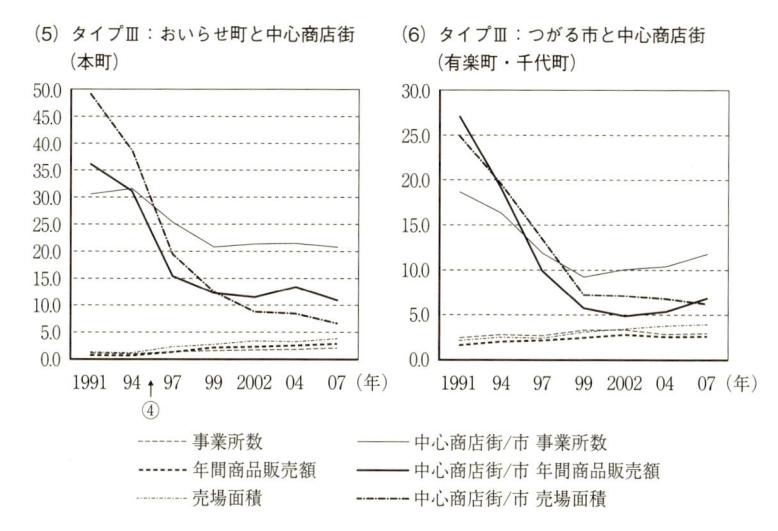

第 8 章 商業まちづくり施策の評価に関する実証的検討

(5) タイプⅢ：おいらせ町と中心商店街（本町）

(6) タイプⅢ：つがる市と中心商店街（有楽町・千代町）

------ 事業所数　　　　　　 ── 中心商店街/市 事業所数
－－－ 年間商品販売額　　　 ── 中心商店街/市 年間商品販売額
……… 売場面積　　　　　　 －・－ 中心商店街/市 売場面積

［注］　⓪はコミュニティ・マート構想指定を，①は特定商業集積整備法（地域商業活性化型）承認を，②は旧・中心市街地活性化法認定を，③は現・中心市街地活性化法認定を，④は特定商業集積整備法（高度商業集積型）承認を示す。
［出所］　「商業統計」各年版より作成。

表 8-3　市町および中心商店街の小売商業のウエイト変化（1991-2007 年）

タイプ	市町	県に占める市町のウエイト			市町に占める中心商店街のウエイト		
		事業所	販売額	売場面積	事業所	販売額	売場面積
タイプⅠ 施策⓪①②③	青森市	−0.4	−0.6	0.9	0.6	−6.5	−6.4
	弘前市	1.2	0.8	1.3	−4.1	−8.3	−12.2
	十和田市	1.0	0.7	2.1	−2.1	−6.0	−11.0
タイプⅡ 施策④②	五所川原市	0.8	−0.2	0.1	−7.0	−11.3	−18.3
タイプⅢ 施策④	おいらせ町	0.6	1.6	2.7	−10.1	−25.7	−42.9
	つがる市	0.1	0.9	1.4	−6.9	−20.4	−19.1
備　考		▒ は変化率が 1% 以上であることを示す。			▓ は変化率が −10% 以上，▒ は変化率が −5% 以上 −10% 未満であることを示す。		

［注］　施策⓪〜④は図 8-4 に同じ。

エイト変化を整理したのが表 8-3 である。

ここから次のことがいえる。県全体に占める市町のウエイト変化は，3 つのタイプともに小さい。これに対して，市町に占める中心商店街のウエイトは，

223

タイプⅠでは，事業所数は数％以内の微減，年間商品販売額は－10％未満の減少，売場面積は－10％以上の大幅減少（ただし青森は6％減）となっている。またタイプⅡでは，事業所数は－10％未満の減少にとどまっているが，年間商品販売額と売場面積は－10％以上の大幅減少となっている。さらにタイプⅢでは，事業所数は－10％前後の減少であるが，年間商品販売額と売場面積は－20％から－40％の大幅減少となっている。

つまり，県の小売商業に占める対象市町のウエイトは，この間それほど変動してこなかったのに対して，対象市町の小売商業に占める中心商店街のウエイトはいずれにおいても減少傾向にあったが，減少幅はタイプⅠが最も小さく，タイプⅡ，タイプⅢの順に大きくなっている。

このことから，タイプⅠの3市における中心商店街を対象に含む商業まちづくり施策の継続的な取り組み（⓪①②③）が，中心商店街の衰退傾向をある程度緩和することに寄与している可能性が示唆される。また，タイプⅡにおいては，1990年代（郊外開発の要素をもつ④を含む期間）に中心商店街の衰退傾向は強まったものの，商業まちづくり施策（②）が展開された2000年代に衰退傾向にやや歯止めがかかっていることから，施策の影響が多少なりとも表れている可能性がある。これに対して，タイプⅢにおいては，中心商店街を対象にした施策を実施しておらず（おいらせ町は郊外開発の要素をもつ④を実施），その大幅な衰退が進展したといえそうである。

4　対象市町商圏における大型小売店の立地動向

次に，対象市町における大型小売店の立地動向（店舗数および店舗面積）についてみていく。ベースとする資料は，1991年から刊行が始まった『全国大型小売店総覧』（東洋経済新報社）で，集計の対象は店舗面積3000 m^{2}以上の大型小売店（店舗数および店舗面積）とし，当該市町レベルおよび近隣市町村を含む商圏（地元吸引率50％以上の第1次商圏）レベルのそれぞれについて，中心部への立地（商店街型，駅周辺型など）か，郊外部への立地（郊外住宅，郊外道路など）かで分類した。この総覧は，1990年代は隔年刊行であったが，2000年代に入って毎年刊行されるようになっている。そのため，1990年代の各巻に掲載されている大型小売店の開業や増床等のデータは，刊行年とその前年の2年分を含んでいる（例えば，1995年の開業・増床等のデータには94年分も含んでいる）こ

第8章 商業まちづくり施策の評価に関する実証的検討

図 8-5 青森商圏における大型小売店 (3000 m² 以上) の出店状況

(1) 店舗数推移

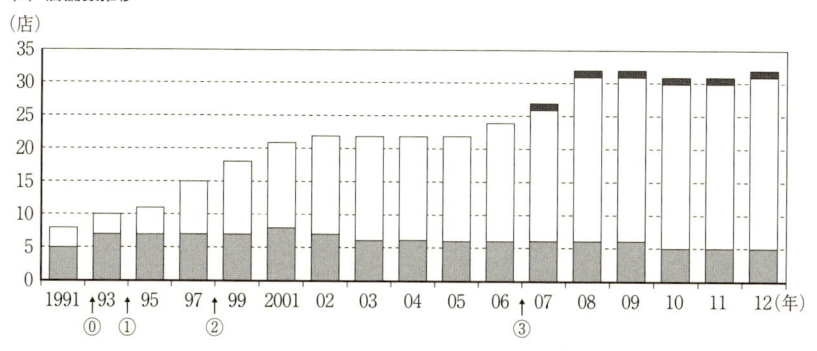

(2) 累計店舗面積推移

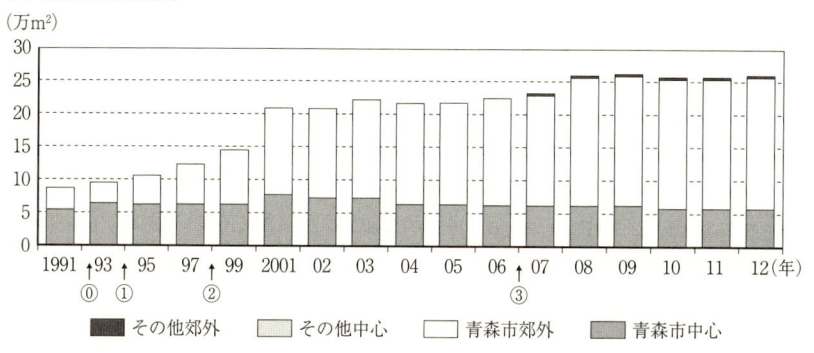

凡例: その他郊外　その他中心　青森市郊外　青森市中心

［注］青森商圏では，対象期間に「その他中心」における大規模小売店舗(3000㎡)の出店はなかった。また，⓪はコミュニティ・マート構想指定を，①は特定商業集積整備法（地域商業活性化型）承認を，②は旧・中心市街地活性化法認定を，③は現・中心市街地活性化法認定を示す。
［出所］『全国大型小売店総覧』東洋経済新報社，各年版より作成。

とに注意が必要である。

　ここでは，中心部を対象にした商業まちづくり施策に継続的に取り組んできたタイプⅠに含まれる「青森市を中心とする青森商圏」，およびそれとは対照的に中心部を対象とする商業まちづくり施策に積極的に取り組んできていないタイプⅢに含まれる，「おいらせ町を中心とするおいらせ商圏」と「つがる市を中心とするつがる商圏」に注目する。図 8-5 および図 8-6 は，これら 3 商圏における，1991 年から 2012 年までの店舗数と累計店舗面積の推移をまとめたものである。

まず，図8-5により青森商圏についてみてみよう。なお，詳細については店舗ごとにこの間の経緯をまとめた付表8-1を参照されたい。青森商圏では店舗数，累計店舗面積ともに，1990年代半ば過ぎまで中心部が郊外部を上回るか，ほぼ匹敵していた。しかし，1990年代末以降，郊外部が中心部を凌駕するようになり，その差はどんどん拡大していった。とくに，まちづくり3法が制定および見直しされた時期に当たる，1990年代末と2000年代後半との二段階にわたって郊外部のウエイトが上昇していることが注目される。これは，1998年制定時のまちづくり3法が有効な郊外開発規制を打ち出さなかったこと，および1万m^2超の大規模集客施設の郊外開発規制を掲げた2006年の都市計画法改正がいわゆる「駆け込み開発」を誘発したことや，逆に1万m^2以下の開発を促したことの影響と考えることができる。

とはいえ，中心部の大型小売店は，一部撤退したものもあるが，ほとんどがその場に留まっている。これは，中心部を対象にした商業まちづくり施策が，心許ないながらも，一定の「成果」をあげてきたことの表れといえそうである。ただし，郊外部の大型小売店は新規開業だけでなく，既存店の多くも増床等を繰り返しながら「成長」してきているのに対して，中心部の大型小売店の大半は開業時のままの姿で営業を継続してきている。これは，利用可能な土地の制約が中心部商業発展の阻害要因の一つとなっていることを示している。

なお，タイプⅠの他の2商圏（弘前および十和田）についても，大型小売店の郊外開発が進展する一方で，中心部のそれが減少しながらも残存するという，青森商圏とほぼ同様の傾向を確認することができる。

これに対して，図8-6によりおいらせ商圏およびつがる商圏をみてみよう。青森商圏とは対照的に，両商圏とも中心部での大型小売店の出店はこの間なかったのに対して，1990年代初頭および後半におけるイオン系の大型ショッピングセンター開発を契機に，郊外部の開発が，新規開業と既存店増床とが相互作用しながら進展してきたことがわかる。詳細は付表8-2を参照されたい。

2　対象市町における小売商業構造変化への影響要因

1　小売商業構造変化の特徴

前節における検討結果をここであらためて整理しよう。

図 8-6　おいらせ商圏およびつがる商圏における大型小売店（3000 m^2 以上）の出店状況

(1) 店舗数推移

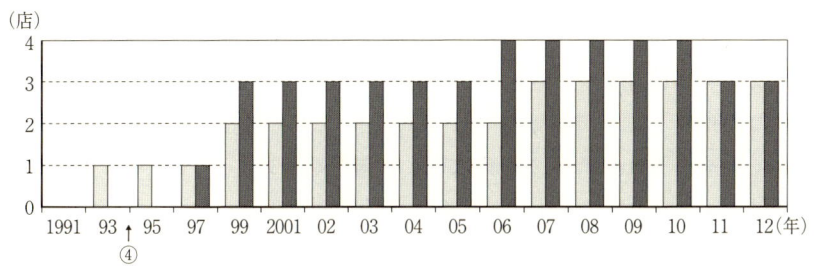

(2) 累計店舗面積推移

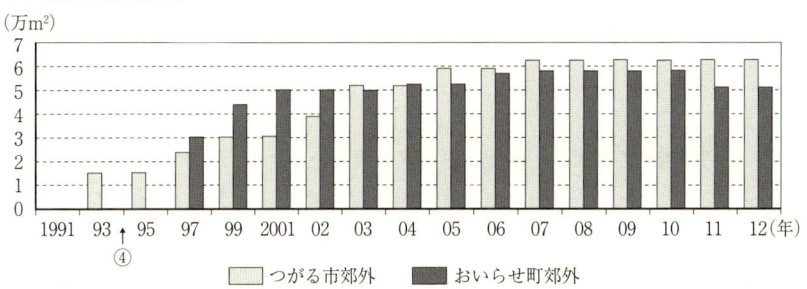

つがる市郊外　　おいらせ町郊外

［注］　おいらせ町およびつがる市においては，対象期間に「中心部」における大規模小売店舗（3000㎡）の出店はなかった。④は，おいらせ町における特定商業集積整備法（高度商業集積型）承認を示す。
［出所］　図 8-5 に同じ。

青森県全体の小売商業に占める対象市町のウエイトは，この間それほど変動していないが，対象市町の小売商業に占める中心商店街のウエイトはいずれにおいても減少傾向にあった。減少幅は一貫して中心商店街を核にした商業まちづくり事業に取り組んできたタイプⅠ（青森市，弘前市，十和田市）が最も小さく，郊外ショッピングセンターの開発に取り組んだ後，中心商店街を核とした事業に取り組んだタイプⅡ（五所川原市），中心商店街を対象にした事業に積極的に取り組んでこず，大規模な郊外ショッピングセンター開発が進展したタイプⅢ（おいらせ町，つがる市）の順に大きくなっている。

ここから，商業まちづくり施策への継続的な取り組みが，中心商店街の衰退傾向をある程度緩和することに寄与している可能性が示唆される。

また，対象市町を中心とする商圏レベルで，中心部と郊外部ごとに大型小売

店の立地動向をみると，タイプIに属する青森商圏では，郊外部における大型小売店の開発が新規開業だけでなく，既存店の多くも増床等を繰り返しながら進展してきた一方で，中心部の大型小売店は一部撤退したものがあるものの，多くがその場に留まっていることが確認できた。タイプIの他の2商圏（弘前およびに和田）も，ほぼ同様の傾向にあった。これに対して，タイプIIIに属するおいらせ商圏およびつがる商圏では，大規模郊外ショッピングセンターの開発が引き金となって，郊外部の開発が，新規開発と既存店の増床とが相互作用しながら進展してきた。

ここから，中心部を対象にした商業まちづくり施策が一定の成果をもたらしたものの，郊外開発の勢いは止まるどころか，より強まる傾向にあることが示唆される。

2 中心商店街のウエイト変化に影響する要因

それでは，このような中心商店街のウエイト変化は，どのような要因に影響を受けているのであろうか。この点について検討していこう。ただし，利用可能なデータの年度および種類の制約から，かなり限られた分析しかできない。ここでは仮説探索的な観点から，表8-4 に示すように，①中心商店街のウエイト関連，②商圏内の大型小売店の立地動向，③市町の環境データの3系列12変数を用いて，対象市町について相関分析を行った。

青森市，おいらせ町，つがる市の分析結果は，表8-5～7 の通りである。ここから次の傾向が確認できる。なお，ここでは便宜的に0.9以上および－0.9以下の相関係数について，強い相関関係があるとみなすことにする。

まず青森市については，中心商店街の変数同士の相関関係はあまり強くなく，従業者数のウエイトと年間商品販売額のウエイトとの間に強い正の相関関係が見出せるだけである。中心商店街の変数と他系列の変数については，中心商店街の年間商品販売額が郊外の大型小売店の店舗数と累積店舗面積，および世帯数，乗用車保有台数との間に強い負の相関関係があることがわかる。また，郊外の大型小売店の店舗数と累計店舗面積は世帯数と乗用車保有台数との間に強い正の相関関係があることが確認できる。

おいらせ町については，中心商店街の4変数間に強い正の相関関係が見出される。また，中心商店街の4変数は，郊外の大型小売店の店舗数と累計店舗面

第 8 章　商業まちづくり施策の評価に関する実証的検討

表 8-4　分析に用いた 3 系列 12 変数

系　列	変　　　数
①中心商店街のウエイト	1　市に占める中心商店街のウエイト：事業所数
	2　市に占める中心商店街のウエイト：従業者数
	3　市に占める中心商店街のウエイト：年間商品販売額
	4　市に占める中心商店街のウエイト：売場面積
②商圏内の大型小売店の立地動向	5　商圏の中心部における大型小売店数
	6　商圏の郊外部における大型小売店数
	7　商圏の中心部における大型小売店累計店舗面積
	8　商圏の郊外部における大型小売店累計店舗面積
③市町の環境データ	9　人口・世帯構造：住民基本台帳人口
	10　人口・世帯構造：住民基本台帳世帯数
	11　地方税収入額（百万円）
	12　モータリゼーションの進展：乗用車保有台数

［出所］『商業統計』各年版,『全国大型小売店総覧』東洋経済新報社, 各年版,『民力』朝日新聞社, 各年版より作成。

積, および人口, 世帯数, 地方税収入額, 乗用車保有台数との間に強い負の相関関係があることがわかる。逆に, 郊外の大型小売店の店舗数と累計店舗面積は, 人口, 世帯数, 地方税収入額, 乗用車保有台数との間に強い正の相関関係があることが確認できる

つがる市についても, 中心商店街の 4 変数間に強い正の相関関係が見出される。また, 中心商店街の年間商品販売額と売場面積のウエイトは, 郊外の大型小売店の店舗数と, 累計店舗面積および乗用車保有台数との間に強い負の相関関係があることがわかる。逆に, 郊外の大型小売店の店舗数と累計店舗面積は, 世帯数と乗用車保有台数との間に強い正の相関関係があることが確認できる。

こうしたことから, 青森市とおいらせ町, つがる市との相違は, 中心商店街の 4 変数間に強い正の相関関係があるかどうかにある。これは, 商業まちづくり事業に継続的に取り組んでこなかった, おいらせ町とつがる市の中心商店街が全般的な衰退傾向にあることを反映している。しかし, その他の点については, ほぼ同様の傾向がみられる。中心商店街のウエイトは, 郊外の大型小売店の立地, 人口・世帯構造, モータリゼーションの進展と関連する変数との間に強い負の相関関係がある。逆に, 郊外の大型小売店は人口・世帯構造やモータ

表 8-5 青森市に関する変数間の相関行列

変数	1	2	3	4	5	6	7	8	9	10	11	12
1	1											
2	-0.102	1										
3	-0.219	0.980	1									
4	-0.570	0.856	0.875	1								
5	0.380	-0.043	-0.155	-0.088	1							
6	0.434	-0.896	-0.914	-0.963	0.068	1						
7	0.408	-0.446	-0.484	-0.480	0.817	0.403	1					
8	0.435	-0.923	-0.921	-0.978	0.125	0.966	0.535	1				
9	0.536	0.125	-0.030	-0.027	0.676	-0.110	0.474	-0.042	1			
10	0.517	-0.86	-0.906	-0.941	0.291	0.965	0.554	0.957	0.068	1		
11	0.698	-0.226	-0.382	-0.483	0.542	0.520	0.418	0.390	0.416	0.579	1	
12	0.604	-0.830	-0.893	-0.947	0.346	0.942	0.599	0.943	0.200	0.989	0.631	1

[注] ▓は相関係数が 0.9 以上を, □は -0.9 以下を示す.

表 8-6 おいらせ町に関する変数間の相関行列

変数	1	2	3	4	5	6	7	8	9	10	11	12
1	1											
2	0.984	1										
3	0.958	0.977	1									
4	0.961	0.982	0.988	1								
5	—	—	—	—	1							
6	-0.958	-0.940	-0.890	-0.925	—	1						
7	—	—	—	—	—	—	1					
8	-0.990	-0.995	-0.959	-0.978	—	0.966	—	1				
9	-0.946	-0.971	-0.937	-0.977	—	0.953	—	0.985	1			
10	-0.919	-0.948	-0.900	-0.951	—	0.956	—	0.970	0.994	1		
11	-0.931	-0.965	-0.953	-0.965	—	0.940	—	0.967	0.959	0.955	1	
12	-0.864	-0.906	-0.848	-0.912	—	0.924	—	0.936	0.975	0.992	0.929	1

[注] ▓は相関係数が 0.9 以上を, □は -0.9 以下を示す.

リゼーションの進展と関連する変数との間に強い正の相関関係がある。こうした分析結果は, 前節の検討結果とほぼ一致するものということができる.

ちなみに, 青森商圏と同様に, 一貫して中心商店街を核にした商業まちづくり事業に取り組んできたタイプⅠに属する弘前商圏, 十和田商圏の相関行列をみると, 中心商店街の変数間の一部に強い正の相関関係が見出される一方で, 中心商店街のウエイトと乗用車保有台数との間に強い負の相関関係があること

第8章 商業まちづくり施策の評価に関する実証的検討

表8-7 つがる市に関する変数間の相関行列

変数	1	2	3	4	5	6	7	8	9	10	11	12
1	1											
2	0.914	1										
3	0.981	0.920	1									
4	0.953	0.950	0.981	1								
5	—	—	—	—	1							
6	−0.771	−0.825	−0.847	−0.919	—	1						
7	—	—	—	—	—	—	1					
8	−0.738	−0.835	−0.837	−0.902	—	0.950	—	1				
9	0.724	0.854	0.822	0.895	—	−0.948	—	−0.994	1			
10	−0.688	−0.846	−0.785	−0.870	—	0.936	—	0.985	−0.996	1		
11	−0.873	−0.705	−0.886	−0.832	—	0.742	—	0.666	−0.645	0.602	1	
12	−0.866	−0.931	−0.934	−0.969	—	0.929	—	0.968	−0.966	0.946	0.740	1

[注] ■は相関係数が0.9以上を，□は−0.9以下を示す。

表8-8 弘前市に関する変数間の相関行列

変数	1	2	3	4	5	6	7	8	9	10	11	12
1	1											
2	0.985	1										
3	0.987	0.995	1									
4	0.949	0.982	0.966	1								
5	0.851	0.777	0.788	0.674	1							
6	−0.873	−0.831	−0.851	−0.781	−0.857	1						
7	−0.121	−0.261	−0.23	−0.403	0.401	−0.099	1					
8	−0.855	−0.835	−0.858	−0.808	−0.732	0.972	0.092	1				
9	−0.455	−0.472	−0.508	−0.365	−0.538	0.660	−0.147	0.654	1			
10	−0.886	−0.879	−0.895	−0.825	−0.794	0.954	0.057	0.962	0.766	1		
11	−0.849	−0.869	−0.899	−0.851	−0.549	0.779	0.388	0.875	0.565	0.873	1	
12	−0.956	−0.945	−0.953	−0.914	−0.789	0.933	0.158	0.951	0.581	0.966	0.909	1

[注] ■は相関係数が0.9以上を，□は−0.9以下を示す。

がわかる（表8-8～9）。しかし，中心商店街のウエイトと郊外の大型店の立地との間に相関関係は見出せない。以上から，これら2商圏では，中心商店街の衰退傾向が見られるものの，郊外大型小売店の影響は一定の範囲に抑制されており，青森商圏ほどではないにしても，商業まちづくり事業への取り組みの成果がある程度確認できる。

表8-9 十和田市に関する変数間の相関行列

変数	1	2	3	4	5	6	7	8	9	10	11	12
1	1											
2	0.781	1										
3	0.787	0.987	1									
4	0.755	0.982	0.966	1								
5	0.298	0.334	0.205	0.316	1							
6	−0.455	−0.785	−0.714	−0.826	−0.348	1						
7	0.587	0.650	0.547	0.626	0.929	−0.543	1					
8	−0.325	−0.616	−0.538	−0.690	−0.257	0.965	−0.402	1				
9	−0.475	−0.766	−0.730	−0.737	−0.173	0.745	−0.400	0.648	1			
10	−0.591	−0.893	−0.865	−0.878	−0.175	0.871	−0.456	0.764	0.950	1		
11	−0.465	−0.705	−0.737	−0.757	0.290	0.712	−0.018	0.692	0.751	0.833	1	
12	−0.658	−0.942	−0.935	−0.920	−0.13	0.837	−0.448	0.705	0.892	0.982	0.842	1

[注] ■は相関係数が0.9以上を，□は−0.9以下を示す．

結　び

本章では，商業まちづくり政策の分野における政策評価のあり方を探るという問題意識の下，青森県内の主要市町を対象に，小売商業構造の変化と商業まちづくり施策への取り組み状況との関係について，長期的なスパンで実証的に検討してきた．

データの制約等から厳密な統計分析はできなかったが，商業まちづくり施策への取り組み状況の異なる市町を比較することによって，商業まちづくり施策に継続的に取り組むことの効果が一定程度あることが，間接的ながらも示唆された．すなわち，商業まちづくり施策に取り組んできていない市町においては，郊外開発の勢いはきわめて強く，中心商店街は壊滅的ともいえるような打撃を受けている．商業まちづくり施策に取り組んできた市においても，郊外開発の勢いは増大してきており，中心商店街への負の影響は強まっている．大きくまとめると，こうしたことが確認できた．

これらをふまえて，今後の研究方向として次の2つが指摘できる．

第1は，対象とした市町における商業まちづくり施策の展開と小売商業構造変化の相互関係に関する，事例研究による掘り下げである．地理学等の関連分野では，いくつかそうした研究がなされているが，流通・商業論の分野においては十分な研究が行われていない．冒頭に述べたような1次資料散逸のリスク

を考慮すると，急がれる課題といえよう。

　第2は，より厳密な統計分析である。ただし，さまざまな施策・事業を国・都道府県・市町村等の複数の行政レベルが実施している可能性があることから，どの変化がどの施策・事業の影響かを判断することは，きわめて困難である。そのため，特定地域の長期的な時系列分析とともに，多数の地域を対象にして，施策・事業ごとにクロスセクション分析を積み上げていく方法を組み合わせていくことが現実的対応といえよう。

---- 注 ----
1) 青森県・青森県商工会議所連合会・青森県商工会連合会（2006）による。
2) 2013年9月末現在で，各種調査を通じて把握したリスト。
3) 青森市における商業環境については，千葉（2012）が参考になる。
4) つがる市（旧・柏村）において，五所川原市の特定商業集積整備法活用ショッピングセンターに先だって1992年に開業したショッピングセンター（イオンモール）の開発経緯については，坪田（2001）および坂本（2003）が大変興味深い事例研究を行っている。その概略は次の通りである。もともとイオンは，五所川原市郊外でのショッピングセンター開発をめざしていたが，五所川原商工会議所等の反対により実現しなかった。これをみて隣接する柏村の議会が農村地域活性化構想に基づくまちづくり事業の核として商業施設誘致を採択し，イオンに対して誘致を打診した。そして，両者協議の結果，12万4260㎡の農地を転用して開発が実現した。この開発は五所川原市の商業に対して甚大な影響を及ぼした。そのため，五所川原市では特定商業集積整備法を活用して，イオンのライバルであるイトーヨーカ堂を核店舗とする高度商業集積型のショッピングセンター（エルムの街SC）を1997年に開業させた。

付表 8-1　青森商圏における立地別の大型小売店（店舗面積 3000 m² 以上）の

	立地	2012	m²	2011	m²	2009	m²	2007	m²
青森市	中心	家具のキノシタ青森店		10 閉鎖		←	4,572	←	4,572
	中心	さくら野百貨店青森店	17,082	←	17,082	←	17,082	←	17,082
	中心	中三青森店	15,571	←	15,571	←	15,571	←	15,571
	中心	松木屋							
	中心	青森駅ビルラビナ	6,444	←	6,444	←	6,444	←	6,444
	中心	青森駅前再開発第二組合仮店舗							
	中心	千葉室内本館	5,285	←	5,285	←	5,285	←	5,285
	中心	Festival City アウガ	14,301	←	14,301	←	14,301	←	14,301
中心小計		5 店	58,683	5 店	58,683	6 店	63,255	6 店	63,255
	郊外	サンロード青森（イオン他）	21,733	←	21,733	←	21,733	←	21,733
	郊外	ラ・セラ東バイパス SC（ユニバースほか）	12,645	←	12,645	←	12,645	←	12,645
	郊外	サンワドー青森中央店 1 号館	3,536	←	3,536	←	3,536	←	3,536
	郊外	三内 SC（ホーマック・ほか）	7,052	←	7,052	←	7,052	←	7,052
	郊外	ショッピングプラザおきだて（小笠原）	8,182	←	8,182	←	8,182	←	8,182
	郊外	青森東 SC（マックスバリュほか）	4,971	←	4,971	←	4,971	←	4,971
	郊外	サンデー浜館店							
	郊外	サンワドー青森中央店 2 号館	7,938	←	7,938	09 増床	7,938	←	6,855
	郊外	サンデー青森店	4,626	←	4,626	←	4,626	←	4,626
	郊外	ガーラタウン・アオモリ（トイザらス）	21,661	←	21,661	←	21,661	←	21,661
	郊外	イトーヨーカ堂青森 SC	20,260	←	20,260	←	20,260	←	20,260
	郊外	ハイパーモールジョイシティ（ニトリほか）	10,842	←	10,842	←	10,842	←	10,842
	郊外	コジマ NEW 青森店	3,478	←	3,478	←	3,478	←	3,478
	郊外	東青森駅構内商業施設（ホーマックほか）	8,173	←	8,173	←	8,173	←	8,173
	郊外	ヤマダ電機テックランド青森本店	4,073	←	4,073	←	4,073	←	4,073
	郊外	サンデー青森虹ヶ丘店	4,390	←	4,390	←	4,390	←	4,390
	郊外	スーパースポーツゼビオ青森店	4,056	←	4,056	←	4,056	06 開業	4,056
	郊外	MAX デンコードー青森店	3,811	←	3,811	←	3,811	06 開業	3,811
	郊外	県民生協コスモス館	3,378	←	3,378	←	3,378	07 開業	3,378
	郊外	青森浜田 SC103-2（サンデーほか）	8,257	←	8,257	08 開業	8,257		
	郊外	ドリームタウン Ali（ドン・キホーテほか）	7,956	←	7,956	08 開業	7,956		
	郊外	青森浜田 SC103-1（マックスバリュほか）	5,641	←	5,641	08 開業	5,641		
	郊外	青森浜田 SC103-3（西松屋ほか）	3,123	←	3,123	08 開業	3,123		
	郊外	ユニバース大野店	3,000	←	3,000	08 開業	3,000		
	郊外	カブセンター西青森店（紅屋商事）	3,452						
旧・浪岡町	郊外	浪岡 SC（マックスバリュ・ホーマックほか）	13,450	←	13,450	←	13,450	←	13,450
	郊外	伊徳（いとく）	3,175	←	3,175	←	3,175	07 増床	3,175
郊外小計		26 店	202,859	25 店	199,407	25 店	199,407	20 店	170,347
青森市計		31 店	261,542	30 店	258,090	31 店	262,662	26 店	233,602
平内町	郊外	イオンタウン平内 SC（マックスバリュ）	3,765	←	3,765	←	3,765	07 開業	3,765
平内町計		1 店	3,765	1 店	3,765	1 店	3,765	1 店	3,765
青森商圏合計		32 店	265,307	31 店	261,855	32 店	266,427	27 店	237,367

［出所］『全国大型小売店総覧』東洋経済新報社，各年版より作成。

第8章 商業まちづくり施策の評価に関する実証的検討

出店経緯と店舗面積推移 (m²)

2005	m²	2003	m²	2001	m²	1999	m²	1995	m²	1991	m²
←	4,572	←	4,572	←	4,572	←	4,572	←	4,572	←	4,572
04 さくらの百貨店	17,082	←	17,082	←	17,082	←	17,082	93 青森ビブレ	17,082	武田青森店	18,637
	15,571	←	15,571	←	15,571	←	15,571	←	15,571	←	15,571
04 閉鎖		←	9,915	←	9,915	←	9,915	←	9,915	←	9,915
	6,444	←	6,444	01 増床	6,444	←	6,334	←	6,334	←	6,530
		03 閉鎖			3,601	←	3,601	93 開業	3,601		
←	5,285	←	5,285	←	5,285	←	5,285	93 増床	5,285		
←	14,301	←	14,301	01 開業	14,301						
6 店	63,255	7 店	73,170	8 店	76,771	7 店	62,360	7 店	62,360	5 店	55,225
←	21,733	←	21,733	01 開業	21,733	99 増床	21,144	←	20,272	←	20,934
←	12,645	02 転換	12,645	01 転換	12,645	←	12,645	95 増床	12,645	←	7,676
←	3,536	←	3,536	←	3,536	←	3,536	←	3,536	←	3,536
←	7,052	←	7,052	←	7,052	←	7,052	95 開業	6,891		
←	8,182	02・03 増床	8,182	01 増床	3,944	97 増床	3,866				
←	4,971	←	4,971	←	4,971	97 開業 99 増床	4,971				
				01 閉鎖		97 開業	3,300				
←	6,855	←	6,855	←	6,855	97 開業	6,855				
04 増床	4,626	03 減床	3,333	←	3,530	99 増床	3,530				
←	21,661	03 転換	21,661	01 開業	21,661						
←	20,260	←	20,260	01 開業	20,260						
←	10,842	←	10,842	01 開業	10,842						
←	3,478	←	3,478	01 開業	3,478						
←	8,173	03 開業	8,173								
←	4,073	03 開業	4,073								
04 開業	4,390										
←	13,450	←	13,450	←	13,450	開業	13,450				
				減床		←	3,422				
16 店	155,927	15 店	150,290	13 店	133,957	11 店	83,771	4 店	43,344	3 店	32,146
22 店	219,182	22 店	223,360	21 店	210,728	18 店	146,131	11 店	105,704	8 店	87,371
22 店	219,182	22 店	223,360	21 店	210,728	18 店	146,131	11 店	105,704	8 店	87,371

付表 8-2　おいらせ商圏およびつがる商圏における立地別の大型小売店（店舗面積

	立地	2012	m²	2011	m²	2009	m²	2007	m²
おいらせ商圏 上北郡下田町, 百石町が2006年合併	郊外	イオン下田SC（イオン・他）	40,500	←	40,500	←	40,500	←	40,500
	郊外	サンワド下田店	5,486	←	5,486	←	5,486	07 増床	5,486
	郊外	千葉室内　下田店		11 閉鎖			7,101	←	7,101
	郊外	マエダモールおいらせ（マエダストア・他）	4,980	←	4,980	←	4,980	06 開業	4,980
郊外計		3 店	50,966	3 店	50,966	4 店	58,067	4 店	58,067
つがる商圏 西津軽郡木造町, 森田村, 柏村, 稲垣村, 車力村の1町4村が2005年合併	郊外	イオン柏SC	45,800	←	45,800	←	45,800	←	45,800
	郊外	サンワドー柏店	13,372	←	13,372	←	13,372	←	13,372
	郊外	MAXデンコードー柏店	3,141	←	3,141	←	3,141	07 増床	3,141
郊外計		3 店	62,313	3 店	62,313	3 店	62,313	3 店	62,313

［出所］『全国大型小売店総覧』東洋経済新報社, 各年版より作成。

第 8 章　商業まちづくり施策の評価に関する実証的検討

3000 m² 以上）の出店経緯と店舗面積推移（m²）

2005	m²	2003	m²	2001	m²	1999	m²	1995	m²	1991	m²
04 増床	40,500	←	37,983	01 増床	37,983	99 増床・97 開業	31,753				
←	5,131	←	5,131	←	5,131	1999 開業	5,131				
←	7,101	←	7,101	←	7,101	1999 開業	7,101				
3 店	52,732	3 店	50,215	3 店	50,215	3 店	43,985	0 店	0	0 店	0
←	45,800	02・03 増床	45,800	←	24,917	97 増床	24,917	93 開業	16,049		
05 増床	13,372	←	5,992	←	5,992	1999 開業	5,992				
2 店	59,172	2 店	51,792	2 店	30,909	2 店	30,909	1 店	16,049	0 店	0

237

商業まちづくり政策の展望

第 9 章

1 本書で明らかにしたこと

　商業まちづくり政策の分野において，過去の特定の政策や施策を対象にして，総体としての政策目標や個々の事業目標が実際にどれだけ達成されたのかについて，具体的な効果を測定し評価することは，必ずしも十分なされてきたとはいえない。また，新たな政策のあり方を議論する際にも，どのような政策目標を設定し，その効果をいかに測定し評価するのかについて，十分な議論がなされてきたとはいいがたい。これが本書の根底を貫く問題意識であった。

　そこで本書では，政策論の分野における政策評価論および政策過程論に関する研究成果をレビューし，そこから得られた知見を商業まちづくり政策の分野に応用することで，従来の研究の空隙を埋めることを第1の課題とした。その際，図1-1（第1章3）で「政策執行と政策評価のプロセス・モデル」として示したように，政策の策定から施策の立案，事業の執行に至るまでの投入プロセスと，これを逆流するようにして実施される事業・施策・政策の活動結果，業績効果（成果），影響分析から成る広義の評価プロセスという双方向で政策プロセスをとらえた。

　これに関連して，第2の課題としたのは次のことである。すなわち，本書が主要な対象とした1980年代後半から現在に至る四半世紀は，わが国の流通政

策全般の転換期に当たっている。それは，1980年代後半の大規模小売店舗法（大店法）の緩和プロセスに始まり，1991年のいわゆる「大店法関連5法」，1998年のいわゆる「まちづくり3法」制定と大店法廃止，2006年の中心市街地活性化法（中活法）と都市計画法の見直し・強化，2013～14年の中活法の再見直し，さらには都市再生特別措置法の改正といった一連の事象からなる。この間，いったん規制緩和の方向に向かったが，その流れはあらためて規制強化の方向に向け直され，新たに成立した小規模企業活性化法の施行（2013年9月20日）を含めて，振興政策も手厚く遂行されるようになった。

そうした経緯について，通史的に整理したいくつかの先行研究をふまえつつ，本書では，なぜそのような転換がなされ，その効果はどうだったのかについて，政策評価の視点からアプローチした。その際，政策評価法が制定された，2001年以前の制度未整備期の状況と，2000年代中盤に行政的手続きが整備されて以降の時期の状況との相違に注目した。

これら第1と第2の課題に対して，まず**第2章**では，1970年代の商業近代化地域計画，80年代のコミュニティ・マート構想，90年代の特定商業集積整備法といった制度ないし施策と，それに基づく事業の展開に焦点を合わせて検討を行った。そのうえで，この時期は，政策評価制度の未整備期であったことから，これらの政策展開については，一部を除いて政策効果の評価が十分なされていないことを明らかにした。また**第3章**では，1998年制定の「まちづくり3法」のそれぞれについて，概要と問題ないし課題を整理したうえで，3法がまちづくりの相互補完的な制度として制定されたはずであるが，3法間で整合性が欠如していたがゆえに，お互いに政策効果を減殺し合ってしまうことになった，という筆者なりの評価を提示した。

第4章と**第5章**では，「まちづくり3法」の下での政策過程における意思決定過程を主要な検討課題にしている。**第4章**では，タウンマネジメント機関（TMO）が当時抱えていたさまざまな問題の中から，組織と機能をめぐる問題に焦点を合わせ，何がまちづくりの阻害要因となっているのかを，政策の窓モデルを適用しながら検討した。**第5章**では，「まちづくり3法」の抜本見直しにかかわる政策過程と，それを導いた政策理念，および決定された政策の影響や評価について，政策の窓モデルを適用して検討し，ステークホルダーとの調整等が周到に行われ3法抜本見直しが実現したことを明らかにした。

第6章では，2009年の地域商店街活性化法の制定・執行との関係で，商店街が真の意味で「地域コミュニティの担い手」としての役割を果たすには，いかなる取り組みが求められるかを中心的な問題意識としながら，政策・施策の決定および実行過程において，市場的調整と政策的調整に加えて，それらを補完する第3の調整機構として社会的調整が必要であることを指摘した。また，商店街が，機能，空間，個店，組織という4つの要素の相互関係をより円滑に機能させるための方策について検討した。さらに，2011年3月11日に発生した東日本大震災で被災した東北の商業者が，復興の第一歩として取り組んでいる仮設商店街・店舗について，それらが地域コミュニティにおいて果たしている役割をふまえて，地域商業・商店街の存在意義について検討した。その結果，これらの施設は仮設として整備されたものであるが，その多くはすでに地域コミュニティの拠点，地域における人と人との交流の場，商業者同士が支え合う場として，なくてはならない施設になりつつあることを示した。また，超高齢社会化が急進展している被災地のこれからの都市計画・まちづくりにおいて，その役割を位置づけ直していくことが重要な課題であることを指摘した。

第7章と第8章では，商業まちづくり政策における目標設定や効果測定・評価といった観点から，政策評価の問題を正面から取り上げた。第7章では，政策評価の行政的手続きについて，事前審査から事後評価までの流れがマニュアル的に整備・標準化された定着期に当たる2000年代中盤以降における，現実の政策決定過程での政策評価にかかわる事例を取り上げた。すなわち，中活法による施策および事業の効果をめぐる問題と，地域商店街活性化法関連の施策および事業に関連する問題の2つである。それらの検討を通じて，事前の目標設定，目標設定に用いられる指標の内容，目標達成度の測定・評価のそれぞれについて課題を指摘した。そのうえで，政策評価の行政的手続き化が進むとともにそれが形式化・形骸化してしまい，政策評価の実質が失われてしまうというリスク（行政的手続き化の罠）があることを指摘した。そして，そうした政策評価形式化のリスクを避け，いかに政策評価の実質化を図るかが課題であると結論づけた。

第8章では，商業まちづくり政策における政策評価の具体的なあり方はどうあるべきかという問題意識の下，青森県内の主要市町を対象に，小売商業構造の変化と商業まちづくり施策への取り組み状況との関係について，長期的な

スパンで検討した。その結果，商業まちづくり施策への取り組み状況の異なる自治体を比較すると，商業まちづくり施策に継続的に取り組むことの効果が一定程度あることが示唆された。

　また，第3の課題は，商業まちづくり政策に関連する事業が具体的にどの地域でどのように執行されたのか，その成果はどうだったのかという，従来，必ずしも十分にスポットライトが当てられてこなかった政策のディマンド・サイドの状況に注目することであった。というのは，政策評価を論じるにあたっては，政策のディマンド・サイドの状況にまで踏み込まないと，実態が把握できないと考えるためである。とくに，インターネットが普及する以前の1990年代中盤までのデジタル情報化されていない資料等について，事業の実施地域の情報を関係者の方々にお願いして，可能な範囲で収集を試みた。こうした課題については，本書全般にわたって可能な限り対応することができたと考える。

　第4の課題は，政策評価の実務の観点から，目標の設定や評価の技法等に関するテクニカルな方法論について検討することであった。この課題については，商業まちづくり政策の評価にかかわる既存研究において，どのような取り扱いがなされてきたかを各所で検討する一方で，**第7章**において，行政サイドが整備した実務的なマニュアル等の内容を整理するとともに，その功罪について検討した。

　すなわち，政策執行の効率性という観点からは，ある程度のマニュアル化による誘導は必要かもしれないが，国がマニュアル等によって一定の方向性を類型として明示すると，自治体や商店街等の側でもマニュアル等に沿って認定ないし採択された他の計画を模倣しようとする傾向が強まるため，類型化さらには画一化がもたらされてしまうという弊害が発生する。そのため，類型性と独自性のバランスをどこでとるかが重要になると指摘した。

2　残された課題

　このように，本書によって，従来の商業まちづくり政策研究における，いわゆるミッシングリンクをつなぐことがある程度できたのではないかと考える。
　しかし，いくつか限界も指摘できる。第1に，「まちづくり3法」の一つである中活法におけるまちづくりの視点，大規模小売店舗立地法（大店立地法）

における生活環境保持，都市計画法の用途地域制のいずれにおいても，中心に据えられているのは「公共の利益」の維持・増進という考え方であるが，その具体的な内容や評価指標について十分に掘り下げることができなかったことが挙げられる（第3章関連）。こうした「公共の利益」という一見するとわかりやすいが，実は客観化しにくい概念について，今後，検討を深めることが必要である。

第2に，2006年の「まちづくり3法」見直し以降，中心的な政策理念としてコンパクトシティの実現が掲げられるようになったが，その具体的内容やそれが実現された場合の影響等について十分に検討することができなかったことである（第5章関連）。この点については，今後さらに研究を深めていきたい。

第3に，政策目標について全国的な類型性と地域の独自性とのバランスをどのように考えるべきか，あるいは目標として設定される指標の内容や水準の妥当性や合理性を客観的にどのように判断するのか，定量化できない定性的な指標をどのように把握するのか，といった政策評価の実務的な手法等については十分検討できなかった（第7章関連）。この点についても，今後の研究課題として残されている。

第4に，政策効果の実証研究の側面については，さまざまな制約から特定の地域を対象に限られた変数による統計分析に留まってしまった。また，どのような施策や事業がいかなる成果をもたらしているのか，あるいはもたらさないのか，といった具体的な因果関係についても踏み込めなかった。したがって，商業まちづくり施策の展開と小売商業の構造変化の相互関係に関して事例研究による掘り下げを行う一方で，分析対象や期間，説明変数・成果変数などを広げた定量的分析を行うことが，今後の課題となる。

第5に，東日本大震災の被災地で整備されてきた仮設商店街・店舗について，現状では「仮設」という当初の役割を超えて地域コミュニティにおいて機能し始めていることを指摘したが，その実態について十分に掘り下げられていないことが挙げられる。このような地域における役割変化の背景には，当分の間，仮設施設を中心に新たに形成されてきたコミュニティに腰を据えて日々の生活や事業に取り組むか，都市計画・まちづくりの全体的な計画に従って，新たに形成されるであろう地区で店舗の本格再開を優先するか，といった商業者を含む被災地の人々が迫られている，今後の方向にかかわる深刻な選択問題が横た

わっている。こうした問題をふまえて，仮設商店街・店舗の実態について詳細な調査を行い，これからの被災地の復興における商業と地域コミュニティのあり方について検討を行うことが，重要な課題として残されている。

3 商業まちづくり政策の方向

　最後にやや長期的な視点から，商業まちづくり政策のあり方について展望しよう。筆者は，企業や生活者の市場における合理的・効率的な行動に基づく「市場の論理」が，社会的共通資本として時間をかけて形成されてきた「都市の論理」を圧倒し，市場の失敗を発生させてしまうのではなく，後者が前者をある程度コントロールすることによって，地球環境に配慮した持続可能な都市発展をめざすべきであるという立場に立っている。

　そうした方向に進むためには，例えば大型店・ショッピングセンターの郊外開発などによってもたらされる外部不経済にかかわる問題を抑制したり，地域商業・商店街の活動を支援することによって外部経済にかかわる要素を促進するといった政策的な対応が必要である。しかし，市場が失敗するのと同様に政府も失敗することから，そうした政策的な対応だけでは必ずしも十分ではない。そうした観点から，**第6章**では，市場的調整と政策的調整に並ぶ，第3の調整機構として社会的調整の重要性を指摘したが，ここでは少し別の視点から議論を進めたい。すなわち，上述のような市場の失敗は小売業の出店や営業などの企業行動だけでなく，生活者の買い物行動やライフスタイルのあり方による面もあり，それらを問い直す必要があるという点である。

　買い物行動やライフスタイルの見直しは，われわれ自身の日常生活をふりかえってみても，そう簡単な課題ではないことは明らかである。というのも現在のライフスタイルは，個々の生活者が効率性や便利さ，快適さなどを勘案して自ら選択した結果であるからである。それが社会全体にとって必ずしも最適な結果をもたらさないという，いわゆる「社会的ジレンマ」状況をもたらしているのである。

　例えば，たしかに郊外の大型店・ショッピングセンターでの買い物は，効率的で便利かつ快適であるかもしれない。しかし，それは初めからマイカーでの買い物を前提にしていることがほとんどであり，短期的には交通渋滞の要因に

なることが考えられる一方で，長期的には排気ガスによる地球環境破壊の問題を惹起するなど，社会的に大きなコスト負担をもたらす可能性がある。あるいは，都市中心部に買い物に行く場合でも，マイカーで乗り入れた方が短期的には効果的，効率的なことが少なくないが，そうした行動が交通渋滞や大気汚染，騒音などの問題を深刻化させる可能性があり，長期的には社会的コストの増大をもたらすことになる。

　こうした状況について消費者自身がどう考え，どう行動するかということがまさに問われているのであるが，短期的な利益に比して長期的な社会的コストはなかなか実感しづらい。そのため，長期的な社会的負担を最小化するという「正当な」目標を掲げて，現行以上に郊外開発や都市中心部へのマイカー乗り入れなどに対する公的規制の強化を図ろうとしても，なかなか一般的な合意が得られないのも事実である。つまり，社会的ジレンマ状況に対する即効薬は存在しないのである。

　そのため，一方で都市問題や地球環境問題と生活者の買い物行動やライフスタイルのあり方との関係についての，生活者の意識向上を図るという地道な努力を続けながら，他方で都市中心部が人々を引き付ける魅力をいっそう高めるためのソフト，ハード両面での取り組みを継続することが求められているといえよう。前者については，わが国が少子・超高齢・人口減少社会に突入するとともに，その実感を生活者全般がもつようになってきていることで，意識や行動が着実に変化してきているように感じられる。

　であるならば，問題はそうして変化しつつある生活者の意識や行動に対応できるような魅力を，都市中心部の商業，つまり地域商業・商店街がもてるかどうかにあるといわなければならない。ここに，商業まちづくり政策の現時点における重要性と方向性があらためて確認できる。

　この点に関連して，ここでもう一つ指摘したいのは，そうした商業まちづくり政策の企画や執行における権限と責任を，ますます自治体が担うように期待されていることにかかわる問題である。これはいいかえると，地方分権化ないし地域主権化が内包する問題ということができる。

　地方分権化の推進にともなって，まちづくりの推進は基礎自治体の手に委ねられる部分が格段に拡大した。もちろん，地域のことは地域の関係者が主体的に決めるという方向自体に何も問題はない。しかし，一般に意思決定単位が小

さくなればなるほど，お互いの顔がみえるだけステークホルダー間の利害対立が先鋭化，深刻化しやすくなるといわれていることから，合意形成プロセスの重要性がよりいっそう増すことになろう。それとともに，ある主体の意思決定が，周辺に及ぼす外部性について十分に考慮されずになされることが少なからずあるという問題も指摘できる。これはまさに「地方分権化の罠」とでもいえるような事態である。そうした問題の発生を回避する，あるいは発生に対処するために，都道府県単位ないしは複数都道府県をまたがる範囲で，広域的調整の仕組みをつくることが検討されてしかるべきであろう。

　ただし現実には，そのようにある基礎自治体が周囲への影響を顧みずに独自の方針を打ち出すというケースはそれほど多くはない。むしろ，地方分権化がある程度進められた中にあっても，例えば中活法の基本計画に関して，自治体が十分に独自性を発揮できていない状況にあることの方が問題といえよう（**第8章**）。それは，国が自治体の利便性や行政効率の向上等を目的に，マニュアル等によって自治体の取り組み内容や目標・評価指標などをいくつかの類型に誘導していることに起因している面もあろう。自治体の創意工夫による独自性の発揮をどこまで求めるのか／認めるのかは，商業まちづくり政策の今後にとってきわめて重要な問題といえよう。

4　まちづくりは「ひとづくり」

　商業まちづくり政策における支援対象は，施設やインフラ等を整備するいわゆるハード系の施策・事業と，それらを活用しながら何をするかにかかわるいわゆるソフト系の施策・事業からなるが，少子・超高齢・人口減少社会化が進展し，国の財政状況もますます厳しくなる中で，ハード系の施策・事業への依存度は今後さらに低下していくことになろう。

　そうしたこともあって，**第6章**で論じたように，近年，「まちゼミ」「まちなかバル」「100円商店街」「まち歩き（商店街ツアー）によるマップづくり」といったようなソフト系の事業が全国的に注目を集めている。これらの事業は，従来の一般的な「お祭り」イベントが「人は集まるけれど実質的な売り上げ増につながらない」ことが多く，推進メンバーにいたずらな「イベント疲れ感」を残してしまうことの反省に基づいて普及してきたといわれる。実際の取り組

みは，従来の商店街組織等の枠組みにこだわらず，やる気のある人が中心になって，ときには子育てや高齢者支援をはじめとする地域コミュニティが抱える社会的課題への対応を視野に入れつつ，新規参入者や外部組織と積極的に連携しながら実行されていることが多い。

　これらに共通するのは，商業者にとっては自らの品揃えやサービス内容などの特徴をあらためて見直し，改善方向を考えるようになる，すなわち商業者にとっては自ら考え行動するようになるといった効用，生活者にとっては今まで知らなかったまちや店舗の魅力を発見し周囲に発信することができるといった効用，地域にとってはまちの回遊性を高め全体として魅力を引き上げるといった効用があることである。その意味で商業者，生活者，地域にとって「三方よし」の関係が成り立つ取り組みといえる。さらに，地域における取り組みの一翼を大学生などの学生が担い，それを通じて学生が社会について学べるという意味では「四方よし」の取り組みといえる。

　こうした地域の社会的課題への対応を含めたソフト系の事業は，例えば，中心市街地活性化施策における施設整備等のハード系事業に比べると，かなり小規模なものであり，即効性や波及効果に疑問をもつ向きがあるかもしれない。しかし，こうした事業の積み重ねによってこそ，まちづくりや商店街活性化の担い手を育て，地域コミュニティに根ざした人的ネットワークを広げることができるのであり，ひいては地域商業・商店街の活力や賑わいも高まるものと考える。まさに，商業まちづくり政策にとって最も大事なことは人材の教育・育成にあるという意味で，まちづくりは「ひとづくり」なのである。

　この間，まちづくり・商店街活性化の現場の推進力となるような人材が全国各地に育ってきている。その代表が，石原（2013）において自らの言葉で語っているタウンマネージャーたちであり，経済産業省が関与しているタウンプロデューサーや内閣府地域活性化伝道師たちである。そうした人材のネットワークをさらに広げるために，商業まちづくり政策の一環として，街元気プロジェクト（https://www.machigenki.jp/index.php）や全国商店街支援センター（http://www.syoutengai-shien.com）において，まちづくり・商店街活性化の担い手を育成するための多様な教育研修事業等が展開されている。

　こうした施策を通じて，専門的知識を修得し，タウンマネージャー等として大局的見地から地域のまちづくりの推進・調整役になれる専門家，地域に根ざ

した商業者等のリーダー役，リーダーをサポートする商業者・市民等といった，いくつかのタイプの人材を育成していくことが求められている。また，そのような事業の効果を検証することは一筋縄ではいかない難しい課題であるが，教育研修事業をよりよいものにするためにも，この分野についても政策評価の仕組みをより洗練・深化させていく必要がある。

参考文献一覧

◆ 日本語文献

青森県・青森県商工会議所連合会・青森県商工会連合会（2006）『消費購買動向による商圏調査報告書（平成18年度）』。
青森市（2009）「アウガ再生支援について～アウガが活きる　街を活かす～」。
秋本福雄（1997）『パートナーシップによるまちづくり──行政・企業・市民　アメリカの経験』学芸出版社。
安達正範・鈴木俊治・中野みどり（2006）『中心市街地の再生　メインストリートプログラム』学芸出版社。
足立基浩（2010）『シャッター通り再生計画──明日からはじめる活性化の極意』ミネルヴァ書房。
足立基浩（2013）『イギリスに学ぶ商店街再生計画──「シャッター通り」を変えるためのヒント』ミネルヴァ書房。
足立幸男（2009）『公共政策学とは何か』（BASIC 公共政策学 1）ミネルヴァ書房。
足立幸男・森脇俊雅編（2003）『公共政策学』ミネルヴァ書房。
新雅史（2012）『商店街はなぜ滅びるのか──社会・政治・経済史から探る再生の道』光文社新書。
荒井良雄・箸本健二編（2004）『日本の流通と都市空間』古今書院。
イギリス都市拠点事業研究会（1998）『検証　イギリスの都市再生戦略──都市開発公社とエンタープライズ・ゾーン』風土社。
石原武政（1992a）「地域商業の動向と行政の役割」『季刊マーケティングジャーナル』第43号, pp. 30-39。
石原武政（1992b）「商店街まちづくりと中小小売政策」『RIRI 流通産業』4月号。
石原武政（2000a）『まちづくりの中の小売業』有斐閣選書。
石原武政（2000b）『商業組織の内部編成』千倉書房。
石原武政（2005）「商店街の何が課題か」日本建築学会編『中心市街地活性化とまちづくり会社』（まちづくり教科書　第9巻）丸善。
石原武政（2006）『小売業の外部性とまちづくり』有斐閣。
石原武政（2009）「都市中心部における商業の魅力」加藤司・石原武政編『地域商業の競争構造』（シリーズ流通体系 4）中央経済社。
石原武政編（2011）『商務流通政策 1980-2000』（通商産業政策史 4）独立行政法人経済産業研究所。
石原武政編著（2013）『タウンマネージャー──「まちの経営」を支える人と仕事』学芸出版社。
石原武政・石井淳蔵（1992）『街づくりのマーケティング』日本経済新聞社。
石原武政・加藤司編（2005）『商業・まちづくりネットワーク』ミネルヴァ書房。
石原武政・加藤司編著（2009）『日本の流通政策』（シリーズ流通体系 5）中央経済社。
石原武政・西村幸夫編（2010）『まちづくりを学ぶ──地域再生の見取り図』有斐閣ブックス。

石淵順也（2011）「都市施設は商業集積の魅力を高めるか」『商学論究』（関西学院大学），Vol. 58, No. 4, pp. 251-281。

伊藤滋・小林重敬・大西隆監修（2004）『欧米のまちづくり・都市計画制度――サスティナブル・シティへの途』ぎょうせい。

稲葉陽二・大守隆・近藤克則・宮田加久子・矢野聡・吉野諒三編（2011）『ソーシャル・キャピタルのフロンティア――その到達点と可能性』ミネルヴァ書房。

岩永忠康（2004）『現代日本の流通政策――小売商業政策の特徴と展開』創成社。

岩永忠康・佐々木保幸編著（2013）『現代の流通政策』（シリーズ現代の流通 第3巻）五絃舎。

岩間伸之編著（2013）『フードデザート問題――無縁社会が生む「食の砂漠」〔改訂新版〕』農林統計協会。

宇沢弘文（2000）『社会的共通資本』岩波新書。

宇沢弘文・茂木愛一郎編著（1994）『社会的共通資本――コモンズと都市』東京大学出版会。

宇沢弘文・前田正尚・薄井充裕編（2003）『都市のルネッサンスを求めて』（社会的共通資本としての都市 1）東京大学出版会。

宇沢弘文・國則守生・内山勝久編（2003）『21世紀の都市を考える』（社会的共通資本としての都市 2）東京大学出版会。

宇野史郎（2012）『まちづくりによる地域流通の再生』中央経済社。

牛場智（2008）「eリテイルと『新しい街』との関係――大阪・中崎町を事例に」『流通研究』第11巻，第1号。

大野輝之（1997）『現代アメリカ都市計画――土地利用規制の静かな革命』学芸出版社。

大野輝之＝レイコ・ハベ・エバンス（1992）『都市開発を考える――アメリカと日本』岩波新書。

大村未菜（2004）「アパレル小売集積発展のメカニズム――原宿における実証研究から」『経済と貿易』第187号。

大森彌（1999）「政策評価の今日的意義」『月刊自治フォーラム』No. 474。

岡田卓也（2005）『小売業の繁栄は平和の象徴――私の履歴書』日本経済新聞社。

岡部明子（2003）『サスティナブルシティ――EUの地域・環境戦略』学芸出版社。

奥井復太郎（1938）「商店街の意義（商店街研究ノ十・完）」『財政経濟時報』第26巻第10号 pp. 64-67。

小野寺孝一（1972）「『盛岡地域商業近代化地域計画報告書』の計画論による検討」『地域学研究』（日本地域学会年報）第3号，pp. 1-30。

会計検査院（2004）「平成15年度決算検査報告の概要・特定検査対象に関する検査状況 タウンマネージメント機関（TMO）による中心市街地の商業活性化対策について」

海道清信（2001）『コンパクトシティ――持続可能な社会の都市像を求めて』学芸出版社。

加藤司編著（2003）『流通理論の透視力』千倉書房。

加藤司（2009）「地域商業研究の展望」加藤司・石原武政編『地域商業の競争構造』（シリーズ流通体系 4）中央経済社。

加藤司・石原武政編（2009）『地域商業の競争構造』（シリーズ流通体系 4）中央経済社。

加藤敏春（1991）「商業集積を核とした街づくりの推進に向けて――特定商業集積の整備の促進に関する特別措置法（平成3.5.24公布，法律第82号）」『時の法令』第1411号，pp. 6-32。

金本良嗣（2013）「集積の経済と交通投資の幅広い便益」城所幸弘ほか『集積の経済を考慮した都市，交通分析――政策分析への応用』（日交研シリーズ A-583 平成24年度共同研究プ

参考文献一覧

ロジェクト）日本交通政策研究会．

金本良嗣（2014）「経済教室 都市への集積メリット——『間接便益』の適切な評価を」『日本経済新聞』（2014年2月10日）．

河上高廣・伊藤直樹（1991）「街づくり会社の取り組み——その制度と事例」『地域開発』第322号，pp. 49-59．

川村健一・小門裕幸（1995）『サステイナブル・コミュニティ——持続可能な都市のあり方を求めて』学芸出版社．

草野厚（1992）『大店法 経済規制の構造——行政指導の功罪を問う』日本経済新聞社．

久住剛（2000）「創造的なNPO——自治体政府間パートナーシップ形成へ向けて」『都市問題』第91巻，第1号．

熊野稔（2005）「中心市街地再生におけるTMOの課題と方向性——全国TMOアンケート調査から」『日本建築学会東北支部研究報告集』．

ケイ，J.（2007）『市場の真実——「見えざる手」の謎を解く』（佐和隆光監訳／佐々木勉訳）中央経済社．

経済産業省中小企業庁（2001）「TMOマニュアルQ＆A〔改訂版〕」．

建設省都市局監修／商業市街地整備研究会編（1992）『特定商業集積整備法の運用と商業市街地の振興整備』ぎょうせい．

小宮一高（2009）「都市型商業集積の形成と街並み」加藤司・石原武政編『地域商業の競争構造』（シリーズ流通体系4）中央経済社．

コミュニティ・マート構想事業調査研究会編（1991）『商店街再開発手法としての「街づくり会社」』コミュニティ・マートセンター．

コミュニティ・マートセンター（1991）「地域社会に調和した魅力ある商店街づくり——コミュニティ・マート構想のごあんない」．

西郷真理子（1991）「まちづくりと『街づくり会社』」『地域開発』第322号，pp. 60-66．

坂本誠（2003）「地方自治体の広域的水平的調整に関する研究——大規模小売店舗出店調整に着目して」『日本地域政策研究』（日本地域政策学会）第1号，pp. 113-119．

佐々木雅幸（2001）『創造都市への挑戦——産業と文化の息づく街へ』岩波書店．

佐藤善信（2003）「自然発生型盛り場の形成と変容の分析——アメリカ村を事例として」加藤司編『流通理論の透視力』千倉書房．

産業基盤整備基金（委託先：流通産業研究所）（1995）『特定商業集積における商業基盤施設等の整備と利用実態』．

清水威史・小嶋勝衛・根上彰生・宇於崎勝也・阿部隆志（1999）「特定商業集積整備法による商業施設整備の実態に関する研究——高度商業集積型の事例分析を通して」『日本建築学会計画系論文集』第517号，pp. 223-228．

商業施設技術団体連合会（1992）『商店街活性化の実践ガイドブック』．

商工総合研究所（2000）『「商店街振興組合の内部運営体制強化」についての調査研究報告書』（平成11年度中小企業庁委託調査研究事業）．

商工総合研究所（2001）『商店街における大型店等の撤退後の空店舗・跡地の有効活用についての調査報告書』（平成12年度中小企業庁委託調査研究事業）．

新藤宗幸（1976）「政策アウトプット分析の分析概念」日本行政学会編『社会変動と行政対応』（年報行政研究12）ぎょうせい．

杉田聡（2008）『買物難民——もうひとつの高齢者問題』大月書店．

全国商工会連合会（1995）『第三セクター街づくり事例13選』。
全国商工会連合会（1997）『小規模事業者支援促進法に係る商業基盤施設整備の実施事例』。
全国商店街新興組合連合会（2000）『まちづくりにおける商店街組織の現状と課題』（平成11年度中小企業庁委託調査研究事業）。
総務省（2004）「中心市街地の活性化に関する行政評価・監視結果に基づく勧告」。
高嶋克義（2002）『現代商業学』有斐閣。
地域生活インフラを支える流通のあり方研究会（2010）『地域生活インフラを支える流通のあり方研究会報告書——地域社会とともに生きる流通』経済産業省。
千葉昭彦（1998）「特定商業集積整備法によるまちづくりの地域性——東北地方の事例の検討」『東北産業経済研究所紀要』第17号，pp. 93-117。
千葉昭彦（2012）『都市空間と商業集積の形成と変容』原書房。
中心市街地活性化関係府省庁連絡協議会（2001）「中心市街地活性化のすすめ2001年」。
通商産業省企業局編（1971）『70年代における流通——産業構造審議会第9回中間答申』大蔵省印刷局。
通商産業省産業政策局商業集積推進室編（1991）『特定商業集積整備法の解説——魅力ある商業集積づくり』通商産業調査会。
通商産業省産業政策局商業集積推進室編（1994）『特定商業集積整備法関係法規集 商業集積を核とした街づくりを目指して——商業集積ハンドブック』通商産業調査会。
通商産業省産業政策局・中小企業庁編（1984）『80年代の流通産業ビジョン』通商産業調査会。
通商産業省産業政策局・中小企業庁（1995）『21世紀に向けた流通ビジョン——我が国流通の現状と課題』通商産業調査会。
通商産業省産業政策局中心市街地活性化室編（1998）『中心市街地活性化法の解説』通商産業調査会。
通商産業省産業政策局流通産業課編（1994）『これからの大店法——改正大店法の見直しの在り方』通商産業調査会。
通商産業省産業政策局流通産業課編（1998a）『これからの大店政策——大店法からの政策転換』通商産業調査会。
通商産業省産業政策局流通産業課編（1998b）『大規模小売店舗立地法の概要』通商産業調査会。
通商産業省商政課編（1989）『90年代の流通ビジョン』通商産業調査会。
通商産業省中小企業庁小売商業課編（1992）『中小小売商業振興法の解説』通商産業調査会。
通商産業省特定商業集積推進室編（1997）『特定商業集積整備法の解説 1997年版』通商産業調査会。
坪田幸治（2001）「農村地域における郊外型大規模商業集積が地域経済に及ぼす影響——青森県柏村を事例として」『経済地理学年報』第47巻，第2号，pp. 39-51。
東京都産業労働局商工部地域産業振興課（2011）「大規模小売店舗立地法のしおり」。
友村自生（2006）「大規模集客施設の郊外立地規制について考える…民意の不在…そして誰も行かなくなった」『日本不動産学会誌』第20巻，第2号。
内閣府経済社会総合研究所（2005）『コミュニティ機能再生とソーシャル・キャピタルに関する研究調査報告書』日本総合研究所。
中井達（2005）『政策評価——費用便益分析から包絡分析法まで』ミネルヴァ書房。
長坂泰之（2011）『中心市街地活性化のツボ——今，私たちができること』学芸出版社。

参考文献一覧

長坂泰之編著（2012）『100円商店街・バル・まちゼミ――お店が儲かるまちづくり』学芸出版社。
中山徹（2010）『人口減少時代のまちづくり――21世紀＝縮小型都市計画のすすめ』（現代自治選書）自治体研究社。
西山八重子編（2011）『分断社会と都市ガバナンス』日本経済評論社。
日本開発銀行ニューヨーク駐在員事務所（1999a）『中心市街地の商業機能強化とタウンマネジメント組織』。
日本開発銀行ニューヨーク駐在員事務所（1999b）『米国中心市街地活性化事例調査』。
日本建築学会編（2004）『まちづくりの方法』（まちづくり教科書 第1巻）丸善。
日本建築学会編（2005）『中心市街地活性化とまちづくり会社』（まちづくり教科書 第9巻）丸善。
日本政策投資銀行編著（2000）『海外の中心市街地活性化――アメリカ・イギリス・ドイツ18都市のケーススタディ』ジェトロ。
根田克彦（2004）「商業立地政策としてのゾーニング規制の有効性」荒井良雄・箸本健二編『日本の流通と都市空間』古今書院。
袴田健義（1994）「インターチェンジを生かした特定商業集積整備法による町づくり」『道路』643号，pp. 33-36。
林良嗣（2005）「都市の未来3　郊外撤退と市街地再生」『日本経済新聞』（2005年8月4日）。
原田英生（1997）「アメリカにおける都市と商業に関する思潮と政策」『流通経済大学論集』第31巻，第3号。
原田英生（1999）『ポスト大店法時代のまちづくり――アメリカに学ぶタウン・マネージメント』日本経済新聞社。
原田英生（2008）『アメリカの大型店問題――小売業をめぐる公的制度と市場主義幻想』有斐閣。
原田英生・向山雅夫・渡辺達朗（2010）『ベーシック流通と商業――現実から学ぶ理論と仕組み〔新版〕』有斐閣。
畢滔滔（2014）『よみがえる商店街――アメリカ・サンフランシスコ市の経験』碩学舎。
久繁哲之介（2008）『日本版スローシティ――地域固有の文化・風土を活かすまちづくり』学陽書房。
久繁哲之介（2010）『地域再生の罠――なぜ市民と地方は豊かになれないのか？』ちくま新書。
広井良典（2009）『コミュニティを問いなおす――つながり・都市・日本社会の未来』ちくま新書。
広井良典・小林正弥編著（2010）『コミュニティ――公共性・コモンズ・コミュニタリアニズム』勁草書房。
深野弘行（1992）「特定商業集積の整備の促進に関する特別措置法――「商業振興」と「街づくり」を融合（中小企業白書総特集――21世紀に挑戦するスモールビジネス）」『エコノミスト』第70巻，第28号，pp. 188-190。
福井商工会議所（1993）『特定商業集積整備法全国第一号事例発表会――新しいまちづくりの方向』福井商工会議所。
福川裕一（1997）『ゾーニングとマスタープラン――アメリカの土地利用計画・規制システム』学芸出版社。
福川裕一・矢作弘・岡部明子（2005）『持続可能な都市――欧米の試みから何を学ぶか』岩波

書店。

フリント，A.（2011）『ジェイコブズ対モーゼス——ニューヨーク都市計画をめぐる闘い』（渡邉泰彦訳）鹿島出版会。

細野助博（2000）『スマートコミュニティ——都市の再生から日本の再生へ』中央大学出版部。

細野助博（2007）『中心市街地の成功方程式——新しい公共の視点で考える"まちづくり"』時事通信出版局。

松浦寿幸・元橋一之（2006）「大規模小売店の参入・退出と中心市街地の再生」（Discussion Paper Series 06-J-051）RIETI（独立行政法人経済産業研究所）。

松田隆典（1996）「富山県における特定商業集積の形成」『経済地理学年報』第42巻，第3号，pp. 206-207。

松田隆典（2004）「共同店舗と街づくり——富山県の特定商業集積の2事例」『滋賀大学教育学部紀要 人文科学・社会科学』No. 54，pp. 57-71。

松永桂子（2013）「『仮設商店街』にみる商店街の本質」『日本政策金融公庫 調査月報』No. 059。

三浦展（2004）『ファスト風土化する日本——郊外化とその病理』洋泉社新書 y。

三浦展編著（2006）『脱ファスト風土宣言——商店街を救え！』洋泉社新書 y。

三隅一人（2013）『社会関係資本——理論統合の挑戦』（叢書・現代社会学 6）ミネルヴァ書房。

三田知実（2006）「消費下位文化主導型の地域発展——東京渋谷・青山・原宿の『独立系ストリート・カルチャー』を事例として」『日本都市社会学会年報』第24号。

南方建明（2013）『流通政策と小売業の発展』中央経済社。

宮川公男（2002）『政策科学入門〔第2版〕』東洋経済新報社。

宮川公男・大守隆編（2004）『ソーシャル・キャピタル——現代経済社会のガバナンスの基礎』東洋経済新報社。

宮夫健太郎（1996）「特定商業集積法による SC 開発の実態」『レジャー産業資料』第29巻，第8号，pp. 54-61。

宗田好史（2007）『中心市街地の創造力——暮らしの変化をとらえた再生への道』学芸出版社。

森脇俊雅（2010）『政策過程』（Basic 公共政策学 5）ミネルヴァ書房。

保井美樹（1998）「アメリカにおける Business Improvement District（BID）」『都市問題』第89巻，第10号。

保井美樹（1999）「アメリカにおける中心市街地活性化と NPO」『都市住宅学』No. 25。

八十川睦夫（1987）「商業近代化地域計画の策定における論理の一例」『香川大学経済論叢』第60巻，第3号，pp. 17-37。

矢作弘（2005）『大型店とまちづくり——規制進むアメリカ，模索する日本』岩波新書。

矢作弘（2009）『「都市縮小」の時代』角川 one テーマ 21。

矢作弘（2011）「都市再生と公共空間のガバナンス——新自由主義的都市経営の両義性」西山八重子編『分断社会と都市ガバナンス』日本経済評論社。

矢作弘・大野輝之（1990）『日本の都市は救えるか——アメリカの「成長管理」政策に学ぶ』開文社出版。

矢作弘・小泉秀樹編著（2005）『成長主義を超えて——大都市はいま』日本経済評論社。

矢部拓也（2011）「まちづくり会社と中心市街地の活性化——長浜・高松・熊本」西山八重子編『分断社会と都市ガバナンス』日本経済評論社。

山岸俊男（1998）『信頼の構造——こころと社会の進化ゲーム』東京大学出版会。

山岸俊男・吉開範章（2009）『ネット評判社会』NTT出版。
山崎亮（2011）『コミュニティデザイン――人がつながるしくみをつくる』学芸出版社。
山崎亮（2012）『コミュニティデザインの時代――自分たちで「まち」をつくる』中公新書。
山本晃正（1997）『特定商業集積整備法等による「街づくり」と中小小売商業者の経済法的・法社会学的研究』鹿児島経済大学。
山谷清志（2012）『政策評価』（Basic公共政策学9）ミネルヴァ書房。
ラーク，ロイ（1997）「『ショッピングシティベル』のケーススタディ――福井市にある特定商業集積整備法の全国第一号事例」『流通科学大学論集 流通・経営編』第9巻，第2号，pp. 145-156。
龍慶昭・佐々木亮（2004）『「政策評価」の理論と技法〔増補改訂版〕』多賀出版。
若林幹夫編著（2013）『モール化する都市と社会――巨大商業施設論』NTT出版。
渡辺達朗（1990a）「米国におけるゾーニング規制の制度的枠組み――商業施設の出店規制・調整制度に関連して」（上・中・下）『流通情報』第253-255号。
渡辺達朗（1990b）「欧州主要国における都市計画と小売施設の立地規制――流通行政の国際比較の視点から」『季刊マーケティングジャーナル』第39号（第10巻第3号）。
渡辺達朗（1991a）「フランスにおける出店調整と都市計画――ロワイエ法運用に関する政策スタンスを中心として」（上・中・下）『流通情報』第262・264・265号。
渡辺達朗（1991b）「出店規制の緩和と都市計画――改正大店法と商業集積法をめぐって」『地域開発』第322号，pp. 31-37。
渡辺達朗（1994）「アメリカにおける都市政策と小売商業開発規制――1970年代以降の政策展開を中心にして」『新潟大学商学論集』第26号。
渡辺達朗（1998a）「大型店政策の転換と街づくり問題――大店法廃止・新法制定をめぐって」『流通情報』第345号，pp. 4-14。
渡辺達朗（1998b）「大型店に対する地方自治体の『環境要綱』――大店立地法の運用問題に関する予備的考察」(1)～(4)，『流通情報』第350・351・352・353号。
渡辺達朗（1999）「地方都市における大型店に対する『環境要綱』――自治体への追加調査の結果から」『流通情報』第358号。
渡辺達朗（2000）「アメリカにおけるダウンタウン再活性化と小売商業振興――自治体とまちづくり組織を軸にした協働的取り組みの実態とわが国への示唆」『専修商学論集』第71号，pp. 459-502。
渡辺達朗（2001）「都市中心部からの大型店等の撤退問題とまちづくりの取り組み」『専修商学論集』第73号，pp. 263-301。
渡辺達朗（2002）「商業を核にした地域づくり・まちづくり」財団法人中小企業総合研究機構編『地域経営・まちづくり』同友館，第1章所収。
渡辺達朗（2003a）「タウンマネジメント機関（TMO）の組織と機能――まちづくりの阻害要因に関連して」『専修商学論集』第76号，pp. 377-402。
渡辺達朗（2003b）「まちづくりと商店街組織――組織の行動原理の変化を中心にして」『商学研究年報』第28号，pp. 31-54。
渡辺達朗（2003c）『流通政策入門――流通システムの再編と政策展開』中央経済社。
渡辺達朗（2006）「まちづくり政策の転換をめぐる政策過程と政策理念――"政策の窓"はいかにして開かれ，いかなる影響を及ぼすか？」『流通情報』第444号，pp. 19-39。
渡辺達朗（2007）『流通政策入門〔第2版〕』中央経済社。

渡辺達朗（2007）「まちづくり政策の転換と地域経済——コンパクトシティ化と郊外開発規制の影響を探る」『流通情報』第 460 号，pp. 4-11。
渡辺達朗（2010a）「流通・商業と社会——環境問題・まちづくり・公正競争」原田英生・向山雅夫・渡辺達朗『ベーシック流通と商業——現実から学ぶ理論と仕組み〔新版〕』有斐閣。
渡辺達朗（2010b）「地域商業における 3 つの調整機構と魅力再構築の方向——市場的調整・政策的調整・社会的調整」『流通情報』第 482 号（第 41 巻，第 5 号），pp. 32-42。
渡辺達朗（2010c）「まちに賑わいをもたらす地域商業」石原武政・西村幸夫編『まちづくりを学ぶ——地域再生の見取り図』有斐閣。
渡辺達朗（2011）『流通政策入門——流通システムの再編と政策展開〔第 3 版〕』中央経済社。
渡辺達朗（2013a）「市場環境変化の中での商店街活性化の取り組み——地域コミュニティの担い手としての商店街の魅力再構築に向けて」『商工金融』（一般財団法人商工総合研究所）第 63 巻，第 2 号，pp. 5-14。
渡辺達朗（2013b）「商業まちづくり政策における政策評価をめぐる試論——政策目標の設定と政策効果の測定・評価の方法に関連して」『流通情報』第 502 号（第 45 巻，第 1 号），pp. 73-81。
渡辺達朗（2013c）「青森を事例にした商業まちづくり施策の評価に関する試論——特定商業集積整備法から中心市街地活性化法の実施過程を中心にして」『流通情報』第 503 号（第 45 巻，第 2 号），pp. 54-71。
渡辺達朗監修／中小企業総合研究機構編（2000）『米国の市街地再活性化と小売商業』同友館。
渡辺達朗・流通経済研究所編著（2013）『中国流通のダイナミズム——内需拡大期における内資系企業と外資系企業の競争』白桃書房。
和田一郎・土井千佳子・宮田智之・小高孝二・増田亮子・大塚康子（1994）「特定商業集積法に基づく商業基盤施設に関する研究」『日本建築学会大会学術講演梗概集（東海）』，pp. 519-520。

◆ 外国語文献

Alexander, C., S. Ishikawa, and M. Silverstein (1977), *A Pattern Language: Towns, Buildings, Construction*, Oxford University Press.
Babcock, R. F., and W. U. Larsen (1990), *Special Districts: The Ultimate in Neighborhood Zoning*, Lincoln Institute of Land Policy.
Bemelmans-Videc, Marie-Louise, R. C. Rist, and E. Vedung eds. (1998), *Carrots, Sticks and Sermons: Policy Instruments and Their Evaluation*, Transaction Publishers.
Bingham, R. et al. (1997), *Beyond Edge Cities*, Garland Publishing Inc.
Birkland, T. A. (2005), *An Introduction to the Policy Process: Theories Concepts and Models of Public Policy Making*, 2nd edition, M. E. Sharp.
Bowles, S., and H. Gintis (2002), "Social Capital and Community Governance," *Economic Journal*, 112 (November), pp. 419–436.
Bradley. R. H. (1992a), *The Downtown of The 21st Century*, A Discussion Report, International Downtown Association.
Bradley. R. H. (1992b), *Building The New Framework*, Downtown Horizon Series Vol. 2, International Downtown Association.
Bruegmann, R. (2005), *Sprawl: A Compact History*, The University of Chicago Press.

参考文献一覧

Burayidi M. A. ed. (2001), *Downtowns: Revitalizing the Centers of Small Urban Communities*, Routledge.
Burchell, R. W., A. Downs, B. McCann, and S. Mukherji (2005), *Sprawl Costs: Economic Impacts of Unchecked Development*, Island Press.
Burt, R. S. (2005), *Brokerage and Closure: An Introduction to Social Capital*, Oxford University Press.
Calthorpe, P. (1993), *The Next American Metropolis: Ecology, Community, and the American Dream*, Princeton Architectual Press.
Castiglione, D., J. W. Van Deth, and G. Wolleb eds. (2008), *The Handbook of Social Capital*, Oxford University Press.
Cloar, J. A., E. Stabler, and A. P. Devito (1990), *Centralized Retail Management: New Strategies for Downtown*, The Urban Land Institute.
Collins, R. C., E. B. Waters, and A. B. Dotson (1991), *America's Downtowns: Growth, Politics and Preservation*, The Preservation Press.
Daniels, M. R. (1997), *Terminating Public Programs: An American Political Paradox*, M. E. Sharp.
Duany, A., E. Plater-Zyberk, and J. Speck (2000), *Suburban Nation: The Rise of Sprawl and the Decline of the American Dream*, North Point Press.
Dye, T. R. (2005), *Understanding Public Policy*, 11th Edition, Prentice Hall.
Dye, T. R. (2011), *Understanding Public Policy*, 13th Edition, Prentice Hall.
Downs, A. (1994), *New Visions for Metropolitan America*, The Brookings Institute.
England, J. R. (2000), *Retail Impact Assessment: A Guide to Best Practice*, Routledge.
Evans, R. (1997), *Regenerating Town Centres*, Manchester University Press.
Frieden, B. J., and L. B. Sagalyn (1989), *Downtown, Inc. How America Rebuilds Cities*, The MIT Press（北原理雄監訳『よみがえるダウンタウン――アメリカ都市再生の歩み』鹿島出版会，1992年).
Futterman, R. A. (1961), *The Future of Our Cities*, Doubleday & Company.
Garreau, J. (1991), *Edge City: life on the new frontier*, Doubleday.
Gilman, T. J. (2001), *No Miracles Here: Fighting Urban Decline in Japan and the United States*, State University of New York Press.
Gratz, R. B. (1989), *The Living City*, Simon & Schuster（富田靫彦・宮路真知子訳，林泰義監訳『都市再生』晶文社，1993年).
Gratz, R. B. and N. Mintz (1998), *Cities Back from the Edge: New Life for Downtown*, Preservation Press.
Grootaert, C., D. Narayan, V. N. Jones and M. Woolcock (2004), *Measuring Social Capital in Development: An Empirical Assessment* (World Bank Working Paper No. 18) World Bank.
Gruen, Victor (1973), *Centers for the Urban Environment; Survival of the Cities*, Van Nostrand Reinhold Company.
Hirschhorn, J. S. (2005), *Sprawl Kills: How Blandburbs Steal Your Time, Health and Money*, Sterling and Ross Publishers.
Holcombe, R. G. and S. R. Staley eds. (2001), *Smarter Growth: Market-Based Strategies for Land-Use Planning in the 21st Century*, Greenwood Press.

Howlett, M. and M. Ramesh (1995), *Studying Public Policy: Policy Cycles and Policy Subsystems*, Oxford University Press.
Jacobs, J. (1961), *The Death and Life of Great American Cities*, Random House.
Jacobs, J. (1969), *The Economy of Cities*, Random House.
Jacobs, J. (1984), *Cities and the Wealth of Nations Principles of Economic Life*, Vintage Books.
Kelbaugh, D. (1997), *Common Place: Toward Neighborhood and Regional Design*, University Of Washington Press.
Kingdon, J. W. (1995), *Agendas, Alternatives, and Public Policies*, 2nd edition, Addison-Wesley.
Kotler, P., D. H. Haider and I. J. Rein (1993), *Marketing Places: Attracting Investment, Industry, and Tourism to Cities, States, and Nations*, The Free Press（井関利明監訳／前田正子・千野博・井関俊幸訳『地域のマーケティング』東洋経済新報社，1996年）.
Lafferty, W. M. and J. R. Meadowcroft (2001), *Implementing Sustainable Development: Strategies and Initiatives in High Consumption Societies*, Oxford University Press.
Lassar, T. J. (1989), *Carrots and Sticks: New Zoning Downtown*, Urban Land Institute.
Lin, N. (2001), *Social Capital: A Theory of Social Structure and Action*, Cambridge University Press（筒井淳也・石田光規・桜井政成・三輪哲・土岐智賀子訳『ソーシャル・キャピタル――社会構造と行為の理論』ミネルヴァ書房，2008年）.
Lucy, W. H. and D. L. Phillips (2000), *Confronting Suburban Decline: Strategic Planning for Metropolitan Renewal*, Island Press.
Marshall, A. (2000), *How Cities Work: Suburbs, Sprawl, and the Roads Not Taken*, University of Texas Press.
Mcgovern, S. J. (1998), *The Politics of Downtown Development: Dynamic Political Cultures in San Francisco and Washington, D.C.*, The University Press of Kentucky.
Morgan D. R. and R. E. England (1999), *Managing Urban America*, 5th edition, Chatham House Publishers.
Morris, D. E. (2005), *It's a Sprawl World After All*, New Society Publishers.
Ostrom, E. (1990), *Governing the Commons: The Evolution of Institutions for Collective Action*, Cambridge University Press.
Ostrom, E., and T. K. Ahn eds. (2003), *Foundations of Social Capital*, Edward Elgar Pub.
Partners for Livable Communities ed. (2000), *Partner for Livable Communities: The Livable City: Revitalizing Urban Communities*, McGraw-Hill Professional Publishing.
Pastor, M., Jr., P. Dreier, J. E. Grigsby III, and Marta Lopez-Garza (2000), *Regions That Work: How Cities and Suburbs Can Grow Together*, University of Minnesota Press.
Peters, B. G. and F. K. M. van Nispen (1998), *Public Policy Instruments: Evaluating the Tools of Public Administration*, Edward Elgar Publishing.
Pierre, J. ed. (1997), *Partnerships in Urban Governance: European and American Experience*, Macmillan Press.
Porter, M. E. (1990), *The Competitive Advantage of Nations*, Free Press（土岐坤・小野寺武夫・中辻万治・戸成富美子訳『国の競争優位』上，ダイヤモンド社，1992年）.
Porter, M. E. (1998), *On Competition*, Harvard Business School Press（竹内弘高訳『競争戦略

論II』ダイヤモンド社,1999年).
Putnam, Robert D. (2000), *Bowling Alone: The Collapse and Revival of American Community*, Simon & Schuster（柴内康文訳『孤独なボウリング——米国コミュニティの崩壊と再生』柏書房,2006年).
Reichl, A. J. (1999), *Reconstructing Times Square: Politics and Culture in Urban Development*, University Press of Kansas.
Rome, Adam (2001), *The Bulldozer in the Countryside: Suburban Sprawl and the Rise of American Environmentalism*, Cambridge University Press.
Rossi, P. H., H. E. Freeman, and M. W. Lipsey (1999), *Evaluation: A Systematic Approach*, 6th edition, Sage Publications（大島巌・平岡公一・森俊夫・元永拓郎監訳『プログラム評価の理論と方法——システマティックな対人サービス・政策評価の実践ガイド』日本評論社,2005年).
Schneider, A. L. and H. Ingram (1997), *Policy Design for Democracy*, University Press of Kansas.
Segal, M. B. (1997), "Business Improvement Districts: Tool for Economic Development," *MIS Report*, 29 (3).
Svendsen G. T., and G. L. H. Svendsen eds. (2009), *Handbook of Social Capital: The Troika of Sociology, Political Science and Economics*, Edward Elgar.
Teaford, J. C. (1997), *Post-Suburbia: Government and Politics in the Edge Cities*, Johns Hopkins University Press.
Weimer, D. L., Aidan R. Vining (1989), *Policy Analysis: Concepts and Practice*, Prentice Hall.
Weimer, D. L., A. R. Vining, and A. Vining (1998), *Policy Analysis: Concepts and Practice*, 3rd edition, Prentice Hall.
Weinberg, A. S., D. N. Pellow, and A. Schnaiberg (2000), *Urban Recycling and The Search for Sustainable Community Development*, Princeton University Press.
Weiss, C. H. ed. (1992), *Organization for Policy Analysis: Helping Government Think*, Sage.
Weiss, C. H. (1997), *Evaluation: Methods for Studying Programs and Policies*, 2nd edition, Prentice Hall.
Wholey, J. S., H. P. Hatry, and K. E. Newcomer, ed. (1994), *Handbook of Practical Program Evaluation*, Jossey-Bass.
Whyte, W. H. (1980), *The Social Life of Small Urban Space*, Conservation Foundation.
Whyte, W. H. (1988), *City: Rediscovering the Center*, New York, Doubleday Press（柿本照夫訳『都市という劇場——アメリカン・シティ・ライフの再発見』日本経済新聞社,1994年).
Woolcock, M. (2010), "The Rise and Routinization of Social Capital, 1988-2008," *Annual Review of Political Science*, 13, pp. 469-487.
Zukin, S. (1995), *The Cultures of Cities*, Blackwell Publishing.
Zukin, S. (2010), *Naked Cities: The Death and Life of Authentic Urban Places*, Oxford University Press.

事項索引

◆ ア 行

アウガ　143
青葉公園商店街　185
青森市商業近代化地域計画　21
青森商圏　225
空き店舗　29, 163
新しい公共　159
アーティスト　183
安心　178
異業態間競争　50
一般的信頼　179
イベント疲れ感　180
上塗り　69
上乗せ規制　51
おいらせ商圏　225
大型小売店　224
大型店　78
　──等の社会的責任　152
　──の郊外化　67
　──の撤退問題　81
おおくまステーション　おみせ屋さん　186

◆ カ 行

会計検査院　128
開発許可制度　72, 149
外部経済　244
外部審査・認定委員会　199
外部組織の担い手　176
外部不経済　244
買い物行動　244
買い物弱者　164
仮設施設整備事業　184
仮設商店街・店舗　10, 184, 243
仮説探索的　228
川崎商工会議所　181
環境要綱　51
関係的合理性　168
勧告　64
官民協働　159
企画調整　92

　──機能の欠如　97
起業の場　176
規制緩和　26, 77
　出店──　27
規制強化　138
基本計画　58, 93
基本構想　32
基本方針　8, 31, 58
90年代流通ビジョン　26, 30
行政刷新会議　197
行政事業レビュー　198
行政的手続き化の罠　7, 196
競争政策　1
業態コンセプト　80
共有資源　168
計画なくして開発なし　151
経済財政諮問会議　138
経済産業省　91
経済的規制　26, 48
　──の観点　111
経済的交換　168
経済的側面　204
経済的目的　106
結合型ネットワーク　178
元気プロジェクト　247
建設省　57
原則自由，例外制限　25
広域的調査　246
公益と私益のバランス　122
郊外開発規制　72, 226
郊外都市　110
公共選択モデル　13
公共と民間のパートナーシップ型　116
公共の福祉　111
公共の利益　50, 74, 111, 243
公債発行　115
構造改革特別区域法　68
高度商業集積　33
小売商業調整特別措置法　50
合理性モデル　13
国際ダウンタウン協会（IDA）　116

260

子育て世代　181
個店としての魅力　161
コミットメント型社会　179
ゴミ箱モデル　13, 104
コミュニティ　2
コミュニティ開発会社　120
コミュニティ開発包括補助金（CDBG）　112
コミュニティ機能維持　204
コミュニティ機能の担い手　22
コミュニティ施設　31, 39, 100
コミュニティによるガバナンス　168
コミュニティビジネス　120, 176
コミュニティ・マート構想　22
　――モデル事業　21
コミュニティ・マートセンター　23
コモンズ　168
　――の悲劇　169
雇用拡大　132
コンパクトシティ　139, 141

◆ サ 行

財産税　115
サービスの貿易に関する一般協定（GATS）
　49
産業構造審議会流通部会　20
　――・中小企業政策審議会経営支援分科会商
　　業部会合同会議　129
　――・中小企業政策審議会流通小委員会（産
　　構審・中政審合同会議）　47, 48, 55
サンセット条項　12, 61, 116
三方よし　181
ジェントリフィケーション　112
市街化区域　68
市街化調整区域　68
事業　14
　――実施　93
　――仕分け　197
　――の評価　60
私権制限　111, 122
施策　14, 216
市場主義的な立場　5
市場的調整　164, 177
市場によるガバナンス　168
市場の失敗　1, 4, 140, 164, 244
市場の論理　77, 140, 244
指針　→大規模小売店舗を設置する者が配慮す

　べき事項に関する指針
事前協議　63
持続可能な成長　110
持続可能な都市発展　244
自治体　110, 131
　基礎――　8, 38, 60
四方よし　181
社会課題の解決　181
社会関係資本　→ソーシャル・キャピタル
社会資本整備審議会　47, 136
社会的課題　247
社会的観点　49
社会的規制　26
　――の観点　111
社会的機能　59
社会的共通資本　2, 167
社会的交換　168
社会的コスト　141, 245
社会的ジレンマ　244
社会的側面　204
社会的ネットワーク　178
社会的目的　106
州政府　110
集積　161
　――としての魅力　161
　――の経済　4
準工業地帯　138
準政府組織　116
準都市計画区域　68, 72
小規模企業活性化法　243
商業基盤施設　31, 39, 93
商業近代化地域計画　20
商業施設　93
商業ソフトクリエーション　38
商業統計　23, 78
商業の外部性　2, 4
商業まちづくり施策　215
商業まちづくり政策　1, 2, 54
商工会　62, 93, 96
商工会議所　62, 93, 96, 120
少子・超高齢社会化　2, 139
小振法　→中小小売商業振興法
省庁版事業仕分け　198
商店街　2, 20, 162
商店街活性化支援事業　206
商店街活性化事業計画　172

商店街振興組合　27, 81, 173
商店街組織　5, 25, 77, 93, 177
商店街ツアー　→まち歩き
商店街まちづくり事業　208
消費者ニーズ　80
乗用車保有台数　228
職人　183
シルバー世代　181
仕分け　197
新規参入者　176
新行革審　→臨時行政改革推進審議会
人口減少　2, 139
振興政策　1
人口・世帯構造　229
新自由主義的都市経営　124
新制度主義　168
新陳代謝　170
新丸子商店街　181
深夜営業　152
信頼の解き放ち理論　178
接合型ネットワーク　178
ステークホルダー　13, 74
スプロール的　38
　──開発　73, 109
　──郊外開発　139
　──の社会的費用　141
住まい手　205
スラム・クリアランス　112
生活環境の保持　54, 61
生活者の意識　245
政策過程　12, 13, 103
政策決定　13
政策効果　7, 128
政策手段　12
政策転換　47, 54, 138
政策の効果測定　106
政策の執行・評価のプロセス・モデル　15
政策の窓　104, 127
　──モデル　13
政策評価　6, 11, 106, 196
　──の形式化リスク　7
　──の形式的手続き化　7, 196
　──の実質化　7
　──法　61
　行政的──　188
政策目標　12, 200

政治主導　137, 197
政治プロセス　103
税収増　132
成長管理　110
制度的補完性　54
政府によるガバナンス　168
政府の失敗　4, 166
世界貿易機関（WTO）　49
責務規定　145
世帯数　228
セルフ・ガバナンス　169
全国大型小売店総覧　224
全国商工会連合会　130
全国商店街支援センター　173, 247
全国商店街振興組合連合会　130
全国中小企業団体中央会　130
選択と集中　146
戦略補助金　203
相関分析　228
総務省　50, 128
総務庁　50
組織化された無秩序　104
ソーシャル・キャピタル（社会関係資本）　3, 167
ゾーニング　110
　──的手法　62, 131
　越境──　61
　財政・──　166
　リテイル・──　111
ソフト事業　8, 93, 203
ソフト面の施策　23

◆　タ　行

大規模小売店舗法（大店法）　2, 19, 25, 48, 56
　──関連5法　7, 27
　──緩和　27
大規模小売店舗立地法（大店立地法）　7, 48, 57, 61, 80, 129
　──の運用　67
大規模小売店舗を設置する者が配慮すべき事項に関する指針（指針）　62, 130, 152
大規模集客施設　137, 147
第三セクター　93, 97
大都市圏　109
タウンセンター・マネジメント　105
ダウンタウン　109

事項索引

──再活性化　112
──・マネジメント　116
──・マネジャー　116
タウンプロデューサー　247
タウンマネジメント機関（TMO）　58, 91
──計画　94
──構想　94
──の母体　93
　企画調整型──　96
　企画調整・事業実施型──　96
タウンマネージャー　247
地域活性化伝道師　247
地域原理　167
地域貢献　132
地域コミュニティ　2, 10
──の担い手　170, 206
地域主権化　245
地域商業　2
──の魅力　169
──のライフサイクル　176
地域商業活性化型　33, 160
地域商業再生事業　208
地域商店街活性化事業　208
地域商店街活性化法　22, 170, 197
地域の核施設　89
地球環境破壊　245
地方税収入源　229
地方分権一括法　8
地方分権化　74, 245
──の罠　166, 246
中活法　→中心市街地活性化法
駐車場　66, 152
中小企業基盤整備機構（中小機構）　29, 184
中小企業事業団　29, 30
中小企業4団体　130
中小小売商業高度化事業構想　93
中小小売商業振興法（小振法）　1, 19
──の改正　29
中小小売商の事業機会確保　48
中小小売店　162
中小商業活性化支援事業　207
中小商業活力向上事業　207
中心市街地　8, 57
中心市街地活性化　56, 57
──型　33
──協議会　145

──評価・調査委員会（評価・調査委員会）　199
──部会　199
──法（中活法）　7, 128, 145, 196
──本部　145
中心商店街　21, 81
──のウエイト　222
中心部　216
超高齢社会　161
調整
──政策　1
──4項目　49
　広域──　132, 150
　社会的──　169, 177
　政策的──　165
　組織的──　177
通商産業省　30, 57
つがる商圏　225
提言型政策仕分け　207
定性的な目標　202
定量的な目標　201
撤退跡地　81
──の再利用　86
テナント管理　117
テナントミックス　117
東京商工会議所　131
独自規制　50
独自ルール　131
特定商業集積整備法　7, 9, 19, 31
特定用途制限地域　72
特別税　116
特別（目的）地区　111
特別用途地区制度　69
都市　2, 160
──と商業の相互補完性　2, 4
──の育成　113
──の改善戦略　113
──の非可逆性　2, 4, 167
──の論理　77, 140, 244
都市開発活動補助金（UDAG）　112
都市計画区域　68
都市計画制度　54
都市計画中央審議会　47
都市計画提案制度　150
都市計画的観点　27
都市計画変更の提案　139

263

都市計画法　68, 129
　　改正——　8, 57, 68
都市計画マスタープラン　72
都市更新プログラム　112
都市再生特別措置法　8
都市成長境界線　141
都市中心重視　112
都市中心部の衰退傾向　109
都心部回帰　164
土地利用・開発規制　110
取引的合理性　168

◆ ナ 行

ナショナル・メインストリート・センター（NMSC）　118
70年代における流通　20
70年代流通ビジョン　20
にぎわい創出補助金　208
日米構造協議　26
日本商工会議所　21, 130
ニュー・アーバニズム　105, 142
認定申請　146
ネットワークのノード　121
農業振興地域の整備に関する法律（農振法）　38, 68, 166
農地転用　132
農地法　68, 166

◆ ハ 行

ハイ・アメニティ・マート　33
ハイ・マート2000構想　26, 31
白地　69
箱もの　90
80年代の流通産業ビジョン　10, 22
ハード事業　93, 203
ハード面の施策　23
非営利組織（NPO）　92, 115, 120, 159, 176
非営利の準政府組織　113
東日本大震災　8, 10, 184, 243
非関税障壁　25, 27
ひとづくり　247
100円商店街　180
評価システム　60
評価・調査委員会　→中心市街地活性化評価・調査委員会
開かれた社会　179

フェイクスモールタウン　170
フォローアップ　146
　　——制度　197
　　中間——　147
複合施設　152
付帯決議　64
負担金　116
不動産所有者　116
不動産所有と経営の分離　122
フード・デザート　165
負の外部性　49
フリーライダー問題　169
平成の大合併　60, 91, 220
補助事業メニュー　213

◆ マ 行

マーケティング　117
まち歩き（商店街ツアー）　180
まちゼミ　180
まちづくり会社　100
街づくり会社構想　29
街づくり会社制度　25, 29
まちづくり佐賀　101
まちづくり3法　8, 55, 128
　　——間の矛盾　129
　　——間の連動性　153
まちづくりの視点　31
まちづくり補助金　208
まちなかバル　180
マップづくり　180
マニュアル化　209
未線引き都市計画区域　68
御田商業会　182
南三陸さんさん商店街　186
メインストリート・アプローチ　118
メインストリート・プログラム　105, 118
メインストリート・マネージャー　119
目標水準の妥当性　212
目標設定　207
　　——の類型性　209
目標達成率　212
モータリゼーションの進展　229

◆ ヤ 行

闇市　20
有識者会議　199

事項索引

用途地域　69
用途変更　166
横出し規制　51

◆ ラ 行

ライフスタイル　244
　　──・センター　170
立地構造　162
　　──変化　216
立地特性　216
流通近代化地域ビジョン　20
流通政策　1
　　──と都市計画の連動　31
臨時行政改革推進審議会（新行革審）　26
歴史的環境保全のための国民基金（NTHP）　118
歴史保存団体　120
連携　176
連邦補助金　112

◆ B

BID　105, 113

◆ C

CDBG　→コミュニティ開発包括補助金
CRM　117

◆ G

GATS　→サービスの貿易に関する一般協定

◆ I

IDA　→国際ダウンタウン協会

◆ N

NMSC　→ナショナル・メインストリート・センター
NPO　→非営利組織
NTHP　→歴史的環境保全のための国民基金

◆ P

PDCA サイクル　15, 197

◆ T

TIB　115
TMO　→タウンマネジメント機関

◆ U

UDAG　→都市開発活動補助金

◆ W

WTO　→世界貿易機関

265

地名索引

会津若松市　186
青森県　216
青森市　21, 143, 219
朝日町　33, 41
おいらせ町　219
柏崎市　21, 33, 41
金沢市　144
釜石市　185
川越市　24
川崎市　181
京都府　134
下松市　33
熊本県　133
五所川原市　39, 219
サンフランシスコ市　111
新発田市　40
下諏訪町　182
下田町　38
つがる市　220
富山市　147

十和田市　219
ニューヨーク市　111
八戸市　87, 219
兵庫県　135
弘前市　219
福井県　134
福井市　33, 40
福岡県　135
福島県　132
福野町　42
北海道　134
三沢市　220
南三陸町　186
むつ市　219
山形県　134
山口県　144
八日市市　37
横浜市　51
和歌山市　87, 147

人名索引

◆ ア 行

秋本福雄　123
安達正範　125
足立基浩　130
アレクサンダー（C. Alexander）　160
石原武政　9, 24, 160, 247
石淵順也　43
岩永忠康　8
岩間信之　188
ヴェブレン（T. Veblen）　3
宇沢弘文　140
宇野史郎　6
大野輝之　123
大守隆　178
岡田卓也　39
奥井復太郎　44

◆ カ 行

加藤司　167
グラッツ（R. B. Gratz）　113, 124
ケイ（J. Kay）　188
コトラー（P. Kotler）　113

◆ サ 行

西郷真理子　44
坂本誠　233
ジェイコブス（J. Jacobs）　112, 124
鈴木俊治　125

◆ タ 行

千葉昭彦　233
坪田幸治　233
友村自生　156

◆ ナ 行

中井達　13
中野みどり　125

◆ ハ 行

パットナム（R. D. Putnam）　3, 140

原田英生　123, 124
広井良典　2
福川裕一　44, 123
フリント（A. Flint）　124

◆ マ 行

松井洋一郎　189
松浦寿幸　130
松永桂子　185
三浦展　156
宮川公男　6, 13, 104, 178
宗田好史　189
元橋一之　130
森脇俊雅　11, 13

◆ ヤ 行

保井美樹　124
矢作弘　123, 124
山岸俊男　178
山崎亮　188
山谷清志　6, 11

◆ ワ 行

若林幹夫　156, 189

◆ B

Babcock, R. F.　123
Bowles, S.　168
Bradley, R. H.　125

◆ C

Calthorpe, P.　108, 143
Cloar, J. A.　125

◆ D

Downs, A.　123
Duany, A.　108, 142

◆ E

England, R. E.　124

◆ F

Frieden, B. J.   156
Futterman, R. A.   124

◆ G

Garreau, J.   123
Gintis, H.   168
Gruen, V.   178

◆ K

Kelbaugh, D.   142
Kingdon, J. W.   13, 104, 127

◆ L

Larsen, W. U.   123
Lassar, T. J.   123
Lin, N.   168

◆ M

Morgan, D. R.   124
Morris, D. E.   188

◆ O

Ostrom, E.   168

◆ P

Plater-Zyberk, E.   108, 142

◆ R

Reichl, A. J.   123

◆ S

Sagalyn, L. B.   156
Speck, J.   108, 142

■ 著者紹介

渡辺 達朗（わたなべ　たつろう）

　1959 年　神奈川県に生まれる。
　1983 年　横浜国立大学経済学部卒業。
　1985 年　横浜国立大学大学院経済学研究科修士課程修了。
　流通経済研究所研究員，新潟大学専任講師，同助教授，流通経済大学助教授を経て，
　現在，専修大学大学院商学研究科・商学部教授，中国・首都経済貿易大学工商管理学院客員教授（2014 年 3 月～）。
　専門：流通論，流通政策論
　主な著作：『流通チャネル関係の動態分析——製販の協働関係に関する理論と実証』（千倉書房，1997 年）
　　　　　『ベーシック 流通と商業——現実から学ぶ理論と仕組み』（共著，有斐閣，初版 2002 年；新版 2010 年）
　　　　　『流通政策入門——流通システムの再編と政策展開』（中央経済社，初版 2003 年；第 2 版 2007 年；第 3 版 2011 年）
　　　　　『流通論をつかむ』（共著，有斐閣，2008 年）
　　　　　『流通チャネル論——新制度派アプローチによる新展開』（共編，有斐閣，2011 年）

商業まちづくり政策——日本における展開と政策評価
A Public Policy for Revitalizing Urban Community and Commerce

2014 年 5 月 25 日　初版第 1 刷発行

著　者	渡辺　達朗	
発行者	江草　貞治	
発行所	株式会社　有　斐　閣	

郵便番号 101-0051
東京都千代田区神田神保町 2-17
電話　(03)3264-1215〔編集〕
　　　(03)3265-6811〔営業〕
http://www.yuhikaku.co.jp/

印刷・株式会社精興社／製本・牧製本印刷株式会社
© 2014, Tatsuro Watanabe. Printed in Japan
落丁・乱丁本はお取替えいたします。

★定価はカバーに表示してあります。

ISBN 978-4-641-16435-2

JCOPY　本書の無断複写（コピー）は，著作権法上での例外を除き，禁じられています。複写される場合は，そのつど事前に，（社）出版者著作権管理機構（電話03-3513-6969, FAX03-3513-6979, e-mail:info@jcopy.or.jp）の許諾を得てください。